생명교육총서 **1**

삶과 죽음의 대화

한림대학교 생사학연구소 엮음

박문사

이 저서는 2012년정부(교육부)의 재원으로 한국연구재단의 지원을 받아 수행된 연구임
(NRF-2012S1A6A3A01033504)

죽음은 일상적이며 또 필연적입니다. 죽음의 얼굴은 삶의 모습만큼 다양합니다. 고독하고 외로운 얼굴도 있고 조용하고 행복한 모습도 있습니다. 때로는 두렵고 고통스러워 애써 외면해 보기도 합니다. 죽음은 삶이 만들어 갑니다. 태고 이래로 산 자들이 죽음을 이야기 합니다. 현대사회는 효율성과 성공이 최고의 가치이고 바쁜 것이 미덕입니다. 그렇기에 현대인들은 죽음이란 존재하지 않는 듯이 살아가며, 현대인들에게 누군가의 죽음은 늘 갑작스러운 일입니다. 그런 한편, 누군가는 삶을 포기하고 죽음으로 도피하기도 합니다. 죽음을 회피하는 삶이나 죽음으로 도피하는 삶 모두 부스러질 듯이 허약합니다.

생사학연구소 생명교육총서 『삶과 죽음의 대화』에서는 삶과 공존하는 죽음의 이야기를 담아보려고 합니다. 이 시대에 삶의 힘을 이야기하고 타인에 대한 돌봄을 얘기하고 사별의 경험과 그 치유의 방법을 이야기해보고 싶습니다. 삶의 뒷면에 숨은 것이 아니라, 삶과 대화하는 죽음의 이야기, 죽음에 말을 거는 삶의 이야기들을 나누어 보고자 합니다.

1부에서는 '삶과 죽음 다시 생각하기'라는 제목으로 네 편을 글로 엮었습니다. 한국인의 생사관의 근저에 있는 철학과 종교의 배경 속에서 삶과 죽음의 논의를 부각시켜 삶과 죽음의 긴밀한 연결성을 이야기합니다. 요즘 한국사회를 헬조선이라고 표현합니다. 각자도생의 치열한 경쟁 속에서 젊은이들이 좌절하고 있습니다. 이기상은 이 허무주의 시대에 어떻게 생명의 원칙을 세울 수 있을지를 논의합니다. 그리고 우리 삶 속에 면면히 아로새겨진 사상적 전통을 통해 우리 시대를 이끌 생명학을 모색하고 있습니다. 양회석은 동북아시아의 전통적인 사유의 근저를 이루는 공자孔子와 맹자孟子, 노자老子와 장자莊子의 논의를 통해 동양철학에서의 삶과 죽음의 인식을 논의합니다. 양정연은 티벳의 현자 싸꺄빤디따의 이야기를 통해 '죽음을 경험할 수밖에 없는 존재'로서의 인간의 모습을 그려냅니다. 그리고 죽음에 직면한 인간의 모습을 통해 삶을 성찰할 수 있다는 불교적인 메시지를 전해줍니다. 이수인은 영화 〈나는 사랑과 시간과 죽음을 만났다〉, 〈엔딩노트〉, 〈님아! 그 강을 건너지 마오〉를 통해 죽음이 있기에 오늘의 삶이 소중하고, 영원성이 의미 있다고 말합니다. 죽음은 삶이 없다면 의미가 없고, 삶은 죽음으로 완성된다는 메시지를 전달합니다.

2부는 '고독한 죽음, 그리고 돌봄'에서는 우리의 삶을 이루고 있는 관계들에 주목합니다. 한국의 높은 자살률 역시 관계의 빈곤이 낳은 비극입니다. 서청희는 자살예방센터에서의 경험을 통해 자기 목숨을 포함한 모든 관계를 끊는 행위가 의미하는 바를 밝힙니다. 그리고 현대사회에서 어떻게 삶의 공동체를 꾸릴 것인가를 모색합니다. 김혜미는 시집간 딸들에게 문전박대를 당하고 외롭게 죽어 그 자리에서 할미꽃이 되어버린 '할미꽃 전설'을 들려줍니다. '주기만하고 바라지 않는' 할미꽃이 된 노모의 고독한 죽음을 통해 부모와 자녀의 관계를 돌아보게 됩니다. 이는 가족이 있지만 고독한 삶, 고독한 죽음에 대한 이야기입니다. 박승현은 동서고금을 통해 존재하는 불효를 뉘우치는 자식의 이야기를 시작으로 현대 사회의 노인부양의 문제를 돌아봅니다. 누군가의 돌봄을 필요로 하는 시기부터 죽음까지의 긴 시간은 돌봄을 받는 자에게나 돌보는 자에게나, 사회구성원들 모두에게 찾아오는 보편적인 경험이 되고 있습니다. 이 보편성이야말로 우리 사회에 돌봄의 거대한 호혜관계의 순환을 모색할 수 있는 실마리며, '돌봄의 사회화'를 논의할 수 있는 토대가 될 것입니다.

3부 '죽음의 이별과 슬픔, 그리고 애도'에서는 누구에게나 반드시 찾아오는 사별의 슬픔, 그리고 그 애도와 치유의 과정에 주목합니다. 유창선은 작가 박완서의 소설을 통해 아들을 잃은 어머니의 비통함, 남편을 잃은 아내의 비통함을 그립니다. 그리고 고통의 끝에서 다시 삶을 회복하는 작가의 모습을 보여줍니다. 이 글을 통해 상실과, 고통 그리고 치유에 대한 이야기들을 함께 나누고 싶습니다. 이창재는 사랑하는 사람과의 사별이라는 슬픔 안에서 삶과 죽음, 존재의 의미에 대해 처연함을 느낄 때, 우리는 좀 더 넓고 깊은 차원으로 나아갈 수 있다고 이야기 합니다. 사별은 만남의 끝이 아니고 영원한 이별이 아닙니다. 떠나간 이들과 유대를 지속하며, 그 힘으로 남은 자들은 목적 있는 삶의 여행을 마쳐야 합니다. 이범수는 사랑하는 사람의 죽음을 애도하고 치유하는 과정을 지지해주는 철학과 종교, 그리고 문화적인 장치들을 살핍니다. 죽음을 수용할 수 있게 해주는 사회적 지지를 통해서만 우리는 다시 삶을 회복할 수 있습니다.

본 총서에 실린 이범수와 이창재의 글은 한림대학교 생사학연구소와 마음애터 협동조합 상담아카데미가 공동으로 주관한 2016년 봄의 생사학 아카데미 2기 '상실치유: 애도하는 사람'의 강연회에서 이루어진 강연을 글로 엮은 것입니다. 또한 이기상과 서청희의 글은 2016년 가을의 생사학 아카데미 3기 '생명과 참살이'에서의 강연을 글로 엮은 것입니다. 이 과정에서 한림대학교 생명교육융합학과 대학원생 김경희, 정영미, 용채은, 장현정이 큰 도움을 주었습니다. 지면을 통해 감사의 뜻을 전하고 싶습니다.

죽음을 말하는 것은 가장 어려운 삶의 이야기일지도 모릅니다. 그러나 죽음의 이야기는 곧 삶에 대한 이야기이고, 죽음에 대한 물음은 삶에 대한 물음일 것입니다. 그리고 그 대답을 찾는 과정이야말로 우리를 둘러싼 관계들을 돌아보고 서로 쓰다듬어 삶을 가꿀 수 있게 해 줄 것입니다. 한림대학교 생사학연구소의 생명교육총서가 그 길에 동행할 수 있다면 무엇보다 큰 기쁨일 것입니다.

2017년 11월
한림대 생사학연구소 편집위원회

목 \ 차

목 \ 차

[2부]

고독한 죽음, 그리고 돌봄

목 \ 차

9

1부

삶과 죽음
다시 생각하기

01 허무주의 시대와 생명철학
: 존재의 불안 속 지구 위 인간의 살림살이

이기상

73억 인류의 생존과 생태계의 위기

제가 '생명'에 관심을 가진 지는 꽤 오래됐습니다. 독일에서 철학을 공부하다 보니 서양철학의 패러다임이 우리 동아시아와는 전혀 다르다는 것을 느꼈습니다. 서양의 자연관이 성경의 창세기를 기반으로 한다면, 동아시아의 자연관은 노자의 도덕경에서 비롯됩니다. 존재의 패러다임이 서양에서는 인식의 패러다임이라고 한다면, 동아시아의 그것은 생명의 패러다임입니다. 서양은 20세기 후반에서야 생명에 관심을 갖기 시작해서 21세기에 들어서는 시대의 패러다임이 생명 패러다임으로 바뀌고 있습니다. 그런데 우리는 반만년을 생명패러다임 속에 살아오지 않았습니까. 그러니 이제라도 우리가 가지고 있는 생명의 패러다임을 이론화시키고 체계화시켜서 서양 사람들에게 소개해야 할 필요가 있습니다. 그래서 저는 '생명학'이라고 하는 한국 발 학문이 태동되어야 한다고 주장합니다.

어느 과학자는 지구상에서 인간의 적정수는 생물학적으로 오백만 명이라고 합니다. 그런데 지금의 상태는 어떻습니까? 인구 73억이 넘었습니다.

그러니까 지구에 과부하가 걸려도 보통 크게 걸린 게 아닙니다. 인간이 생물학적 적정수를 벗어났다는 것은 인간이 더 이상 생물학적 차원에 머물지 않게 되었다는 말이지요. 이렇게 생물학적 존재에서 도구적 존재로 변화한 시점을 대략 200만 년 전으로 봅니다. 도구를 발견하면서 인간은 문화적인 존재가 되죠. 그때부터 인간의 숫자는 급속하게 증가합니다.

인구수의 변화 추이를 살펴보면 대충 이렇습니다. 서력기원 원년에 인구수는 대략 1억 5천만 명이었다고 합니다. 그러다가 서기 천 년에는 4억 명이었다고 합니다. 천 년 동안 세 배 정도가 늘었어요. 1900년에는 16억이었습니다. 4억에서 4배 정도 는 셈이지요. 그런데 1900년에서 2000년, 즉 100년 사이에 70억으로 늘었으니 또 3배나 4배가 늘어난 것이지요. 2016년 인구수는 73억 명을 돌파했습니다.

생물학적 적정수를 몇 백 배 뛰어넘다 보니 생물학적으로 볼 적에 이제 인간은 다른 생물들의 생존을 위협하는 최대의 적이 되어버렸습니다. 더 나아가 지구라는 온생명에 대한 최대의 위협입니다. 오늘날 회자되는 환경 위기니 생태 위기니 하는 것은 다 인간이 만들어내는 것이지요. 이상은 '온생명' 차원에서 말씀드린 것입니다.

'낱생명' 차원에서 이야기를 펼쳐보겠습니다. 적자생존適者生存을 내세우면서 우승열패優勝劣敗를 당연시하는 경쟁과 투쟁의 진화론적 세계관이 언제부터인가 동료인 인간들한테도 적용되기 시작했습니다. 인간들 사이의 경쟁과 투쟁은 '너 죽고 나 살기' 식의 서바이벌 게임의 현장이라고 해도 과언이 아닙니다. 오래 전에 독일 철학자 니체는 이렇게 얘기했습니다. '인간은 지구상에 가장 유해한 병원체' 즉, 바이러스라고 말입니다. 인간이 생물학적인 차원에만 머물렀다면 지금과 같은 생태 재앙은 일어나지 않았을 것이라는 말이지요.

73억 인류의 생존이 걸린 이 문제를 어떻게 해결할 것인가를 두고 많은 사람들이 고심하고 있습니다. "무서운 재앙으로부터 벗어나게 해줄 노아의 방주는 없을까?"하고 문제를 제기합니다. 그런 발상 아래 〈2012〉이라는 영화가 제작되었습니다.

영화에서는 철저히 과학의 논리와 경제의 원칙 아래에서 방주 프로젝트가 추진됩니다. 선진국의 정상급 정치인들과 돈 많은 재벌들, 그리고 과학자들이 대지진과 대홍수에도 살아남을 수 있는 방주를 건립하면서 거기에 탑승할 사람들과 태울 생명체들을 엄선합니다. 탑승을 위한 티켓 한 장은 16억 유로, 대충 우리 돈으로 2조 6천억 원에 해당합니다. 이 정도 가격이면 거기에 탈 사람이 얼마 안 되겠지요.

이것이 소위 말해 과학이 생각하는 경제적인 차원에서의 방주입니다. 가진 자들만이 살아남을 수 있는 것입니다. 당연히 이러면 안 됩니다. 어쨌든 이렇게 지구 생태계 문제를 기술과 과학의 문제로 보고 그 차원에서 해결하려는 일부 사상가들과 과학자들이 있습니다. 그렇지만 또 다른 많은 지성인들은 과학기술의 문제는 과학기술로 풀 수 없다고 말합니다.

그 동안 새로운 접근방법과 해결방법이 필요하다는 인식이 있었습니다. 발상의 전환, 의식의 전환, 생활 방식의 전환에서 찾아야 한다는 주장이 끊임없이 제기되었지요. 그중 큰 흐름을 형성하고 있는 사상이 자연에 대한 인간의 태도를 완전히 새롭게 바꾸어야 한다는 주장입니다. 자연에 대한 정복자적인 태도를 바꾸어 자연과 더불어 살아나가며 함께 진화해 나가야 한다는 '공생과 공진화'의 사상입니다.

그러기 위해서 인간은 무엇보다도 먼저 자연에 대한 시각, 즉 자연을 보는 눈을 바꾸어야 합니다. 저는 과감히 눈깔이라고 합니다. 색깔, 빛깔, 그렇듯이 눈깔, 그 눈깔을 바꿔야 한다고 보는 것입니다. 자연을 대상화시켜 인간이 마음대로 파헤쳐서 이익을 극대화해도 되는 에너지 저장창고쯤으로 간주해서는 안 된다는 생각입니다. 자연은 인간뿐 아니라 모든 생명체들이 생명의 자양분을 받고 있는 탯줄이며 생명의 텃밭이기 때문입니다.

'더불어 삶'을 위한 생명의 담론이 요구된다

인류는 지금 전환기에 서 있습니다. 정보화 시대, 세계(지구)화 시대라는 말로 지칭되는 지구촌 시대를 살고 있습니다. 세계가 하나가 된 지구촌 시대의 최대의 과제는 '더불어 삶'입니다. 민족과 민족이, 나라와 나라가 평화롭게 더불어 살아야 할 뿐 아니라 살아있는 모든 다른 생명체와도 서로 살리며 더불어 살아야 합니다.

생명이 없다고 간주되고 있는 무생물하고도 조화와 균형을 이루며 살아야 합니다. 지구 위에 존재하는 모든 것이 서로 평화롭게 살아야 합니다. 21세기 최대의 화두가 '생명'인 것을 생각할 때 우리가 슬기롭게 떠맡아야 할 과제입니다.

'생명'이 학술계 전면에 등장하기에 앞서 '환경 문제'에 대한 치열한 논의와 논쟁이 있었고 그것이 '생태 문제'로 이어졌습니다. 그 뒤를 이어 '생명'이 화두로 등장했습니다. '환경 문제'를 근본적으로 해결하려면 인간중심주의의 생각을 떨쳐버려야 합니다. 그것을 '탈인간중심주의'라고 부릅니다.

20세기의 환경 개념은 인간중심주의 사고방식을 기반으로 하고 있습니다. 나이 드신 분들은 기억날지 모르겠습니다. 예전에는 학교에 들어가면 환경설문조사 비슷한 것을 작성해 오라고 했습니다. 집이 있는지, 전세인지, 월세인지, 집에 전화기는 있는지, TV가 있는지 이런 것들을 적어내는 것이 환경평가에 쓰였습니다. 인간의 인위적인 삶의 여건, 그것을 환경이라고 생각했던 것입니다. 이렇듯 환경이라는 개념에는 이미 인간중심주의의 사고방식이 들어있습니다. 자연환경이라는 것도 인간의 환경에 자연이라는 말이 붙여진 것입니다.

그래서 인간중심적인 사고에서 벗어나고자 하는 것이 '생태'라고 하는 개념입니다. 이것은 하나뿐인 이 녹색 지구가 인간만을 위한 것이 아니라 살아 있는 생명체 모두를 위한 것이라는 생각에서 나온 것입니다. 생명체들을 위한 최소한의 생존 조건들을 갖춘 상태에서 인간의 복지를 위한 환경 개선도 이루어져야 한다는 주장이 설득력을 갖기 시작했지요. 이렇게 '환경 문제'는 '생태 문제'로 한 단계 업그레이드되었습니다.

그런데 '생태 문제'라는 것의 속을 들여다보니 다시 '생명체' 또는 '생명'이란 무엇인가? 하는 생명 문제로 귀착된다는 것이 20세기 말부터의 학계의 인식입니다. 20세기 말 유명한 생태윤리학자인 한스 요나스는 1984년 『책임의 윤리: 기술 시대의 생태학적 윤리』를 출간했습니다. 이 책은 지금까지도 생태 윤리의 고전으로 통합니다.

그로부터 10년 뒤인 1997년 한스 요나스의 새로운 저서 『생명의 원리: 철학적 생물학을 위한 접근』이 출간되었습니다. 사실 이 책은 그전에 다른 제목 『유기체와 자유: 철학적 생물학을 위한 접근』으로 출간되었던 것입니다. 요나스의 사후 출판사에서 『생명의 원리: 철학적 생물학을 위한 접근』이라는 새로운 이름으로 재출간한 것이지요. '생태학적 책임의 원칙'이 왜 갑자기 '생명의 원리(원칙)'로 바뀌었을까요? 그 밑바탕에는 학술계의 동향에 대한 고려가 깔려 있었다고 봅니다. 생태문제에 대한 논의가 깊어지면서 많은 학자들이 '생명'에 관심을 갖기 시작했기 때문입니다.

장회익 선생님이 만든 온생명과 낱생명이라는 새로운 개념이 있습니다. '온생명'은 생명을 큰 틀에서 하나의 큰 단위로 봤을 때, 생명이 생명으로 작동할 수 있는 커다란 시스템 전체입니다. '낱생명'은 그 '온생명' 안에서 개체로 낱낱이 사는 생명체를 말합니다. 장회익 선생은 이 둘을 이어주며 보완하는 것을 '보생명'이라고 말합니다. 오늘 우리가 다루려고 하는 것은 생명 자체 또는 전체로서의 '온생명', 그리고 개개인이 살아가야 하는 구체적인 삶의 문제가 함께 어우러진 것이라고 볼 수 있겠습니다.

생명 문제는 한편으로는 지구 '생명'의 문제이고, 다른 한편으로는 개인으로서 나의 '지금' 여기에서의 '삶'의 문제이기도 합니다. 삶을 알아서 살아나가야 하는 '삶 앎'의 문제이기도 하지요. 이러한 문제를 함께 생각하며 풀어나갈 과제의 측면에서 생각해 본다면, 사명과 본분으로서 '살림'의 문제이기도 합니다. 생명, 생명체, 삶, 삶앎[사람], 살림 등의 개념들이 함께 어우러져 빚어내는 담론의 특성을 잘 짚어내야 하는 '생명학'의 문제이기도 합니다.

이 전체 문제를 저는 『글로벌 생명학: 동서 통합을 위한 생명 담론』에서 다루었습니다. 여기에서는 오늘날 이 땅에서 회자되는 현안들에서 출발해 그것들이 생명 문제와 어떻게 연결되는지 살펴보도록 하겠습니다.

신자유주의의 논리

　세계적 신학자로 인정받는 한스 큉은 그의 책 『세계윤리구상』에서 전 세계를 휩쓴 근대화라는 서구화를 다음과 같이 비판했습니다.

　"학문은 있으나 지혜는 없다. 기술은 있으나 정신적 에너지는 없다. 공업은 있으나 생태학은 없다. 민주주의는 있으나 윤리는 없다."

　큉은 이것이 바로 근대 계몽주의적 이성의 실체라고 지적합니다. 항상 자신을 절대화시키고 모든 것을 합리화하도록 강요하는 이성은 주관성의 자유와 결합되어 어떠한 우주에도 매여 있지 아니하고, 아무것도 신성시하지 않으며, 끝내는 자기 스스로를 파괴시킵니다. 그 결과가 환경오염, 생태계파괴, 생명경시, 사회적 불안이라는 것이지요.

　근대의 계몽주의가 낳은 신자유주의의 신자본주의가 던지는 화두가 무엇입니까?

　"부자가 되어라, 빚내고 쓰고 즐겨라Get rich, borrow, spend and enjoy!"

　이런 월가의 신자본주의의 강령은 바야흐로 99%의 평범한 시민들의 분노를 사서 그들로 하여금 "월가를 점령하라!"는 구호를 외치며 거리로 뛰쳐나오게 만들었습니다. 월가의 똑똑한 경제학자들은 국제적인 대기업들이 돈을 많이 벌어야 그 혜택이 밑바닥까지 내려가 서민들도 떡고물을 얻어먹을 수 있다고 말합니다.

　소위 샴페인 잔의 비유입니다. 피라미드식으로 쌓은 샴페인 잔의 맨 위에 샴페인을 부으면 그 잔이 넘치면서 차례로 아래의 잔들을 채워 밑에까지 흘러넘친다고요. 그러나 아무리 기다려도 밑의 잔에는 아무런 기별이 오지 않아요. 알고 보니 위의 잔들을 계속 크게 만들어서 샴페인이 밑에 오기도 전에 끝나버리고 마는 것입니다.

그래서 1% 가량의 재벌들이 90% 이상의 자본을 축적하여 독점하고 그 외의 사람들이 나머지 재원을 갖고 생존에 허덕이는 상태가 당연한 상황처럼 돼버렸다는 것입니다. 이런 상황은 한국이 미국보다도 더 심하다고 경제학자들은 이야기합니다.

이들이 내세우는 주장이라는 것이 얼마나 이기적인지는 생태학자인 개럿 하딘의 '구명보트윤리'라는 것을 보면 잘 알 수 있습니다. 하딘은 오늘날 우리가 처한 현재의 위기상황을 구명정에 비유합니다. 선진국이 적정 수용인원을 태운 구명보트라면, 후진국은 너무 많은 사람들이 올라타서 이미 가라앉기 시작한 구명보트라는 것이지요. 후진국 국민들은 배에서 내려 헤엄쳐 선진국의 구명보트에 올라타기를 희망하지만 이들을 배에 태워서는 안 된다고 하딘은 단호하게 말합니다. 만약 그들을 태운다면 선진국의 구명보트도 과잉 승선으로 인하여 가라앉을 수 있으니 그들만이라도 살 수 있는 길을 택해야 한다는 논리입니다.

하딘은 제3세계에 대한 식량 원조를 동결하고 이민도 금지해야 한다고 주장합니다. 신자유주의와 신자본주의의 속셈을 보여주는 이론이며 학설입니다. 지금의 지구촌 이민문제가 적나라하게 이런 상황을 노출하고 있습니다. 지중해에서 벌어지고 있는 난민들을 실은 배들의 침몰사고들이 바로 그 예들입니다. 살려고 죽음을 무릅쓰며 부자나라로 가려고 모험을 감행하지만 받아들이지 않기 때문에 지중해에서 가라앉아 수장되는 사람이 몇 천 명을 넘어서고 있습니다. 이것이 신자유유주의 논리인 겁니다.

이처럼 서양 사람들의 경제논리는 한마디로 '나 살고 너 죽고'의 논리입니다. 그들은 허울 좋게 "소비는 미덕이다!"라고 외치며 자본주의 시장경제에 인류의 사활이 걸려 있다고 주장합니다. 그러나 소비가 미덕이 되기 위해서는 욕망을 부추겨야 합니다. 없는 욕망도 만들어내서 필요 없는 물건도 필요하다고 생각하며 구입하도록 조장해야 하는 것이지요.

이것이 서양 사람들이 생각하는 생산과 소비의 구조입니다. 그리고 우리는 그것을 따라가기에 바쁩니다. 자신이 살아남기 위해서 남을 밟고 올라가려고 합니다. 여기에는 살림의 논리, 상생相生의 논리가 들어설 틈이 없습니다.

서양 사람들은 무한경쟁의 논리를 다윈의 진화론에서부터 배웠습니다. 다윈의 진화론은 서양인들이 자연의 생태계에서 보고 배운 삶의 논리이지요. 그들은 자연의 생물들이 살아가는 실상을 그렇게 보았으며, 거기에서부터 진화의 원리를 끄집어내 자연도태, 적자생존, 우승열패의 원칙을 이론으로 정립해냈습니다.

이들은 그들이 발견한 이 논리를 인간 사회에 적용하여 최고만이 살아남는다는 '경쟁의 논리'로 만들었습니다. 그러기에 최고가 아닌 사람은 희생됩니다. 아니 마땅히 희생되어야 하는 것이 자연의 법칙이라고 주장합니다. 이런 논리는 합리성을 앞세운 계산의 논리, 이성의 논리예요. 이런 논리대로라면 80%의 사람들은 못살게 됩니다. 나만 이 80%안에 들지 않으면 되는 것입니다. 신자유주의 성과중심 사회에서 느끼는 삶의 불안은 커져만 갑니다!

한국 사회에 깊숙이 만연된 허무주의

젊은이들이 좌절하고 포기하며 자신들이 사는 사회를 '헬조선'이라고 표현하고 있습니다. 이 헬조선이라는 용어가 태동되는 것과 비슷한 시기에 나온 책이 박노자의 『비굴의 시대』입니다. 그 책에서 박노자는 한국사회를 '무간지옥'이라고 말합니다. 그러한 무간지옥에서 젊은이들은 각자도생各自圖生해야 한다고 기술하고 있습니다. 사회에서 해줘야 하는 기간산업이라든가 기본적인 사회제도 같은 것은 제공해주지 않고 젊은이한테 모든 걸 알아서 하라고 하는 거기에서 무간지옥, 헬조선을 느낀다고 박노자는 처절하게 비평하고 있습니다.

이런 것이 허무주의와 관련이 있으며, 바로 우리가 사는 신자유주의가 허무주의의 귀결이라고 봅니다. 허무주의에서부터 각자도생이라고 하는 삶의 방식이 등장하게 됩니다. 허무주의는 원래 독일어 '니힐리스무스Nihilismus'로 표기가 되는데 니힐리즘이라고 부르기도 합니다. 여기서 니힐은 라틴어로서 아무것도 없음, 무無를 뜻합니다. 그래서 '허무주의는 존재하는 어떤 것에도 의미가 없다. 의미 있는 것은 아무것도 없다'라는 식으로 극단적인 의미부재를 주장하는 철학적 흐름이라고 할 수 있습니다. 세상에 의미 있는 것은 없다. 진리도 없다. 도덕도 윤리도 없다. 종교도 없다. 정신적인 가치도 없다. 그래서 우리가 해야 할 건 육체적인 욕망의 극대화다. 최대의 쾌락을 누리는 것이 최고로 행복한 상태이고, 그래서 몸을 중심으로 얻을 수 있는 온갖 쾌락을 추구합니다.

이런 상태에서 의미에 대한 물음이나 이상적인 돌파구를 찾아야 할 때 해결책은 자살밖에 없습니다. 그래서 허무주의의 귀결은 자살입니다. 합리적으로 의미 있게 모든 일을 처리하기 위해 스스로 목숨을 끊어 의미 없는 모든 것들로부터 의미 있게 떠나려고 합니다. 그래서 바로 이 시대적인 흐름이 실존주의 철학으로 펼쳐져 나오고, 실존주의 철학을 이런 식으로 해석해서 자살을 미학적으로 보게 합니다.

까뮈는 바로 이러한 허무주의 시대를 이야기하면서 시지프스의 신화를 예로 듭니다. 의미가 없지만 계속 돌을 굴리고 올라가는 시지프스를 통해 인간이 위대한 것은 바로 그 의미 없다고 하는 것에 의미를 부여하는 것이라고 합니다. 그래서 만약 신이 나한테 이 의미 없는 일을 계속 하도록 만들었다고 하면, 나는 의미 없이 해야 하는 것에 반항해서 끝까지 돌을 굴려 올리고, 결국은 다시 굴러 떨어지고, 굴러 떨어진 그 돌을 향해서 내려가면서 다시 한 번 의식적으로 반항하는 것이 까뮈가 말하는 허무주의의 귀결입니다. 그래서 까뮈를 허무주의자라고 하면 안 됩니다. 까뮈는 허무주의가 아니라 실존주의 철학자로서 사람이 자기 존재를 스스로 결정해야 한다고 주장합니다.

그런데 지금 우리 사회에 허무주의가 널리 퍼지고 있습니다. 2014년 2월에 가난에 쪼들리고 병에 시달리며 버텨오던 서울 송파의 세 모녀가 희망의 끈을 놓아버리고 극단적인 선택을 했습니다. "미안하다"는 유서와 함께 집세를 남겨 놓았다는 사실이 남아 있는 사람들을 먹먹함에 빠지게 했습니다. 이를 본받기라도 하듯이 뒤이어 경기 광주에서 엄마가 어린 아들과 딸을 데리고 아파트에서 투신해서 모자가 죽고 딸이 중태에 빠지는 사건이 벌어집니다. 서울 화곡동에서는 간암을 앓던 택시 기사가 아내와 함께 동반 자살을 했습니다. 동두천에서도 생활고를 못 견뎌 30대 엄마가 아들과 함께 아파트에서 몸을 던졌습니다. 이 모든 사건이 한 달도 안 되는 사이에 일어났습니다.

요즘은 뉴스를 보는 것도 두렵습니다. 재산, 돈 문제로 부모를 살해하는 사건들이 보도되는가 하면, 부모가 자식들을 죽이는 사건도 전해집니다. 경제적인 이유 또는 가정적인 이유로 자식들을 죽이고 자살하는 아버지가 있는가 하면, 반대로 부모와 형제들을 죽이고 스스로 목숨을 끊는 자식들도 있습니다.

우리는 진작부터 '자살공화국'이라는 자조어린 자책을 해왔습니다. 우리나라의 자살률(인구 10만 명당 자살자 수)은 12년째 OECD 국가 중 세계 1위입니다. 통계청에 따르면 2014년 자살률(10만 명당 자살자 수)은 27.3명으로 지난 20년 새 3배로 늘었다 합니다. 특히 심각한 것은 청소년과 노인 자살입니다. 그런데 이제 신병과 생활고를 비관한 가족 단위 동반 자살이 자살 수치를 증가시키고 있습니다.

프랑스의 사회학자 뒤르켕은 자살의 유형을 이타적 자살, 이기적 자살, 아노미적 자살 등 3가지로 구분하였습니다. 그리고 각각에 대해서 개인적인 자살동기보다는 자살이 일어나는 사회적 상황을 중요시했어요. 뒤르켕은 자살의 한 요인으로 아노미anomie현상을 지적합니다. 여기서 아노미는 '행위를 규제하는 공통 가치나 도덕 기준이 없는 혼돈 상태'를 말합니다. 이런 사회 병리가 노이로제, 비행, 범죄, 자살 같은 사회 부적응 현상을 가져온다고 보았습니다.

우리가 살고 있는 현대 사회는 더 이상 조선 시대의 윤리 규범이 통용되는 사회가 아닙니다. '신자유주의'라는 이름의 자본주의가 판을 치는 사회입니다. 그것은 능률과 성과를 앞세워 경쟁시장에서 효율성의 극대화를 추구해서 국가 경쟁력을 강화하자는 이념을 앞세운 경제 이론이지요. 이를 충실히 따르고 있는 한국 사회는 세계에서 경쟁이 가장 치열한 나라에 속합니다. 경쟁에 살아남는 사람은 잘 나가지만 그렇지 못한 대다수의 사람들은 성장과 성과의 그늘 아래 상대적 박탈감을 느끼며 삶의 이유를 찾지 못합니다.

왜 이렇게 극단의 선택을 하는 것일까요? 무엇보다도 가정이 붕괴되고 있다는 데 그 원인을 찾을 수 있습니다. 가족 구성원을 묶고 있던 끈끈한 유대감이 모래처럼 부서져 내리고 있습니다. 사랑, 믿음, 아낌, 이해, 희생과 같은 덕목들이 뜨거운 황금만능주의의 햇살 아래 아침안개처럼 빠르게 증발되고 있는 것이지요. 돈이면 모든 것이 해결된다고 믿는 사회 풍조가 인간성을 메마르게 만들고 있습니다.

우리 시대의 종교 : 개인주의

신자유주의 시대는 각자도생의 시대입니다. 그 배경은 우리시대의 종교가 개인주의이기 때문입니다. 노로베르트 볼츠라는 독일학자는 "우리시대 종교는 이제 개인주의다"라고 했습니다. 오늘날 종교가 제시하는 치유의 약속은 개인주의로부터 나옵니다. 그전에는 치유가 신이나 사회로부터 온다고 했습니다. 그러나 현대의 개인은 자신의 구원을 스스로의 관계 속에서, 스스로의 걱정 속에서 찾으려고 합니다. 지금 가장 큰 문제는 바로 개인주의인 것입니다. 지금 이슬람권에서 가장 무서워하는 것이 개인주의, 소비주의, 쾌락주의입니다. 기독교주의가 아니라 개인주의로 인해서 이슬람의 종교는 와르르 무너지게 될 거라는 위기의식을 가지고 개인주의가 되는 것을 막기 위해 대단히 노력하고 있습니다.

〈프라하의 봄〉이라는 영화가 오래전에 개봉되었습니다. 원제목은 『참을 수 없는 존재의 가벼움』으로 밀란 쿤데라의 작품입니다. 거기서 여자주인공은 "이 삶은 나에게 너무 무거운데 당신에게는 너무도 가볍다. 나는 그 가벼움, 그 자유를 참을 수 없다"는 쪽지를 남자에게 써놓고 떠납니다. 그 여자는 '프라하의 봄'이라고 하는 시대적인 상황을 피해서 스위스로 갔다가 거기서 또 다른 존재의 무거움 속에서 프라하로 돌아오기로 결정하고, 아마추어 사진작가로서 프라하에서 일어나는 다양한 장면을 찍어서 기록으로 남깁니다.

우리 한국사회에도 이 개인주의가 널리 퍼져서 구원도 각자가 알아서 해야 하는 시대가 됐습니다. 각자 자기의 존재를 꾸려나가야 되는 존재의 무거움이 일상화 된 것입니다. 자기의 무거운 존재를 끌고나가기 위해 자기 자신과 관계를 맺어야 하는데, 나와 나 자신과의 관계는 보이지 않습니다. 바로 거기에 문제가 있습니다. 이것을 '일상의 패러독스'라고 합니다. 현대인들은 무엇보다 중요한 것이 자기 자신이라고 확신하면서도 이러한 자신과의 관계를 어떻게 실현해서 채워나가야 할지, 어떻게 구현해서 표현할지, 그 방법을 모르고 있습니다. 그렇기 때문에 보이는 것에 집착을 하게 되는 것이 일상의 패러독스입니다. 지금 한국에서 보이고 있는 현상이 바로 그것입니다. 보이는 것에 집착하는 것, 그것이 다양한 세속화의 형태로 나타납니다. 치유, 힐링도 마찬가지 입니다.

서양에서는 오백년이 걸린 근대화가 우리나라는 오십년밖에 걸리지 않았다고 합니다. 그래서 압축근대화라고 합니다. 그러다 보니까 서양에서는 오백년에 걸쳐 개인주의의 가치관이나 어떻게 살아야 할지에 대한 삶의 기술이 알게 모르게 가정과 학교를 통해 전수됐는데, 우리는 그런 것을 제대로 전수받지 못했습니다. 서양에서는 자기긍지, 자기존중과 같은 내면적 가치들을 가정에서도 학교에서와 마찬가지로 중요하게 가르치는데, 우리는 대학을 나와서 아는 것 가지고 출세하라고 합니다.

현대사회에서 가장 중요한 것은 지식입니다. 앎입니다. 이것은 전문인 패러다임입니다. 앎이란 자기긍지와 같은 내면적인 가치와 삶의 기술로서의 힘이라는 정신이 밑바탕에 깔려있습니다. 그런데 우리는 앎을 힘이나 도구로 사용하려고 합니다. 대학입학이 마치 삶의 전부인 것처럼 젊은이들은 오로지 좋은 대학에 입학하기 위해서 매진을 하고, 좋은 대학에 입학하면 모든 것들이 용서되고 모든 것들이 허용되는 그런 시대에 살고 있습니다. 그런데 이젠 좋은 대학 나와 봐야 취직하지 못하면 소용이 없습니다. 삶을 길게 보지 못하고 삶의 교육을 받지 못한 것이 큰 문제입니다. 그렇게 대학생활이라는 것이 인생의 목적이 아니라 그저 첫걸음이라는 것을 알게 된 순간, 모든 것이 허탈해지고 허무해지는 것을 느낍니다.

마음을 다잡고 나의 인생을 위한 설계도를 짜야 하는데, 그것을 위해 훈련을 받은 적이 없다는 것을 알게 됩니다. 그래서 시도해 보고 좌절하고, 또 다른 거 해 보다가 넘어지고, 또 다른 거 도모하다 무너지고. 이런 식으로 무너지고 넘어지기를 반복합니다. 그것이 삼포시대, 오포시대라고 하는 포기의 시대, 절망의 시대라는 분위기를 낳았습니다.

인간은 "죽음을 향한 존재"

이러한 상황일수록 우리는 죽음과 삶에 대한 깊이 있는 고찰을 해야 합니다. 예전에는 "인간은 누구인가?"라는 물음에 대해 "인간은 이성적 동물이다"라고 답했습니다. 동물의 의미는 빼고 인간을 이성, 정신, 영혼 등 육체와는 상관없는 것으로 규정지었어요. 그러면 인간은 영원한 것, 변하지 않는 것, 비시간적인 것이 되어버립니다. 그 배후에는 죽음으로부터의 도피가 있습니다.

철학은 죽음의 발견에서부터 시작되었습니다. 고대 그리스에서 철학은 죽음의 예비학이었습니다. 그러나 언제부터인가 사람들은 죽음을 인간의 가능성으로부터 빼내어 버렸고 죽음과 관계된 모든 것, 육체, 감각 등을 제거해 버림으로 인간을 정신, 영혼, 이성으로만 인식하게 되었어요.

더 나아가 근대에 들어서서는 가장 확실한 것은 육신이 아니라 사유로 이해되었습니다. 죽음을 발견하기 위해서는 키르케고르까지 기다려야 했습니다. 키르케고르는 데카르트의 명제를 뒤집습니다. 그는 가장 확실한 진리는 사유함에 있는 것이 아니라 "나는 죽는다"는 것에 있음을 주장합니다.

누구나 죽음에 처해 있음에도, 누구도 자기의 죽음을 인정하려 하지 않습니다. 타인의 죽음 앞에서 사람들은 죽음이 자기의 몫이라고 받아들이기를 꺼려합니다. 이에 철학은 인간의 죽음을 넘어선 이성, 정신, 영원의 세계를 설정함으로써 이제까지 인간에게 가장 중요한 사건이었던 죽음의 사건을 도외시하게 된 것이지요.

인간이 죽을 수 있는 존재자라는 것이 인간에게 있어 인간의 본질을 이루고 있다는 것을 하이데거는 지적합니다. 하이데거는 사도 바울의 육신에 대한 고민을 예로 들어 말하지요.

"인간이여! 너의 약점을 버리지 말라."

인간의 인간다움은 가장 약한 거기에, 즉 가장 약한 죽음에 있음을 하이데거는 보고 있었습니다. 그는 오로지 인간만이 죽을 수 있는 자이며 인간이란 죽음을 향해 있는 자로서 인간만이 죽음을 죽음으로 대면할 수 있다고 말합니다. 인간이 죽을 수 있기 때문에 철학이 있고, 이성이 있으며, 기술이 있고 과학이, 문명이, 문화가 있을 수 있다는 것이지요.

죽음은 유한성이며 시간성입니다. "인간은 유한하다"는 말은 죽지 않는다면 더 이상 인간이 아니라는 말입니다. 인간은 죽을 수 있기 때문에 죽음 앞으로 나가볼 수 있는 것입니다. 앞서 나가고 뒤돌아보며 인류의 시작과 끝, 우주의 시작과 끝까지 생각을 뻗어 보는 것이지요.

다윈의 진화론이 발표되었을 때, 사람들은 이를 축하하는 축제를 벌였다고 합니다. 당시 서양, 특히 영국은 청교도적인 엄격함과 철저함에 의해서 규제되고 있었습니다. 서양에서의 신학적인 배경을 보면, 인간은 본래 갖고 태어난 유한성을 가리고 육체를 부끄러워하라는 명령 아래에서 살아가고 있었음을 알 수 있습니다.

그런데 다윈의 진화론은 인간을 원숭이에서 진화한 결과로 봄으로써 이제 동물에 방점을 두고 인간을 보기 시작하는 셈이지요. 이성 중심의 사고에서 벗어나 생물학적으로 인간을 볼 수 있게끔 계기를 마련해준 것입니다. 즉 인간의 육체를 새로운 시각에서 볼 수 있게 해주었지요.

이것이 현대의 철학사적인 특징인 '육체의 발견'입니다. 이러한 육체의 발견은 반대의 극단으로 치닫도록 만드는데, 이제 현대의 인간들은 진화된 원숭이에 만족하며 육체만을 강조하고 내세웁니다. 심지어 이런 선언까지 합니다.

"나는 나의 육체일 뿐 그 이상도 그 이하도 아니다. 내게 부여된 최상의 임무는 이 하나뿐인 육체를 잘 관리하는 일이다."

"인간은 육체다"라는 말은 더 이상 영혼, 이성, 얼이 중요하지 않음을 뜻하는 것일 수 없습니다. 그럼에도 불구하고 육체의 차원에서 모든 것이 해결됩니다. 정신적인 문화, 만남, 우정, 친구, 사랑은 의미를 상실하게 되었습니다. 인간에게 가장 중요한 것은 쾌락, 그것도 감각적 쾌락이 되었지요.

인간에게 정신적인 즐거움은 시대착오적인 일일 뿐이고, 오직 육체적인 즐거움만이 남습니다. 사랑을 통한 정신적인 합일 따위는 필요 없는 시대가 된 것이지요. 인간에게 애틋한 기다림의 시간이라는 것은 그저 낭비입니다. 이렇듯 일상적인 삶의 세계가 전부이고 거기에서 그저 최대한 삶의 편의를 찾는 것이 사는 목적이라고 하며, 정신적인 것들을 전부 제거해 버리고 육체적인 쾌락만을 추구하는 사회에 구원이란 있을 수 없습니다. 얼이 없는, 영성적인 차원이 없는 일상적인 삶에 구원은 없기 때문입니다.

다석 류영모선생은 하루하루를 죽음을 향한 존재로서 살았습니다. 죽음을 한번 경험한 사람에게 삶은 결코 그 전과 같을 수 없습니다. 우리에게 죽음이란 갑작스러움과 돌발성으로 다가오지요. 그리스도의 재림을 하이데거는 죽음이라는 사건으로 바꾸어 해석합니다. 재림의 갑작스러움, 돌발성은 언제 들이닥칠지 알 수 없는 것입니다.

이것을 키르케고르의 말을 빌려 말하자면 '죽음의 확실성의 불확실성'이라 할 수 있어요. 인간은 태어난 이상 반드시 죽게 되어 있습니다. 그러나 인간은 그것보다 확실한 것이 없는 죽음을 가장 불확실한 명제인 것처럼 여기면서 죽음에서 도피하려 합니다. 데카르트의 가장 확실한 명제 "나는 생각한다, 고로 나는 존재한다"는 죽음에서 사유로 도피한 결과입니다.

우리가 아무리 인정하지 않으려 해도 인간에게 가장 확실한 것은 '죽음'입니다. 그러나 죽음이 언제 들이닥칠지는 아무도 모릅니다. 따라서 죽음만큼 확실한 것은 없지만 또한 그것만큼 불확실한 것도 없습니다. 하이데거는 "인간은 태어남과 동시에 죽기에는 충분히 늙어 있다"라고 말합니다. 죽음이 찾아드는 순간을 어느 누구도 알 수 없기에 인간에게 죽음은 가장 불확실한 것처럼 보이지요.

그러나 죽음이 언제까지나 불확실하게 남아 있는 것이 아니고, 언젠가는 분명히 찾아온다는 최고의 확실성을 갖습니다. '죽음을 향한 존재'라는 표현에서 하이데거가 강조하고 싶은 점도 바로 이 점입니다. 죽음에서 또한 가장 분명한 것은 어느 누구도 자신의 죽음을 대신할 수 없다는 것이지요. 죽음은 개개의 개인들에게 각기 독특하고 고유한 것이므로 그것을 어느 누구로 하여 대신 맞게 할 수는 없습니다. 죽음 앞에서는 그야말로 모든 사람이 평등합니다.

죽음의 불안 속에 휩싸인 일상의 삶

죽음의 확실성을 안고 살아야 하는 인간은 존재하면서 끊임없이 죽음, 즉 무無가 언제 덮칠지 모르는 불안감 속에 살고 있습니다. 죽음은 인간에게 존재를 갉아먹는 벌레와 같습니다. 인간을 왠지 모를 불안감에 떨게 만들지요.

하이데거의 중요한 개념 중 하나는 '불안'입니다. 그는 이 개념을 『존재와 시간』에서 독특하게 서술합니다. 하이데거는 불안과 공포를 구분합니다. 공포는 그 대상이 뚜렷한 것입니다. 살면서 마주치는 대상들에게서 오는 것이지요. 불안은 뚜렷하지 않은 것, 대상화할 수 없는 어떤 것으로 인해 야기됩니다. 즉 자기 존재에 대한 불안, 자기 존재 때문에 일어나는 것입니다.

여기에서 중요한 것은 불안과 죽음이 지닌 연계성입니다. 죽음 앞에서 불안은 항상 최고조에 이릅니다. 철학에서 삶과 죽음의 관계는 끊임없이 보완적 관계를 유지해왔습니다. 삶에 대해 반성하기 시작한 이래 철학은 죽음과 삶을 항상 같이 보았고, 죽음을 준비하는 학문으로 그 위치를 지켜왔습니다. 이런 전통은 소크라테스, 플라톤, 더 거슬러 올라가 헤라클레이토스에서 찾아 볼 수 있습니다. 헤라클레이토스는 "우리는 삶을 죽고 죽음을 산다"라고 했습니다.

마틴 루터는 '비텐베르크 논쟁 명제'의 24번째 명제에서 "죽는다는 것은 죽음을 현재적으로 느낀다는 것이다"라고 했습니다. 이 말은 이후에 하이데거가 『존재와 시간』에서 인간을 죽음과의 관련 속에서 파악하는 것과 그 맥을 같이하는 것입니다. 그는 "현사실적 실존은 그의 죽음을 향한 존재의 극단에서, 이 본래적인 불안에서, 자기의 양심이 자기의 내부에서, 자기 자신을 본래적인 실존으로 부르는 소리를 들을 수가 있다"라고 말합니다.

일상의 우리는 알게 모르게 보이지 않는 '그들(사람들)'의 통제를 받습니다. 우리는 언제나 '남들'의 시선을 의식해서 '그들'의 눈치를 보며 '그들'의 눈 밖에 나지 않으려 노력합니다. '그들'의 논리 안에서 우리들은 생각도 하지 말고, 두드러지게 부각되어서도 안 되며, 하물며 말조차 하지 못하고 살도록 틀지어지고 있지요. 이런 것들이 일상을 지배하는 '그들'의 논리입니다. 일상의 세계를 비추어 우리가 일상의 삶의 현장에서 생각하며 보고 행동하는 지침을 하달하는 것은 보이지 않는 '그들'의 눈입니다.

'그들'의 논리는 적당한 거리를 유지하게 합니다. '그들'이 주는 이러한 논리는 포근함으로 우리에게 다가옵니다. 가정 같은 포근함, 가정 속에서 느낄 수 있는 안정감과 유대감, 편안함이 '그들'의 세계에는 있습니다. 그리하여 우리들은 이 가정 같은 일상성으로부터 벗어나려는 노력을 하지 않습니다. 오히려 그 일상성이 무너지면 겁을 내지요.

그때 생기는 것이 바로 '불안'입니다. 일상의 세계, '그들'의 논리 안에서 사는 사람들이 가장 두려워하는 것은 '불안'입니다. 불안을 느끼는 사람은 불안으로부터 벗어나고자 술을 마시기도 하고 잡담을 하기도 합니다. '그들'과 비슷해질 때 '불안'은 사라집니다. 곧 자기도 '그들'에 속해 있고 '그들'과 다르지 않음을 확인할 때, '불안'은 사그러듭니다.

하이데거는 이렇게 '불안' 없이 사는 사람을 철저하게 '그들' 속에 빠져 살고 있는 사람이라고 합니다. 하이데거는 '불안'이 피어오르도록 그대로 놔두라고 권고합니다. 불안 속에서 우리가 대면하는 것은 결국 자기 자신입니다. 막연한 불안 속에서 사람들이 가장 두려워하는 것은 바로 가장 보기 싫은 나 자신을 발견하는 것입니다. 그래서 계속 그렇게 나 자신으로부터 도망을 다니다가 문득 그 '나'를 맞닥뜨릴 때, '나'는 소스라쳐 놀라 돌아서려 합니다. 이때 온몸을 전율처럼 섬뜩 스치고 지나가는 것이 바로 불안입니다.

하이데거는 불안이란 어디로부터인가 도망을 가는 것인데, 거기로부터 도망가는 그 '나'가 사실은 '본래의 나'라고 이야기합니다. 하이데거는 불안을 그 자체로 마주 대할 수 있는 용기, 곧 불안에의 용기를 가져야 한다고 말합니다.

불안에의 용기를 갖는 사람은 자신을 대면하는 사람으로서 자신이 어떻게 살아야 할지를 생각하는 사람입니다. 그 사람은 그 동안 자기가 매달려 있던 것들이 사실 아무것도 아니었다는, 아무런 의미가 없다는 것을 깨닫는 사람입니다. 이 아무것도 아님이 곧 '무'인데, 아무것도 아님을 깨닫는다는 것은 그간 그가 매달려 왔던 것들이 다 부질없는 것으로 무화되는 것을 의미합니다. 그때 비로소 나는 그들 속에 푹 빠져 있음으로부터 나 자신을 되찾아올 수 있고, 나 자신을 대할 수 있으며, 나 자신을 스스로 택할 수 있게 됩니다. 이것이 바로 '결단'입니다. 그러나 사람들은 이 결단을 계속 유보하지요.

신자유주의시대에서 각자도생을 해야 하는 우리 사회의 젊은이들은 선택과 결단, 그리고 그에 따른 책임과 실행에 대한 두려움 때문에 아예 결정 자체를 미루고, 보류하고 심지어는 포기하기까지 합니다. 그러한 세태를 가리켜 '결정장애 세대'라고 합니다.

인간의 실존은 '스스로 자신을 만들어 나가는 데' 있다

죽음이라는 불확실성 앞에서 온전히 살아가기 위해서는 '실존Existenz'이라는 개념을 먼저 살펴봐야 할 것 같습니다. 실존은 인간만의 독특한 존재 방식, 존재 양태를 지칭하기 위해 고안된 개념입니다. 다른 존재자, 예를 들어 인간이 제작해 낸 모든 인위적인 도구들과 자연적으로 존재해온 자연 사물들은 그 존재방식이 누군가(제작자나 창조자)에 의해 이미 확정되었습니다. 그것들은 그렇게 존재 이유를 부여받아 그 목적에 맞추어 존재해야 합니다.

그런데 인간만은 그렇지 않습니다. 인간은 스스로에게 존재이유를 부여해 스스로 자기가 설정한 목적에 따라 존재하는 유일한 존재입니다. 다른 존재자들은 그 존재방식이 고정되어 있지만 인간의 실존은 존재 가능성에 활짝 열려 있어요. 이것을 다른 말로 '존재가능'이라고 표현합니다.

한마디로 인간은 스스로 존재할 이유를 세워서 자신이 살아갈 방식을 스스로 결정해야 하는 존재입니다. 이것을 철학적으로는 "자신의 존재를 존재해야 한다."라고 표현합니다. 그리고 이것이 바로 인간에게 '존재의 무거움'으로 다가오고 그 중압감으로 인해 '존재의 불안'을 느끼게 되는 것입니다.

인간은 자신의 있음을 과제로 떠맡아 거기에다 자신의 존재의 의미와 목적을 새겨 넣을 수 있고, 새겨 넣어야 합니다. 그렇게 그가 되려고 하는 바 미래의 자신의 존재를 위해 모든 것을 바칠 수 있습니다. 비록 지금 여기 선택의 여지없이 내던져지긴 했지만, 그렇게 내던져진 존재를 떠맡아 나름대로 존재해 나가야 합니다. 인간 각자에게는 그의 존재가 그의 양심에 비추어 각기 자유롭게 만들어나가야 할 존재로, 즉 과제로 주어져 있습니다. 각자도생의 생존 방식의 밑바탕에는 이러한 실존철학적 메시지가 담겨 있습니다.

그러나 인간은 대개 자기에게 주어진 이러한 실존의 자유를 행사하지 않고 '그들(사람들, 남들)'의 지시를 따라서 살아나갑니다. 인간은 '그들'에게 자신을 내맡겨 버리고 거기에서 가정과 같은 안온함과 포근함을 느껴요. 그렇지만 인간의 과제는 자신이 이처럼 '그들'의 사슬에 옭아매어져 있다는 사실을 깨닫고 거기에서부터 해방되어 '참된 자신'을 찾는 데 있습니다. 그래서 하이데거는 자기 자신을 잃어버린 채 살아나가고 있는 현대인들에게 이렇게 외칩니다.

"너 자신이 되어라!"

현재 우리 사회는 젊은이들에게 다양한 가능성을 펼칠 마당을 제공하지 못하고 있습니다. 교육은 획일화되었고 청년들을 확정된 인형으로 조립해 내고 있습니다. 사회에 팽배해 있는 황금만능주의는 오로지 돈을 기준으로 모든 것을 평가하게 만들고 있습니다. 이런 분위기 속에서 선택이란 사회의 규칙을 따르든가 아니면 그것을 부정하든가 일 것입니다. 부정하기에는 너무나 나약한 젊은이들이 아예 삶 자체를 포기하는 극단적 선택으로 내몰리고 있습니다.

우리 사회는 젊은이들에게 실존의 방식을 위한 천차만별의 가능성을 만들어 제공해 줄 수 있어야 합니다. 그러기 위해서는 먼저 어려서부터 이들이 가지고 있는 소질과 재능, 끼와 멋을 다양하게 펼치게 할 수 있는 쌍방향 소통의 교육제도부터 만들어야 할 것입니다.

삶의 기술 익히기

인간으로 태어났으면 누구나 다 살아가는 방법 정도는 저절로 알 것이라고 생각하겠지만 그렇지가 않습니다. 더욱이 오늘날처럼 자식들을 곱게 키우며 원하는 것 다 챙겨주고 그저 공부만 열심히 해서 좋은 대학 가기만 하면 된다는 식으로 기르면, 그 아이는 삶에서 가장 중요한 '삶의 기술'을 제대로 배우지 못하고 이 세상에 던져지는 셈입니다. 삶은 끊임없이 배워야 하고 학교와 사회에서도 지속적으로 삶의 기술을 가르치며 전수해야 합니다.

제가 최근에 읽은 책으로 이런 삶의 기술에 관한 이야기를 해볼까 합니다. 하나는 독일 철학자 빌헬름 슈미트가 쓴 『나이 든다는 것과 늙어간다는 것. 마음의 평정에 이르는 10가지 길』입니다. 제가 나이가 들어서 그런지 이 책이 눈에 들어와서 한번 읽어보았습니다. 그런데 독일어 제목을 보니 『겔라센하이트』였습니다.

하이데거의 저서 가운데에도 같은 이름의 책이 있습니다. 저는 그것을 '내맡김'이라고 옮겼습니다. 존재에 나를 내맡겨 존재의 소리에 귀를 기울여서 거기에 맞추어 살아나간다는 뜻이지요. 그런데 이 책의 저자는 그것을 풀어서 '마음의 평정에 이르는 10가지 길'이라고 섹시한 제목을 달았습니다.

그런데 실제 내용은 인간으로 살아가는 데 필요한 삶의 기술과 죽음에 대한 예비로 채워져 있습니다. 태어나서부터 죽을 때까지의 삶을 어떻게 살아가야 하는가 하는 삶의 시기와 연관된 삶의 기술, 그리고 죽음을 어떻게 예비하며 삶의 말년을 살아가야 하는가 하는 삶의 기술이 주 내용을 이루고 있었습니다. 노인 문제가 심각한 우리나라에도 매우 유용한 책입니다.

그 다음 다른 책은 알렉상드르 졸리앙, 마티유 리카르, 크리스토프 앙드레 등 세 사람이 함께 집필한 『상처받지 않는 삶. 철학자, 스님, 정신과 의사가 들려주는 따뜻한 위로』입니다. 이것도 원제목은 '지혜를 찾는 세 친구'인데 우리의 실정에 비추어 제목을 단 것입니다. 마티유 리카르는 『승려와 철학자』라는 저서로 프랑스에 돌풍을 일으킨 스님입니다.

이 책에 나오는 철학자는 바로 본인의 아버지입니다. 철학자 아버지와 승려 아들의 대화를 풀어서 책으로 편집한 것이지요. 마티유 리카르는 프랑스 파스퇴르 연구소에서 세포 유전학으로 박사 학위를 취득하고 그 연구소에서 연구원으로 일을 시작한 수재였습니다. 그러다 인도에서 영적 스승을 만난 것을 계기로 모든 걸 다 던지고 히말라야로 떠납니다. 거기서 유명한 스님을 만나 승려가 되어 20년 이상을 수행하고 난 뒤 프랑스로 돌아옵니다.

이 때 철학자인 아버지를 만나 우주, 자연, 인생에 관해 대담을 하고 이것을 책으로 낸 것이 바로 『승려와 철학자』입니다. 이 책이 베스트셀러가 되면서 마티유 리카르는 하루아침에 유명인사가 됩니다. 그 이후로도 수행을 하면서 달라이 라마의 어록을 번역하고 통역도 하면서 불교 교리를 일반인들에게 알리기 위해 노력하고 있습니다.

『상처받지 않는 삶』의 공동저자인 알렉상드르 졸리앙은 이 책을 기획하고 펴낸 사람입니다. 그는 "왜 삶은 고통일까? 어떻게 하면 삶을 잘 이끌어 갈 수 있을까?" 하는 삶의 근본적인 문제를 던지고 승려와 철학자, 그리고 정신과 의사와 함께 논의해갑니다.

졸리앙은 태어날 때 목에 탯줄이 감겨 잠깐 뇌사상태에 빠졌습니다. 그로 인해 그는 태어나면서부터 정상인이 아니었습니다. 가만히 있지 못하고 손을 계속 흔들며 히죽히죽 웃는 듯 처신하는 '뇌성마비 장애'를 안고 태어난 사람입니다. 그래서 어린 시절부터 아주 어렵게 특수학교에 다니면서 살아가는 법을 배워야 했습니다. 그러나 어렵사리 공부를 계속해서 철학박사 학위를 취득합니다.

졸리앙은 글 쓰는 재주가 있어서 자신이 겪은 모든 일들을 글로 써서 발표합니다. 이것이 많은 사람의 공감을 사서 그는 유명한 저술가가 됩니다. 그는 가톨릭 신자이면서도 한국의 선불교에 관심이 있어서 한국에 와서 몇 년 머무르며 선수행도 하고 많은 사람들과 만나 대화를 갖습니다. 이 책은 한국 체류 중에 펴낸 것입니다.

말씀드린 두 권의 책은 삶의 기술에 관한 책입니다. 어려움과 고통에 놓인 현대인들이 어떻게 상황에 대처하며 상처받지 않으며 살아나갈 수 있는지 자신들의 경험담에 비추어 진솔하게 이야기하고 있습니다. 몸과 마음, 정신과 얼이 균형 잡혀 제대로 온전하게 조화를 갖추면 그것이 곧 치유이며 힐링이고, 온전한 삶인 것입니다.

살림살이의 지혜 : 삶을 알고 살림을 실천하는 것

존재하는 모든 것들은 다 나름대로의 생명력을 가지고 태어납니다. 별들도 생명의 에너지를 불태우다 그것을 다 태우고 나면 우주의 텅 빈 공간 속으로 사라져 죽습니다. 이렇듯 삶이라는 것은 생명력을 불태우는 '사름'을 뜻합니다. 우리말 '사람'은 '삶'에서 나왔습니다. '삶'에는 '사르다'라는 의미가 들어있지요. 하늘로부터 받은 자기 생명의 에너지를 사르는 것입니다.

그런데 인간은 단순히 자신의 생명력을 사르기만 하는 존재가 아닙니다. 인간은 하늘과 땅 사이에 있는 모든 생명체와 더불어 생명력의 교감을 나누는 존재이지요. 인간은 다른 생명체와는 다른 빼어난 능력을 부여받았는데, 그것은 바로 살림을 아는 능력입니다. 즉 삶을 이해하는 능력, 삶이 어떻게 전개되는지, 어떻게 살면 좀 더 나은 삶을 살 수 있는지, 그래서 잘될 수 있는지, 잘된 사람, 참사람이 될 수 있는지 등 살아가는 법을 아는 존재로서 살릴 수도 있고 죽일 수도 있는 삶의 법칙을 아는 존재입니다.

사람이라는 말 속에는 이렇게 삶을 안다는 의미가 간직되어 있어요. 다시 말해 '삶+앎'이 합쳐진 것이 '사람'입니다. 인간만이 삶을 알고, 삶을 살리고, 그래서 모든 생명체를 책임질 수 있는 특별한 살림의 역할을 떠맡은 존재입니다. 살림살이가 바로 사람의 본질인 것이지요.

'살림'이라는 낱말은 '살리다'에서 나왔습니다. '살리다'는 '죽지 않도록 하다, 어떤 생활을 하게 하다, 없애거나 깎지 않고 그대로 두다, 꺼지거나 죽은 부분을 볼록하게 살게 하다'라는 말입니다. '살림'은 '한 집안을 이루어 생활하는 일, 살게 하는 일'이고, '살이'는 '살아가는 일'입니다. 이렇게 '살림살이'는 '살림을 생활화하는 삶'이라는 뜻입니다. 인간이란 바로 이렇게 살림을 생활화하는 삶을 살아가는 사람을 일컫습니다. 한국인의 삶의 문화 속에는 이러한 '살림살이의 원칙'이 면면히 흐르고 있습니다.

우주 살림살이의 대원칙 : 생명의 얼(한얼)을 섬기는 것

우리 선조들은 존재하는 모든 것에서 고정된 '있음'을 본 것이 아니라, 모든 것이 끊임없이 변화하며 되어 가는 '살아있음'을 보았습니다. 살아있음은 정지된 채로 있는 것이 아니라 끊임없이 움직이는 것이며 '되어가는' 것입니다.

모름지기 생명체는 그러한 생명의 흐름에 보조를 맞추어 잘 되어가야 하며, 살림을 생활화해야 하는 사람은 더욱 말할 것도 없습니다. 그래서 우리는 그렇게 생명의 원칙을 잘 따르는 사람을 '된 사람'이라 부르고, 그렇지 못한 사람은 '못된 사람'이라 부릅니다. 우주적 생명사건에 동참하며 잘 되어 가는 생명체는 자신을 고집하지도, 공간에 집착하지도, 시간에 매달리지도 않습니다. 오로지 하늘과 땅 사이에 자신을 내맡기며 되어 감, 즉 변화의 원칙을 따릅니다.

이 '되어 감'의 원칙에서 우리가 주목해야 할 것은 '비움'이며 없어짐이며 사라짐입니다. 되어 감에서 우주 현상의 본질적인 차원을 감지했을 때 부각되는 근본개념은 '있음(존재)'이 아니라 '없음(無, 空)'입니다. 있음이란 없음과 없음을 잇고 있는 순간적인 연결고리일 뿐이지요. 존재하는 모든 것은 무에서 생겨나 주어진 삶의 에너지를 불사르며 존재 속에서 되어가다가 에너지를 다 소진한 뒤에는 다시 무 속으로 사라져 갑니다.

우리 한국인들에게는 '있음'이 놀라움의 대상이 아니라 오히려 바로 이러한 '없음'이 경탄과 사색의 대상이었습니다. 무수한 별무리들을 다 감싸안고 있는 저 무한한 천공이, 한없이 너르며 시간 속에서도 한결같이 늘 그러한 하늘(한늘=끝없이 크고 늘 그러한)이 놀라움과 경배의 대상이었지요.

온갖 것을 다 살게 하고 있는 저 광활한 빈탕한데는_{虛空} 분명 없는 것이면서도 동시에 있는 것입니다. 우리 한국인은 이러한 '없이 있는 것'에 매료되었습니다. 우주적 생명을 유지하고 있는 것도 분명 이러한 없이 있는 어떤 것이라는 확신을 갖게 되었으며 그것을 '하늘님(하느님)'이라고 숭배했지요.

하느님의 '없이 계심'에서 살림살이의 원칙을 유추해낼 수 있습니다. 우리는 변화하는 모든 것에서, 특히 살아 움직이는 모든 것에서 하늘의 명命인 얼을 알아보고 그것들이 그것들로서 따로 서서 사이를 나누면서 그것들의 되어감이 잘 전개되도록 도와야 합니다.

그렇게 존재하는 모든 것을 그것으로서 서도록 도우면서 우리는 없이 계신 한얼을 섬기는 것이지요. '섬김'이란 존재하는 모든 것들이 나서 그 자신으로 서서 우주적 생명의 전개과정에 편입되도록 관여하는 것이며, 그렇게 하여 존재하는 모든 것 속에 살아 숨 쉬고 있는 '한얼'을 알아보고 모시는 것입니다.

한국인의 자연관에 담긴 생명 사상 : 나눔과 비움

한국인들은 자연 속에서 서양 사람들은 보지 못한 생명의 법칙을 보았습니다. 그것은 자신을 나누고 비워서 다른 생명을 살려나가는 살림의 원칙이지요. 아주 작은 세포인 아메바에서부터 새싹을 포함해 살아있는 모든 것들은 끊임없이 자기 자신을 나누며 자랍니다.

'나눔'에는 새로 태어나서 갈라져 나오고, 갈라지며 나뉘면서 자라나간다는 의미가 있습니다. 끊임없이 나뉘는 것이지요. 나뉘지 않는 것은 죽은 것입니다. 생명이 없는 것도 자기가 원하든 원하지 않든 갈라지고 나뉘어져 우주의 잠재적인 생명력 속으로 사라집니다. 바로 나눔입니다.

나눔의 맨 마지막 단계에는 '비움'이 있습니다. 서양에서는 자신을 채우기 위해 끊임없이 욕구하며, 자신의 생존을 위해 남을 짓밟고 다스리고 죽여야 하는 차원에 강조점을 두었습니다. 이와는 다르게 한국인들은 사람이란 종국에는 자신을 비워 우주의 텅 빔 속에 자신을 던져 새로운 생명에게 자신을 준다고 생각했습니다. 궁극적으로 우리에게는 비움이 중요했지요. 한국인의 영성은 우주의 텅 빔 또는 하느님의 없이 계심에서 그 없음을 본받아 나 자신을 나누어서 비우는 삶의 방식에 그 핵심이 있습니다.

'산다'는 것은 큰 눈으로 멀리 볼 때 자신을 살라 버리고 없애 버려 우주적 생명의 얼에 동참하는 것이며, 그렇게 자신을 가르고 나누어 우주적 생명을 살리는 것이에요. '나누다'는 나서 갈라져 나가고 또 나서 갈라져 나가는 식으로 끊임없이 자신을 가르고 나누어 생명의 전개과정에 동참하는, '사이를 나누는' 살림살이의 대원칙입니다. 새롭게 나서 그 자신으로서서 자신의 고유한 생명을 펼쳐나갈 수 있도록 생명을 나눠 갖는 것이 곧 '나눔'입니다.

갈라지지 않기를 고집하는 사람은 생명의 질서, 생명의 흐름, 숨돌이와 피돌이를 막는 사람입니다. 자신을 나누어 갖기를 거부하는 사람은, 자기를 비우기를 거부하는 사람은 생명의 반역자들입니다. 이렇게 '나눔'과 '비움'은 우주 살림살이의 대원칙입니다. 『혼불』의 저자 최명희는 이렇게 말합니다.

"목숨만큼 소중한 것은 세상에 없지. 껍데기만 살았다고 목숨이 있는 것도 아니다. 살어 있으면서도 죽은 것은 제가 저를 속이는 것이야. 살어 있다고 믿고 있지만 실상은 죽어 버린 것이 세상에는 또한 부지기수니라. 어쩌든지 있는 정성을 다 기울여서 목숨을 죽이지 말고 불씨같이 잘 보존

허고 있노라면, 그것은 저절로 창성허느니."

생명사랑으로 짜야 하는 생명의 그물

세계적인 생물학자 에드워드 윌슨에 따르면 인간에게는 자연과 교류하려는 선천적 욕구가 있습니다. 윌슨은 그것을 '생명사랑biophilia, 生命愛'이라고 이름하지요. 그는 녹색 자연에서 느끼는 인간의 공통적 안정감과 평안함은 우리의 생물학적 존재 안에 깊숙이 자리 잡고 있다고 말합니다.

다시 말해 우리 몸이 생명 친화적인 연결감을 유전적으로 기억하고 있다는 것이에요. 최근 연구 결과를 보면 창밖으로 나무, 초록이 짙고 탁 트인 풍경, 연못 등을 보는 환자는 그렇지 못한 환자보다 더 빨리 건강을 회복한다고 합니다. 저 역시 대장암 수술을 받고 물 맑고 공기 좋은 곳에서 빨리 건강을 회복할 수 있었습니다.

윌슨에 따르면, 인간은 다른 생명체의 존재를 우리 자신의 존재처럼 느낄 정도로 그들과 감정적으로 동질감을 느낀다고 합니다. 살아오면서 다른 생물에게 공감의 느낌을 가져본 적이 없는 사람이 있습니까.

땅바닥을 기어 다니는 개미를 보고 쓰다듬어 보려고 하고 꽃들 사이를 날아다니는 나비를 보며 신기한 듯 좇아가 잡아보려는 손자의 행동은 이러한 생명사랑의 발동인 셈입니다. 우리는 날개를 다쳐 퍼덕이는 참새를 보거나, 피나는 다리를 핥고 있는 고양이를 보면 연민의 정을 느낍니다. 같은 지구 위에서 살아가는 동료임을 공감하는 생명의 신비로움을 깨닫지요. 이들 생명체 속에 담긴 생명의 본질적이고 고유한 가치를 마치 우리

자신의 것인 양 인식하는 것입니다. 이와 같은 교감과 공감을 통해 우리는 동료 생명체들에 대한 연대감을 표현합니다.

생명의 현상에서 가장 중요한 것은 소통, 즉 통합입니다. 힘, 열, 기, 에너지, 정보, 마음, 정신, 영혼이 통하지 못하면 생명은 멈추게 됩니다. 그런데 우주의 역사 150억 년의 끄트머리에, 우주의 한 구석인 태양계에서 꽃을 피운 한 생명이 자신의 반생명적 처신으로 인해 최대의 위기를 맞고 있습니다. 우주 진화의 참뜻을 읽어내지 못하고 생명의 의미를 물질에서, 황금에서, 쾌락중독에서 찾고 있는 겁니다. 오직 소통과 화합, 비움과 나눔, 공생(함께 살기)과 상생(서로 살림) 속에서 생명의 그물망은 탄탄해집니다.

우리 사회는 현재 무한경쟁에 노출된 채 돈과 권력만이 살길이라는 자본의 논리를 유일한 삶의 원칙으로 삼고 있습니다. 경쟁에서 밀려 돈도 힘도 없는 우리 사회의 약자인 노인과 청소년들은 삶의 끈을 못 잡고 죽음의 유혹 속에 흔들리고 있습니다. 이럴 때일수록 함석헌 선생의 생명 존엄성에 대한 말을 깊이 새겨들어야 합니다.

"우주를 다 주어도 아니 바꾸려는 것이 생명이요, 천년을 살고도 하루같이 여기는 것이 마음이다. 우리는 백이나 천을 살기 위해 나온 것이 아니요, 영원을 살기 위해 있는 것이며, 수만금 수억 금을 가지기 위해 사는 것이 아니요, 무한을 가지기 위해 사는 것이다."

지구 살림살이의 가장 큰 위험 요인은 인간입니다. 우선 73억을 넘어선 인간의 개체수가 지구 자체에 과부하가 되고 있고, 그것이 환경오염, 생태계 파괴, 지구온난화. 기후변화 등으로 이어졌어요. 그리고 73억 인구가 무엇을 먹으며 어떻게 살아나갈 것인가 하는 식량수급과 연관된 생존의 문제가 인간들 사이, 국가들 사이에 첨예한 갈등의 요인으로 잠재되어 있습니다. 과연 지구는 73억 인류를 먹여 살릴 수 있는 잠재력을 지니고 있을지 의문입니다.

2012년 기아와 빈곤 실태보고서를 보면, 우리가 놓여 있는 실제 상황은 그리 낙관적이지 못합니다. 지구촌 인구의 13%가 넘는 10억 명이 기아선상에서 굶주리고 있고, 매년 5백만 이상의 어린이가 굶어죽고 있다고 합니다. 현재 우리가 지니고 있는 과학과 기술로 73억 인류의 식량 문제를 충분히 해결할 수 있다고 하지요. 문제는 도를 넘어선 욕망입니다. 일찍이 간디는 이렇게 말했습니다.

"이 세상은 우리의 필요를 위해서는 풍요롭지만 탐욕을 위해서는 궁핍한 곳이다."

인간이 필요한 만큼만 서로 나눠 가지며 사용한다면 지구는 73억 인구에게 풍요로운 곳입니다. 하지만 인간이 자신들의 욕심을 채우려 든다면 지구는 한없이 궁핍한 곳이지요. 마더 데레사는 한마디로 "나눔 없이 평화 없다"고 했습니다.

"가진 것이 많을수록 줄 수 있는 것은 적습니다. 가난은 놀라운 선물로서 우리에게 자유를 줍니다. 그것은 우리가 하느님께 향하는 데 장애물을 적게 가진다는 것을 의미합니다."

마더 데레사는 어떻게 비움과 나눔 그리고 섬김을 통해 지구 위의 모든 이들이 서로를 살리면서 평화롭게 살아갈 수 있는지를 자신의 삶으로 보여주었습니다. 우리는 그것을 침묵, 기도, 믿음, 사랑, 나눔, 평화로 이어지는 영성의 여섯 단계라고 이름할 수 있습니다.

들판에 곡식이 넘쳐나고 물고기 떼가 바다를 메워도, 과학과 기술이 하늘을 찔러 달과 화성을 오가도, 서로를 인정하며 나누려는 마음이 없으면 73억 인류는 좀비가 되어 서로를 잡아먹으려 날뛰게 될 것입니다.

삼과
죽음의
대화

그저 돌아가는 것이니
: 죽음에 대한 동양철학의 답변

양회석

가시나 보다

어릴 적 언젠가 들었던 구급차의 요란한 사이렌 소리를 아직도 잊지 못합니다. 아주 이른 새벽이었습니다. 곤히 잠든 동네 사람들을 다 깨울 정도로 사이렌 소리가 요란했습니다.

"쯧쯧, 돌아가시나 보다."

서울로 치료를 받으러 가셨던 이웃 어르신이 산소 호흡기를 낀 채 대절한 구급차를 밤새 타고서 "돌아가시기 위해" 집으로 오신 것입니다.

"어디로 돌아가시는데요?"

"좋은 데로 가신단다."

"그런데 왜 집으로 돌아오셨어요?"

"집에서 돌아가셔야 넋이 기억하고 돌아와 제삿밥을 먹을 수 있단다."

영문을 몰라 하는 나에게 어머님은 자상하게 설명하셨습니다. 법 없이도 사실 그 분은 좋은 일을 많이 하셨으니 좋은 데로 가실 것이라고 하시면서 조상님들이 계신 곳으로 돌아가셨다가, 제삿날이나 명절 때는 떠난 집으로 돌아와 차린 음식을 잡수신다는 것입니다. 때문에 집을 떠나 객지에서 죽는 '객사客死'야말로 불행 중의 큰 불행이라고 하셨습니다.

요즘은 정반대입니다. 임종이 가까우면 부랴부랴 병원 응급실로 옮기고, 돌아가시면 집이 아닌 장례식장으로 모십니다. 일부러 '객사'를 찾아서 하는 셈입니다. 죽음에 대한 우리의 인식이 완전히 바뀌었다는 뜻입니다. 일전에 한 장례식장을 갔더니 넓은 벽면 전체를 천상병 시인의 〈귀천歸天〉이라는 시가 차지하고 있었습니다.

나 하늘로 돌아가리라
새벽빛 와 닿으면 스러지는
이슬 더불어 손에 손을 잡고,

나 하늘로 돌아가리라
노을빛 함께 단 둘이서
기슭에서 놀다가 구름 손짓하면은,

나 하늘로 돌아가리라
아름다운 이 세상 소풍 끝내는 날.
가서 아름다웠더라고 말하리라……

천상병 시인에게 죽음은 하늘로 돌아감입니다. '하늘'은 사람에 따라 다를 것입니다. 부활과 영생을 믿는 기독교인에게 그것은 하나님이 계신 곳이고, 극락왕생을 희구하는 불자에게 그것은 서방정토이며, 나의 어머니에게 그곳은 '좋은 데'일 것입니다. 그곳이 어디든지 간에 무상한 지상이 아닌 영원한 어떤 곳임에 틀림없습니다.

이 글의 목표는 동양 철학이 말하는 죽음을 살피는 데 있습니다. 그런데 남아시아 인도에서 탄생한 불교는 말할 것도 없고 중동에서 태동한 기독교도 그 태생은 동양이기 때문에 논의의 범위를 동북아시아로 좁히기로 하겠습니다. 우리가 속한 동북아시아에서 전통적인 사유의 근저를 이루는 사상은 공자孔子와 맹자孟子가 대표하는 유가와 노자老子와 장자莊子가 대표하는 도가입니다.

공자의 죽음에 관한 생각을 말할 때, 맨 먼저 거론되는 문구가 있습니다. "아직 삶을 모르는데, 어떻게 죽음을 알겠느냐?"는 공자 자신의 외침입니다. 이 발언을 두고 단순히 "공자는 죽음보다 삶을 더 중요하다고 여겼다."고 하거나, "공자는 죽음에 대해 대답하려 들지 않았다."고 여기는 견해가 많지만 일단 접어두고, 어떠한 상황에서 이러한 문답이 나왔는지를 살펴 볼 필요가 있습니다.

> 계로가 귀신을 섬기는 문제를 묻자, 공자께서 대답하셨다. "사람을 아직 잘 섬기지 못하는데, 어떻게 귀신을 섬기겠는가?" 계로가 물었다. "감히 죽음을 묻겠습니다." 공자께서 대답하셨다. "아직 삶을 모르는데, 어떻게 죽음을 알겠느냐?"
> 『논어論語』「선진先進」

계로季路의 성은 중仲, 이름은 유由, 자는 자로子路입니다. 자로는 젊었을 때 일찍이 협객俠客의 세계에 들어갔다가, 공자를 만난 후 감화를 받아 공자의 제자가 되었습니다. 자로는 상당한 정치적 수완가로, 결단력과 행동력이 뛰어났던 인물로 알려져 있습니다. 반면 자로는 사람을 대하고 일을 처리하는 데 무모할 정도로 과감하여, 공자로부터 종종 책망을 듣곤 하였습니다.

> (자로처럼) 맨손으로 범을 잡으려 하고, 맨몸으로 강을 건너려다 죽어
> 도 후회함이 없는 자를 나는 함께 하지 않을 것이다.
>
> 『논어論語』「술이述而」

또한 자만에 빠지는 결점도 갖고 있었습니다.

> 유(由, 자로의 이름)야, 내가 너에게 '안다는 것'을 가르쳐 주겠다. 아는
> 것을 안다고 하고, 모르는 것을 모른다고 하는 것, 이것이 아는 것이다.
>
> 『논어論語』「위정爲政」

한마디로 허세를 부리며 아는 척하지 말라는 것입니다. 내재적인 성실함을 중요시하는 공자의 눈으로 보았을 때, 자로는 성격상 문제가 있었던 것입니다. 이러한 성격을 가지고 있는 자로의 당돌한 질문에 대해, 공자가 한 대답이 바로 위 인용문입니다. 따라서 공자의 대답은 다음과 같은 의미로 이해할 수 있습니다.

> 자로야, 너는 어찌하여 귀신을 섬기겠다고 하느냐? 사람을 먼저 잘 섬
> 겨라. 자로야, 네가 죽음이라는 것이 어떤 것인지 어찌 알겠느냐? 먼저
> 삶부터 제대로 잘 알거라.

이상을 종합하면 공자가 애초에 죽음에 대한 언급을 회피했고, 이분법적으로 죽음보다 삶을 더 중요하게 여겼다고 단정하는 것은 무리임을 알 수 있습니다.

상대적으로 『논어』에는 죽음에 관한 논의가 적은 편입니다. 그렇지만 우리는 공자가 자신이 아끼는 제자의 죽음을 대하는 태도에서 그의 죽음에 대한 인식을 충분히 엿볼 수 있습니다.

> 염백우가 모진 병에 걸리자, 공자께서 문병하실 적에, 창문으로부터 그의 손을 잡고 말씀하셨다. "죽겠구나, 운명命이련가! 이런 사람이 이런 병에 걸리다니! 이런 사람이 이런 병에 걸리다니!"
>
> 『논어論語』「옹야雍也」

> 안연이 죽자 공자께서 말씀하셨다. "아! 하늘天이 나를 버리는구나! 하늘이 나를 버리는구나!"
>
> 『논어論語』「선진先進」

첫 번째 인용문은 염백우冉伯牛를 문병하였을 때이고, 두 번째는 안연顔淵을 문상하였을 때 한 말입니다. 나이, 성품, 평소의 행동 등의 정황으로 볼 때 너무나 안타까운 제자들의 죽음을 공자는 '명命' 또는 '천天'으로 보고 있습니다. 여기서 '천'과 '명'은 사실상 동일한데, 이 점은 공자의 제자 자하子夏의 다음 발언에서 확인해볼 수 있습니다.

> 저는 다음과 같이 들었습니다. "사생에는 명이 있고, 부귀는 하늘에 달려있다."
>
> 『논어論語』「안연顔淵」

"사생에는 명이 있다死生有命"와 "부귀는 하늘에 달려있다富貴在天"는 이른바 '호문互文'으로, 결국 사생과 부귀는 '명'과 '천'에 달려있다는 의미로 읽을 수 있습니다. 이 말을 자하가 누구로부터 들었는지는 분명하지 않지만, 공자의 인식과 다르지 않음은 분명합니다. 공자가 모종의 의지를 지닌 '천'과 그것이 내리는 '명'이 존재함을 확고히 믿었다는 점은 여러 기록에 보입니다.[1]

공자는 '천'과 '명'의 존재를 인정하였으나, 비관론이나 숙명론으로 귀착하지는 않았습니다. 그는 천명天命에의 순종, 다시 말해 인간의 한계를 인식하고 하늘의 뜻을 따라야 함을 인정하면서도, 한편으로는 인간의 능력이 허락하는 한 최선을 다할 것을 주장했던 것입니다.

아침에 도를 들으면 저녁에 죽어도 좋다.　　　　　『논어論語』「이인里仁」

지사志士와 인인仁人은 삶을 구하기 위해 인仁을 해치는 경우가 없고, 몸을 죽여 인仁을 이루는 경우는 있다.　　　　　『논어論語』「위영공衛靈公」

첫 번째 인용문에 대해서 주희朱熹는 『사서집주四書集注』에서 다음과 같이 풀고 있습니다. "도道란 사물의 당연한 이치로서, 이 도를 들으면 삶은 순조롭고 죽음은 편안하여 한을 남기지 않게 됩니다. 조석朝夕은 그 시간이 가까움을 과장적으로 표현한 것입니다." 따라서 여기에서의 도란 바로 인간의 도리로서, 일생동안 마땅히 지키면서 걸어가야 하는 길을 의미한

---

1 다음 공자의 발언은 그가 '천'의 존재를 확신하고 있음을 잘 보여준다. "子曰, 不怨天, 不尤人, 下學而上達. 知我者其天乎!"『論語』「憲問」, "子曰, 不然, 獲罪於天, 無所禱也."『論語』「八佾」

다고 할 수 있습니다. 이러한 도를 깨닫고 이루는 것이 죽음보다 더 중요하다는 주장입니다. 두 번째 인용문을 보면 공자가 말하는 도는 곧 인仁을 말하는 것임을 알 수 있습니다. "도를 들으면 죽어도 좋다"고 생각한다면, 당연히 인을 이루기 위해서도 기꺼이 목숨을 바쳐야 합니다. 공자는 '죽음'보다는 현실 삶의 기준이 되는 '도'와 '인'을 더욱 중시하였습니다. 그렇기에 그는 '살신성인殺身成仁'을 주장하였는데, 이는 향후 유가의 생사관에 일종의 전범典範으로 작용합니다.

맹자 가라사대

누구에게나 죽음은 찾아오는 것이고 그 시기 또한 '천명'에 달려 있다고 하지만, 그렇다고 해서 삶을 함부로 살아가는 것을 공자는 결코 용납하지 않았습니다. 맹자의 인식도 기본적으로 이와 동일합니다. 맹자 역시 인간의 생사를 '명'으로 파악합니다.

> (인간의 생사는) 명命이 아닌 게 없으나, 그 정상적인 것을 따라야 한다. 때문에 명을 아는 사람은 험준한 담장 아래 서지 않는다. 올바른 도리를 다하고 죽는 것은 정명正命이지만, 형벌을 받아 죽은 것은 정명이 아니다.
>
> 『맹자孟子』「진심상盡心上」

인간의 삶과 죽음, 그 어느 것도 '천명'이 아닌 게 없지만, 인간이라면 하늘이 명하는 도리를 다하는 게 우선이어야 합니다. 이것을 '정명正命'이라고 하는데, 이 점에서 유가의 인식은 일반적인 '비관론'과 확연히 구별됩니다. 이처럼 유가가 '천명'을 믿으면서도 '숙명론'으로 빠지지 않고 사람들로 하여금 생전에 분발하여 높은 책임감과 사명감을 갖게 만드는 관건은, 그 필연적인 '천명'을 인간이 내재하고 있는 도덕적 '천성' 또는 '본성'과 연계시키는 데 있습니다. 맹자의 다음 발언은 이 점을 뚜렷하게 보여줍니다.

자신의 마음을 다하는 사람은 자신의 천성을 알게 된다. 자신의 천성을 알게 되면 하늘을 알게 된다. 자신의 마음을 간직하고 자신의 천성을 키우는 것은 하늘을 섬기는 것이다. 단명하거나 장수하거나 의심하지 않고, 몸을 닦아 그것을 기다리는 것은 명을 세우는 것이다.

『맹자孟子』「진심상盡心上」

『중용中庸』에서 "하늘이 명한 것을 일컬어 '성'이라 하고天命之謂性", "이 성을 따르는 것을 '도'라 한다率性之謂道."고 하였듯이, '천'이 인간에게 '명'한 바가 바로 '성'입니다. 그러므로 이 '성'을 간직하고 키우는 것이 '천'을 섬기는 것이고, '명'을 달성하는 것이 됩니다. 여기에서 인간의 능동성이 요구됩니다.

생선도 내가 원하는 바이고, 곰발바닥도 내가 원하는 바이나, 두 가지를 겸할 수 없다면, 생선을 버리고 곰발바닥을 취할 것이다. 삶도 내가 원하는 바이고, 의義도 내가 원하는 바이나, 두 가지를 겸할 수 없다면, 삶을 버리고 의를 취할 것이다. … 현자만이 이런 마음을 갖고 있는 것은 아니고 사람마다 있지만, 현자는 잃지 않았을 뿐이다.

『맹자孟子』「진심상盡心上」

'삶'을 원하고 '죽음'을 싫어함은 인지상정입니다. 그런데 '삶'과 '의' 가운데 하나를 택하여야 한다면? 맹자는 당연히 후자를 선택해야 한다고 주장합니다. 왜냐하면 그것은 '하늘'이 '명'한 인간의 '본성'이기 때문입니다. 본성, 즉 천성은 모든 인간에게 동일한 것입니다. 다만 보통사람들은 살아가면서 그것을 잊어버렸을 뿐입니다. 아무튼 맹자의 생사관은 '사생취의舍生取義'로 요약할 수 있는데, 이는 사실상 공자의 '살신성인'과 동일한 주장이라 할 수 있습니다. '사생취의'이든 '살신성인'이든 그것이 궁극적으로 지향하는 바는 무엇일까요? 한마디로 '불후不朽'입니다.

공자가 썼다 하는 『춘추春秋』를 해설한 『춘추좌씨전春秋左氏傳』에 유명한 '삼불후三不朽'라는 말이 나옵니다. 손숙표孫叔豹가 진晉에 가니 진의 범선자范宣子가, '사이불후死而不朽'라는 옛 말씀에 대해 묻자, 손숙표는 다음과 같이 대답합니다.

> 노魯나라에 돌아가신 대부가 있는데 장문중臧文仲이라 합니다. 그 분은 이미 세상을 떠나셨지만, 그의 말言은 세상에 유용하게 작용하고 있습니다. (사이불후는) 아마도 이를 이르는 것일 겁니다. 저는 다음과 같이 들었습니다. "최상은 덕을 세움立德이요, 다음은 공을 세움立功이요, 그 다음은 말을 세움立言이다." 이것들이 오래되어도 폐지되지 않으면, 이를 일러 '불후'라 하는 것입니다. 『춘추좌씨전春秋左氏傳』「양공襄公24年」

인간은 언젠가는 죽음에 이르지만, 나라와 사회를 위해 실행한 입공立功과 입덕立德 그리고 입언立言은 썩지 않고 길이 남게 됩니다. 비록 육신은 죽어 사라졌지만, 그의 정신은 후세에 기억되고 유용한 작용을 하므로 살아있는 것이 됩니다. 다시 말해 형체는 '사死'하나 정신은 '불후不朽'한다는 것인데, 공자가 "군자는 죽어 이름이 알려지지 않는 것을 싫어한다.(『논어 論語』·「위영공衛靈公」)"라고 하였을 때, "이름이 알려지는 것"이 바로 이 '불후'에 해당합니다. '입공', '입덕', '입언'은 바로 '살신성인'의 '인仁'과 '사생 취의'의 '의義'의 구체적인 실현입니다. 따라서 공자와 맹자의 생사관은 『춘추좌씨전』의 '사이불후'와 맥락을 같이 하고 있음을 알 수 있습니다.

여러 사람이 알고 있듯이 유가는 제사를 매우 중시합니다. 제사의 전제 는 사자死者의 넋이 조상으로서 엄존한다는 믿음입니다. 육신은 사라지되 그 넋은 남거니와, 여기에 '불후'할 공덕이 있다면 이것이야말로 유가가 지향하는 진정한 '영원'이라 하겠습니다.

노자 가라사대

다른 제자백가서와 비교할 때 『노자』는 얄팍한 책에 속합니다. 그럼에 도 불구하고 그것이 간략한 말로 심오한 이치를 담아내고 있듯이, 노자는 '생사' 문제에 대해서도 공자나 맹자에 비해 훨씬 깊은 성찰을 보여줍니다. 공자와 달리 노자는 삶 못지않게 죽음을 자주 언급할 뿐만 아니라 죽음에 해서도 적극적으로 정의를 내리고 있습니다. 노자는 '생사' 문제를 '출생입 사出生 入死' 네 글자로 압축합니다(「노자老子50」). "나옴이 삶이고, 들어감 이 죽음이다."라는 의미입니다. 문제는 어디에서 나오고 어디로 들어가느 냐 입니다.

만물이 아울러 일어나되, 나는 (그것으로써) 그 것들이 돌아감을 보리라.
대저 만물이 무성하되, 낱낱이 그 뿌리로 돌아가기 때문이라. 뿌리로 돌아
가니 '정靜'이라 하고, 이를 일러 '복명復命'이라 한다네. '복명'을 '상常'이라
하고, '상'을 아는 것을 '명命'이라 한다네.　　　　　　　　　「노자老子16」

되돌아감反은 도의 움직임이요, 부드러움弱은 도의 쓰임이다. 천하 만물
은 '유有'에서 생기고, '유'는 '무無'에서 생긴다네.　　　　　　「노자老子40」

제16장은 만물이 무성하게 번식하다가 뿌리로 돌아가는 과정을 설명하고
있는데, 이는 입入, 즉 사死의 과정에 해당합니다. 제40장에서 "천하 만물은
'유'에서 생기고, '유'는 '무'에서 생긴다."함은 출出, 즉 생生을 설명하는 것
입니다. 그런데 여기서 더욱 중요한 것은 그러한 과정이 일회성이나 일방
성이 아니고, 순환적으로 반복된다는 사실입니다. "되돌아감은 도의 움직
임이다."라고 하는 것은 이를 설명하는 말입니다. 제16장을 '유'와 '무'의
관점에서 다시 설명하면 '유'에서 '무'로 돌아가는 과정을 기술하는 것입니
다. 제1장에 의하면, '유'와 '무'는 도의 양면이므로,[2] 결국 인간을 포함하는
삼라만상은 도에서 나오면出 삶生이요, 도로 돌아가면入 죽음死인 것입니
다. 노자의 이러한 인식은 '숙명론'과 근본적으로 다릅니다. 인간의 삶과
죽음은 도의 운행이 빚어내는 현상이기 때문에 인간은 그 도를 이해하고
거기에 부합되도록 항상 노력할 수 있는 여지가 생기기 때문입니다. 다시
말해, 인간의 능동적인 참여를 필요로 하는 것으로, 노자는 이를 '섭생攝生'

---

2 「老子1」 "無, 名天地之始; 有, 名萬物之母. 故常無, 欲以觀其妙; 常有, 欲以觀其徼.
　此兩者, 同出而異名, 同謂之玄."

이라 부르고 있습니다.

　　장수하는 삶의 무리가 열에 셋이 있고, 요절하는 죽음의 무리가 열에 셋이 있으며, 사람이 장수로 가다가 문득 죽을 곳으로 가는 경우 역시 열에 셋이 있다네. 대저 무슨 연고인가? 그가 삶을 삶으로 여김이 지나치기 때문이라. 대저 듣자니 섭생을 잘하는 자는 뭍으로 가도 코뿔소나 호랑이를 만나지 않는다네. 군대에 들어가도 갑옷과 무기의 해를 입지 않는다네. 코뿔소도 그 뿔로 들이받을 곳이 없고, 호랑이도 그 발톱을 들이댈 곳이 없고, 병기도 그 칼날을 쑤셔 넣을 곳이 없으리라. 대저 무슨 연고인가? 그에겐 죽을 곳이 없기 때문이라네.　　　　　　　　　　　　「노자老子50」

　　인간세계를 돌아보면 빨리 죽은 사람도 있고 장수하는 사람도 있습니다. 장수할 수명을 갖고 태어났음에도 불구하고 갑자기 죽는 경우도 있는데, 이는 '삶'에 지나친 '인위', 즉 억지를 가하기 때문입니다. 예를 들자면, 옛 제왕들이 과다한 음식섭취나, 약물남용, 방중술 등으로 단명短命하는 경우가 이에 해당한다고 할 수 있겠습니다. 반면 '섭생'을 잘하는 자는 '어떠한' 외부적 위험에도 죽지 않고 장수합니다. 설사 수명이 짧은 사람이라 할지라도 '섭생'을 잘하면 장수를 누릴 수 있습니다. 여기서 문제가 되는 것은 '섭생을 잘 하는 자'의 신비한 형상입니다. 도가 사상은 멀리 고도교古道敎, 즉 샤머니즘에 뿌리를 두고 있는데, 당시 '제사왕祭司王' 역할을 하는 샤먼은 초능력의 소유자로 추앙되었습니다.[3] '섭생을 잘 하는 자'의 신비한

---

3 지금도 중국 서남부의 무당은 흔히 칼 사다리를 오르고, 칼을 얼굴에 찌르고, 불에 달군 쇠나 벽돌 위를 걸으면서 자신의 신통력을 증명하는데, 이 역시 초능력의 소유자로 믿어졌던 옛 샤먼의 흔적이다.

형상에서 우리는 옛 제사왕의 그림자를 엿볼 수 있다. 그러나 『노자』 전체를 보면 '귀鬼' '신神' '성인聖人'을 모두 '도'의 아래에 종속시키고 있기 때문에, 그가 초능력을 지닌 인격신을 실제로 인정하고 숭배한 것은 아닙니다. 노자는 이를 신화적 비유로 활용하고 있을 뿐입니다.

신비한 형상이 '비유'라면 노자가 이를 통해 진정으로 주장하고 싶었던 말은 무엇일까요? 우리는 앞서 인용한 제16장의 이어지는 뒷부분에서 그 해답을 찾을 수 있습니다.

> '상'을 알면 받아들이게 되고, 받아들이면 공평해지며, 공평해지면 온전해지고, 온전해지면 하늘이 되고, 하늘이 되면 도가 되고, 도가 되면 영원하리니, 몸이 없어져도 끝이 없으리로다.   「노자老子16」

'상常'은 '복명復命'이고, '복명'은 '귀근歸根', 즉 뿌리(도)로 돌아가는 것입니다. 그러므로 그러한 '상'을 알면 결국은 '도道'와 합일하게 되며, 또 그러면 영원해져 "몸이 없어져도 끝이 없게 된다." 마지막 문구의 원문인 "몰신불태沒身不殆"에 해서 흔히 "죽도록 위험하지 않다"라고 해석하지만, 여기서의 '태殆'는 제25장 "(도는) 두루 운행하며 쉬지 않는다周行而不殆."의 '殆'와 동일한 의미로 파악함이 옳습니다. 왜냐하면, 문맥상 '영원하리니'를 부연 설명하는 것이 "불태不殆"이기 때문입니다. 이러한 관점에서 본다면, 노자 역시 육신이 아니라 정신의 영원을 지향하였음을 알 수 있습니다. 한편 제33장에서도 "죽어도 없어지지 않는 것이 장수함이다死而不亡者壽."라 하였으니, 노자가 추구하는 '영원'이 바로 정신적인 경지임을 거듭 확인할 수 있습니다.

물에서 맹수에게 공격당하거나 전쟁터에서 칼날을 맞아도 죽지 않는다는 것은 물론 비유입니다. 섭생을 잘하는 자는 생사의 한계를 뛰어넘는다는 의미입니다. 도와 합일하는 높은 경지에 도달하는 것이 바로 참된 섭생입니다. 그렇다면 그러한 섭생은 어떻게 하는 것일까요? 요약하자면 "비움虛에 이름이 극진하고, 고요함靜을 지킴이 돈독하여라. 「노자老子16」"입니다. 마음을 비우는 것이 허虛이고, 몸을 고요히 하는 것이 정靜인데, 한마디로 허정虛靜입니다. 허정은 무위無爲의 또 다른 표현으로, 그것은 인위적 억지를 버리고 도의 경지에 합일함을 의미합니다.

장자 가라사대

장자는 기본적으로 노자의 생사관을 계승하고 있습니다. 그럼에도 불구하고 장자의 생사관은 노자와 다르고 오히려 공맹에 가까우며 전형적인 '숙명론'을 펼치고 있다고 주장하는 학자도 있습니다. 이는 오해에 불과합니다. 오해를 불러일으킨 문구를 먼저 검토해 보겠습니다.

> 삶과 죽음은 '명命'이고, 밤과 낮의 일정함이 있는 것은 '천天'이다. 인간에게 간여할 수 없는 것이 있음은 모두 사물의 고유한 실정이다. 사람들은 특히 '천'을 아버지로 여기고서 온몸으로 그를 떠받드는데, 하물며 (하늘보다) 탁월한 것임에랴! 사람들은 임금이 자신들보다 뛰어나다고 여겨 몸으로 그를 위해 희생하는데, 하물며 (임금보다) 참된 것임에랴!
>
> 『장자莊子』「대종사大宗師」

전후 문맥을 볼 때, 앞 2구는 다음과 같이 이해됩니다. "사람에게 삶과 죽음이 있는 것은 '명'으로 마치 하루에 낮과 밤이 있음이 '천', 즉 자연의 도리인 것과 마찬가지입니다." '명'과 '천'은 인간이 간여할 수 있는 대상이 아닙니다. 이처럼 장자가 사생을 '명'으로 보고 있는 것은 틀림없지만, 이는 "사생에는 명이 있고, 부귀는 천에 달려있다."는 『논어論語』에서의 유가의 인식과 같은 것은 아닙니다. 왜냐하면, 유가에서는 의지적인 '천'의 '명'을 절대권위로서 인정하지만,[4] 도가에서는 '천'을 '신神'과 더불어 '도' 아래에 종속시키기 때문입니다.[5] 윗글에서 '명'과 '천'은 '호문互文'으로 동일한 차원의 개념이라면, 그 위에 있는 '탁월한 것卓'과 '참된 것眞'은 바로 '도'로서 그 위에 군림하는 상위 개념입니다. 따라서 장자의 생사관을 노자와 성격을 달리하는 숙명론으로 치부하는 것은 잘못된 것입니다.

그렇다면 장자는 구체적으로 생사를 어떻게 인식했던 것일까요? 장자는 역시 우화로써 대답합니다. 자래子來와 자려子犁는 사생존망을 하나로 보는 친구들인데, 어느 날 자래가 병이 들어 곧 죽게 되자 자려가 임종을 지킵니다. 자려는 조금도 슬퍼하는 기색 없이, 단지 죽은 뒤에 조화造化가 친구 자래를 무엇으로 만들 건지 궁금해 할 뿐입니다. 그러자 죽음을 눈앞에 둔 자래가 다음과 같이 대답합니다.

---

4 예컨대 다음 공자의 발언에서 그가 '천'의 존재를 확신하고 있음이 확인된다. "子曰, 不怨天, 不尤人, 下學而上達. 知我者其天乎!"『論語』「憲問」, "子曰, 不然, 獲罪於天, 無所禱也."『論語』「八佾」.
5 예컨대 노자는 제25장에서 "有物混成, 先天地生. … 天法道."라 하여 도의 존재는 천지의 탄생보다 앞서고, 하늘은 도를 본받는다 하고, 제60장에서는 "以道莅天下, … 其神不傷人."라 하여 천지신명도 도를 어기지 못한다고 하고 있다.

부모가 자식에 대해서 동·서·남·북이라 하면, 그 명을 따를 뿐이다. 음양은 사람에 대해서 부모를 능가하니, 그가 나에게 죽음을 가까이 다그치는데 내가 따르지 않는다면, 나는 사나움을 피우는 것이니 그가 무슨 잘못이 있단 말인가! 대저 대지가 형체로써 나를 실어주고, 삶으로써 나를 수고하게 하고, 늙음으로써 나를 편하게 하고, 죽음으로써 나를 쉬게 하니, 그러므로 나의 삶을 잘 맞이하는 것이 바로 나의 죽음을 잘 대하는 것이다. 이제 큰 대장장이가 쇠를 주조하는데, 어떤 쇠토막 하나가 "나는 반드시 보검이 되겠습니다."라 하면, 대장장이는 재수 없는 쇠라고 여길 것이다. 이제 한번 사람의 형체를 받았다고 해서, "원하는 것은 사람, 사람일 뿐이다."라고 한다면 조화가 재수 없는 사람이라 여길 것이다. 이제 일단 천지를 큰 용광로로 여기고, 조화를 대장장이로 여긴다면, 어디로 간들 불가하겠는가!

『장자莊子』「대종사大宗師」

인간이 태어나고 죽는 것은 조화, 즉 자연의 섭리일 뿐입니다. 죽은 뒤 무엇이 되느냐는 것도 역시 조화에 달린 것이지 인간이 선택할 사항은 아닙니다. 문학적인 비유로써 삶과 죽음을 설명하고 있어서, 그것이 구체적으로 가리키는 바가 다소 모호하긴 합니다. 한편 외편 「지북유知北遊」에서는 삶과 죽음에 대해 다음과 같이 명쾌한 정의를 내리고 있습니다. "사람의 삶은 기氣의 모임이다, 기가 모이면 삶이요, 흩어지면 죽음이다." 『장자』는 내편과 외편 그리고 잡편雜篇으로 나누어지는데, 대체로 내편은 장자 본인이 지은 것이고, 외편과 잡편은 후인이 가탁한 것으로 알려져 있기 때문에, 위의 정의를 장자 본인이 하였는지는 불분명합니다. 그러나 『장자』 내편에서도 '기氣' 가 주요한 개념으로서 자주 등장하고 있으므로, 장자의 인식을 대체로 계승한 것으로 보아도 좋겠습니다.

장자는 노자의 '섭생을 잘 하는 자善攝生者'를 '지인至人', '신인神人', '진인眞人'으로 부르며, 역시 신비한 형상을 부여하고 있습니다.

지인은 신비하도다! 큰 연못이 불타도 뜨겁지 않고, 큰 강이 얼어붙어도 춥지 않으며, 거센 천둥이 산을 깨더라도 다치지 않고, 회오리가 바다를 흔들어도 놀라지 않는다. 그런 사람은 구름과 기를 타고 해와 달을 부리며 사해 밖에서 노닌다. 삶과 죽음이 자신에 대해 변화를 일으키지 못하니, 세속적인 이해득실의 일임에랴! 『장자莊子』「제물론齊物論」

상식을 초월하는 지인의 형상은 물론 육체를 두고 하는 말이 아닙니다. 장자 역시 노자가 그렇게 하듯이 비유로써 높은 정신적 경지를 묘사하고 있습니다. 그러한 경지는 어떻게 도달할까요? 물론 정신적 수양을 통해 가능합니다.

삼일 이후에 천하를 도외시하였다外天下. 이미 천하를 도외시하였지만, 나는 또 지켜서, 칠일 이후에 사물을 도외시하였다外物. 이미 사물을 도외시하였지만, 나는 또 지켜서, 구일 이후에 삶을 도외시하였다外生. 이미 삶을 도외시하였지만, (나는 또 지켜서) 이후에 아침처럼 밝아졌다朝徹. 아침처럼 밝아졌지만, (나는 또 지켜서) 이후에 절대의 도를 보았다見獨. 절대의 도를 보았지만, (나는 또 지켜서) 이후에 고금을 없앨 수 있었다無古今. 고금을 없앴지만, (나는 또 지켜서) 이후에 불사불생에 들어갈 수 있었다入於不死不生. 『장자莊子』「대종사大宗師」

위 글은 남백자규南伯子葵의 요청에 여우女偊가 자신의 득도得道 과정을 설명하고 있는 대목입니다. 먼저 유의할 점은 '삼일', '칠일', '구일' 등은 일정한 긴 기간을 나타내기 위한 허구의 숫자이므로 고지식하게 얽매일 필요가 없고, 문맥상 동일한 문형이 반복되기 때문에 생략된 부분을 채워서 읽어야 한다는 사실입니다. 어쨌든 득도하는 과정은 다음과 같이 요약할 수 있습니다.

외천하外天下 → 외물外物 → 외생外生 → 조철朝徹 → 견독見獨 → 무고금無古今 → 입어불사불생入於不死不生

생사를 초월하는 경지는 이처럼 기나긴 과정을 거쳐야 도달할 수 있는 것입니다. '격물치지格物致知'로부터 '치국평천하治國平天下'로 이어지는 『대학大學』의 8조목條目을 뒤집어 놓은 듯한데, 유가의 최종 목표인 '평천하'가 여기서는 가장 먼저 떨쳐버려야 하는 상으로 간주되고 있습니다. 다시 말해, 유가의 경우, '내성內聖'에서 출발하여 '외왕外王'을 지향하는 데 반하여, 장자는 '외왕'을 떨쳐내고 철저히 '내성', 즉 '득도'를 추구할 것을 주장하고 있습니다. 어쨌든 '견독' 이전이 도를 깨닫는 과정이라면 이후는 '체화體化'하는 과정이라 할 수 있습니다. 당연히 정신적 경지이지 육체적 차원은 아닙니다. 아무튼 장자의 주장에 따르면, 득도를 해서 '생사'를 하나로 보는 것이 '삶'과 '죽음'을 바르게 하는 길이 됩니다.

죽음을 경험해본 사람은 아무도 없습니다. 그렇기에 인간은 죽음을 더욱 두려워하는 것인지 모릅니다. 모른다고 두려워하는 것은 어리석은 일입니다. 장자는 우화를 빌어 그 어리석음을 일깨웁니다.

내가 삶을 좋아함이 미혹이 아니라는 것을 어떻게 알겠는가! 내가 죽음을 싫어함이 어려서 집을 떠나서 고향으로 돌아갈 줄 모르는 것이 아니라는 것을 어떻게 알겠는가! 여희麗姬는 애艾 지역의 국경관리의 딸이었다. 진晉나라가 처음 그녀를 맞아드릴 때, 그녀는 옷깃이 흥건하도록 울었다. 왕의 처소에 이르러, 왕과 침상을 함께 하고, 맛있는 고기를 먹게 되자, 전에 울었던 것을 후회했다. 죽은 사람이 처음에 삶을 바랐던 것을 후회하지 않으리라는 것을 내가 어찌 알겠는가!　　　　　『장자莊子』「제물론齊物論」

시집가기 직전, 여나라 미인 여희는 친정을 떠나기 싫어 울고불고 난리였지만, 진나라로 시집을 가보니 친정보다 훨씬 행복하여 하루 빨리 시집 오지 않았던 것을 후회한다는 내용입니다. 친정은 '삶'을, 시집은 '죽음'을 비유하는데, 위 우화에 따르면 죽음이 삶보다 못할 게 전혀 없습니다. 장자의 이러한 생사관은 훗날 아내가 죽자 다리를 떡 벌리고 질장구를 치며 즐겁게 노래했다는 일화로 발전합니다. 물론 이것이 사실인지 여부가 중요한 것은 아닙니다. 장자가 그처럼 '죽음'과 '삶'을 동일하게 보았음을 확인하면 그만입니다. 따라서 장자의 생사관은 「대종사大宗師」편에 나오는 그의 말을 차용하여 한마디로 요약하자면, '생사일체生死一體'라 할 수 있습니다.

앞서 지적하듯이 노자는 높은 정신적 경지에 드는 수양 방안으로 '허정虛靜'을 제시하였습니다. 장자는 이를 '좌망坐忘'이라는 말로 부연합니다. 좌망의 '좌坐'와 '망忘'은 각각 허정의 '정靜'과 '허虛'에 상응합니다. 또 장자는 이를 '심재心齋'라고도 하는데 '마음의 재계齋戒'라는 의미입니다. 아무튼 위의 인용문에서 여우女偊가 득도得道하는 과정이 바로 '좌망' 또는 '심재'이며, 노자의 용어로는 '허정'입니다.

생물학적 생명의 시한을 초월하여 모종의 '영원'을 꿈꾼다는 점에서 노자와 장자의 생사관도 유가의 그것과 크게 다르지 않습니다. 다만 유가가 구체적인 실행, 즉 '입덕立德', '입공立功', '입언立言' 등을 통하여 '사이불후死而不朽'를 추구한다면, 도가는 '허정', '좌망'의 정신적 수양을 통해서 도道와 합일하여 '사이불망死而不亡'을 달성한다고 인식하는 점이 다를 뿐입니다.

귀거래

유가와 도가는 공히 일시적인 현실을 뛰어넘는 모종의 '영원'을 제시함으로써 죽음을 능동적으로 처할 것을 제안하고 있습니다. 모든 사람이 다 죽지만, 그 죽음이 같은 것은 아닙니다. 명 학자 나륜羅倫은 다음과 같이 말하고 있습니다.

> 태어나면 반드시 죽는다는 것은 성현이 범인과 다르지 않다. 죽지만 없어지지 않고서, 천지와 함께 장구하고, 일월과 함께 빛나는 것은, 아마도 단지 성현들뿐 일 것이로다!　　　　　　　　　『일봉시문집─峰詩文集』

인간이라면 모두 죽습니다. 그러나 성현과 범인의 죽음은 차이가 있습니다. 많은 사람들은 육체적 생명의 소멸과 더불어 정신적 생명도 사라지고 맙니다. 성현은 정신적으로 '불후不朽' 또는 '불망不亡'을 구현하는데, 이는 유가와 도가가 공히 지향하는 바입니다. 다만 유가의 경우 도덕적 실천을 통해 길이 기억됨으로써 참된 '영원'을 획득한다면, 도가의 경우 정신적 수양을 통해 인위를 떨치고 도와 합일함으로써 참된 '영원'에 도달하는 점이 다를 뿐입니다. 어느 쪽이든, 인간 자신의 능동적인 삶의 결과로써 '영원'이라는 저 세계가 수반되는 것입니다. 이는 유일신 하나님을 믿음으로써 영생을 얻는 기독교나, 아미타불을 염원함으로써 극락왕생하는 불교와 근본적으로 다른 점입니다.

사실 동양철학이 제안하는 '좋은 죽음'은, "법 없이도 사실 그 분은 좋은 일을 많이 하셨으니 좋은 데로 가신단다." 라고 말씀하셨던 우리 조상님들의 '믿음'에 가깝습니다. 법 없는 삶은 도가적 삶이요, 좋은 일 많이 한 삶은 유가적 삶이기 때문입니다. 어쨌든 동북아시아의 전통에서 '좋은 죽음'은 곧 '좋은 삶'의 연장입니다. 외부의 초월적인 신을 믿음으로써 '영원'을 얻는 게 아니라, 현실적으로 좋은 삶을 삶으로써 '영원'이 저절로 따라오는 것입니다.

중국을 대표하는 시인 중의 하나인 도연명陶淵明은 유달리 '죽음'에 대해 깊고 많은 성찰을 보여줍니다. 그가 남긴 불후의 명편 「귀거래사歸去來辭」역시 삶과 죽음에 대한 성찰로 마지막을 장식하고 있습니다.

> … 생략 …
> 좋은 시절 가슴에 품고 홀로 나가서(懷良辰以孤往), 때로 지팡이 세워두고 김을 매리라(或植杖而耘耔). 동산에 올라 서서히 휘파람 불어 보고(登東皐以舒嘯), 맑은 시내 굽어보며 시도 지어보리라(臨淸流而賦詩). 애오라지 조화 타고 종점으로 돌아가리니(聊乘化以歸盡), 저 천명을 즐길 뿐 무얼 다시 의심하랴(樂夫天命復奚疑).

오늘 내가 노니는 '이' 세상도 '천'이 '명'한 바요, 장차 내가 돌아가는 '저' 세상도 '천'이 '명'한 바입니다. 그것들은 '좋은 데'임에 틀림없습니다. 그러니 조화라는 수레를 타고 저 종착역으로 돌아가면 되는 것입니다. 종착역은 물론 죽음입니다. 유가라면 조상이 계신 곳이고, 도가라면 도와 합일하는 경지일 터이지만, 아무튼 '좋은 데'임이 분명하니 그저 '돌아가면' 되는 것입니다.

유가라면 넋으로 돌아가고, 도가라면 기氣로 돌아갈 것입니다. 천상병 시인이 '이슬'과 '노을'처럼 짧기에 더욱 아름다운 세상에 '소풍' 나왔다가 '하늘'로 돌아가는 것처럼.

---

* 이 글은 필자가 지도학생과 공동 집필한 「孔孟의 생사관과 그 문학적 수용」『中國人文科學』(40집)과 「老莊의 생사관과 그 문학적 수용」『中國人文科學』(40집)을 바탕으로 재작성되었음.

티벳의 현자가 들려주는
삶과 죽음의 가르침

양정연

티벳의 현자 싸꺄빤디따

티벳을 표현하는 여러 표현들 가운데 '설국雪國'이란 표현이 있습니다. 이곳은 히말라야와 쿤룬산맥의 고산들이 구름을 뚫고 솟아 나와 운해 속의 섬을 이루고 서로가 연이어져 하나의 고원 지대를 이루고 있는 곳입니다. 이곳에서 이루어진 물줄기들은 산과 평야를 가로질러 티벳의 곳곳을 적셔줄 뿐만 아니라 인더스와 갠지스강, 양쯔강, 황하로 이어지면서 주변 민족들에게 삶의 터전을 마련해 주었습니다.

이 삭막한 고원 지대 곳곳마다 부처님의 가르침을 수행하고 그 말씀에 따라 생활하는 사람들이 있습니다. 불교가 이 땅에 처음 전래된 것은 지금으로부터 약 1,300년 이전의 일로서, 주변국인 중국과 네팔의 공주가 시집을 오면서 부처님의 가르침도 함께 전해지게 되었습니다. 이후에 티벳의 우수한 인재들이 인도로 구법의 길을 떠났고 티벳 조정에서도 인도의 고승들을 적극적으로 초빙하면서 불교 왕국이 건설되었습니다.

13세기 초 인도에서는, 이슬람 세력이 불교 사원을 공격함에 따라 불교 세력이 급격히 약화되었습니다. 이후에 티벳은 인도 불교의 계승자 역할을 담당하게 되면서 중국 불교와는 다른 특징을 보여줍니다. 중국 당 시대의 찬란한 불교 문화가 증명하듯이, 인도에서 전래된 불교는 점차 중국화된 형태로 동아시아에 전파되었습니다. 특히 9세기 이후가 되면 인도 불교의 영향력은 이전과 달리 크게 감소합니다. 불교의 전반적인 사상사적 흐름을 이해하는 데 중국 불교와 티벳 불교에 대한 이해가 요구되는 이유는 여기에 있습니다.

티벳 불교라고 하면 달라이라마를 쉽게 떠올릴 것입니다. 그 분은 티벳 불교의 최대 종파인 게룩빠dge lugs pa에 속합니다. 그런데, 티벳 불교의 대표적인 또 다른 종파로 싸꺄빠Sa kya pa가 있습니다. 티벳의 남서부에 위치한 싸꺄사를 근거로 하고 있는데, 싸꺄는 '흰색의 땅'을 의미합니다. 싸꺄빠는 씨족을 중심으로 해당 지역의 안정과 발전을 이뤄왔다는 점에서 티벳 불교의 각 종파 가운데서도 독특한 입장에 있습니다. 싸꺄빠는 역사 상 '싸꺄 5조'라고 불리는 뛰어난 지도자들의 시기에 이르러 종교와 정치적인 안정을 이룩하고 티벳을 대표하는 종파로 성장하게 됩니다. 특히 몽골과의 관계를 원만하게 유지함으로써 티벳의 안녕을 이루는 데 큰 역할을 담당했습니다.

싸꺄빤디따Sakya Paṇḍita는 싸꺄빠 5조 가운데 제4조인 뀐가걜챈Kun dga' rgyal mtshan, 1182-1251을 지칭합니다. 그는 학문은 물론 정치, 종교적으로도 티벳 역사에 큰 영향을 끼친 분입니다. '빤디따Paṇḍita'는 대승의 보살이 배워야만 하는 학문인 오명五明, 즉 내명內明(불교학), 의명醫明(의학), 인명因明(논리학), 공교명工巧明(예술과 기술), 성명聲明(언어학과 문학)에 정통한 분을 일컫는 존칭입니다. 어렸을 때의 이름은 빤댄된춥dPal ldan don grub이고 삼촌인 제3조 착빠걜챈Grags pa rgyal mtshan, 1147-1216에게서 사미계를 받으면서, '꾼가갠챈'으로 개명하게 됩니다. 이후에 티벳에서 불법을 전파하던 까슈미르의 빤디따 샤꺄슈리바드라Śākyaśrībhadra, 티벳명 Kha che paṇ chen, 1127-1225를 모시면서 구족계를 받고, 범어문법과 구사학은 물론 인명학, 『현광장엄론現觀莊嚴論』, 『섭대승론攝大乘論』 등 대승의 주요 논서들과 반야경, 계율, 금강승 관련 내용들을 배우게 됩니다.

1216년, 그는 착빠갠챈의 뒤를 이어 싸꺄빠의 지도자가 되었습니다. 1240년, 몽골군이 티벳을 위협하며 라사Lha sa 인근지역까지 침공하자, 그는 티벳의 종교 지도자들과 귀족들의 요청을 받아 티벳을 대표하여 몽골군과의 협상을 진행하게 됩니다. 1247년, 당시 티벳의 북동부 지역을 통치하고 있던 고단Godan과 협상을 성공적으로 이끌면서 티벳은 안정을 이루게 되고 티벳 불교는 몽골에 전파됩니다. 고단은 그를 위해 취빼데 사원'Phrul pa'i sde을 세웠으며, 싸꺄빤디따는 1251년 그곳에서 열반에 듭니다.

티벳의 많은 종교 지도자들과 성자들은 불교 사상뿐만 아니라 삶의 지혜에 대해서도 많은 가르침을 설파했습니다. 특히 싸꺄빤디따는 격언집을 통하여 일상적인 삶의 도리와 종교적인 수행의 길이 결코 모순된 것이 아니라는 가르침을 전합니다. 그가 지은 『싸꺄격언집Sa skya legs bshad』은 티벳에서 가장 영향력 있는 문학 작품의 하나로 꼽히며 현재도 티벳의 교육 기관에서 교재로 사용되고 있습니다. 그가 격언집을 통하여 전하고자 하는 삶과 죽음의 지혜가 오늘날 우리에게 어떤 가르침을 줄 수 있는지 살펴보는 것도 흥미로울 것입니다.

『싸꺄격언집Sa skya legs bshad』의 정식명은 *Legs par bshad pa rin po che'i gter zhes bya ba'i bstan bcos*(『선설보장善說寶藏이라는 논서論書』)입니다. 'Subhāṣita ratna nidhi nāma śāstra'라는 원전명이 있으나, 이는 싸꺄빤디따

자신이 붙인 제명입니다. 당시 티벳의 불교 관련 문헌들은 인도 문헌을 주로 번역할 것들이기 때문에 그의 격언집은 형식적으로는 인도 격언집의 번역 형태를 취하고 있습니다. 격언집은 모두 9장章, 457개 게송으로 구성되어 있습니다. 빤차딴뜨라Pañcatantra를 비롯해 불교설화와 인도의 격언집과 고사, 티벳의 민간 고사, 자연현상 등을 예로 들어 사용하고 있고, 지혜로운 삶을 위한 교훈과 부처님 법의 중요성 등을 설하고 있습니다.

이 격언집의 내용을 간략히 살펴보면 다음과 같습니다.

제1장(제1송-제30송): '지자智者를 관찰함'
제2장(제31송-제58송): '현자賢者를 관찰함'
제3장(제59송-제101송): '어리석은 자를 관찰함'
제4장(제102송-제144송): '섞여있음을 관찰함'
제5장(제145송-제192송): '악한 행위를 관찰함'
제6장(제193송-제256송): '품성을 관찰함'
제7장(제257송-제303송): '도리가 아닌 것을 관찰함'
제8장(제304송-제398송): '행위를 관찰함'
제9장(제399송-제457송): '교법敎法을 관찰함'

싸꺄빤디따는 글의 서문에서 '도리로써 관찰하면 부처님 법과 세간의 법은 모순되지 않는다'고 밝히고 있습니다. 그리고 제1장에서 8장까지의 내용은 세간에서의 도리, 제9장은 출세간의 도리를 설하는 내용으로 구성되어 있습니다. 세간법의 도리와 불법의 도리를 밝히고 결국에는 서로 모순되지 않는다는 점을 말하기 위해 이렇게 구성했다고 볼 수 있습니다.

그런데 현재의 생활에 충실하고자 하는 세간의 도리가 어떻게 종교적인 완성을 이루고자 하는 출세간의 도리와 연결될 수 있을까요? 종교에서 신체적인 죽음을 맞이하기 이전에 정신적인 죽음을 인식하도록 하고 그 과정을 통해 진리의 말씀을 체득하도록 전하듯이, 싸까빤디따의 격언집에도 죽음을 통한 가르침의 내용이 전달됩니다.

태어난 모든 존재는 반드시 죽음을 맞이합니다. 인간 역시 물질과 정신으로 이루어진 존재이기 때문에 어느 순간 죽음을 맞이할 수밖에 없습니다. 그런데 우리는 삶의 과정에 있기 때문에 자신이 죽을 수도 있다는 생각을 거의 하지 않습니다. 종교에서는 삶과 죽음을 생명의 양면으로 간주하고 죽음을 통하여 인간 존재의 의미를 설명하고자 합니다. 구체적인 설명 방식은 각 종교 전통에 따라 다르지만 생사를 초극하는 종교적 완성의 과정에서 인간 본질의 의미를 추구하도록 합니다.

인간 존재는 육체뿐만 아니라 정신적, 영적인 요소로 설명됩니다. 죽음을 학문적으로 연구하는 생사학은 죽음을 이해할 때 삶을 올바로 살아갈 수 있다는 점을 말합니다. "죽음의 실체를 인정하는 순간 삶이라는 실체를 인정해야 한다"는 엘리자베스 퀴블러 로스Elizabeth Kübler-Ross, 1926-2004의 말처럼, 우리는 죽음을 인정할 때 현재의 삶을 올바로 영위할 수 있습니다. 삶과 죽음을 생명의 과정으로 인식할 때, 우리는 죽음을 삶의 단절이 아닌 변화의 과정으로 받아들이게 됩니다. 왜냐하면 죽음은 삶과 함께 생명의 양면이기 때문입니다.

행위를 관찰함

지혜로운 자가 지혜로 몸을 지키면
적이 많더라도 어느 곳을 다치리오.
옛 인도의 바라문 아들은
홀로 적을 물리쳤다네.

옛날 인도에 바라문 태생의 한 아들이 살고 있었습니다. 그는 어려서 아버지를 잃고 어머니와 함께 아주 가난하게 살았습니다. 마을 사람들 가운데 평소에 도둑질을 하는 사람이 있었는데, 그는 마을 사람들을 충동질하여 바라문 모자를 무시하곤 했습니다. 더 이상 견딜 수 없던 바라문의 아들은 다른 곳으로 이사를 가기로 결정하고 마을을 떠나기 전에 그들을 혼낼 계획을 세웠습니다.

어느 날, 바라문의 아들은 보물이 가득한 곳을 빌려 그 도둑을 손님으로 초대했습니다. 도둑은 재물을 본 순간 욕심이 생겼습니다. 식사를 하면서 보물을 훔쳐낼 생각만 했습니다. 밤이 되자 그 도둑은 바라문의 집으로 몰래 들어갔습니다. 그러나 이미 그의 계획을 눈치 채고 있던 바라문의 아들은 바로 그 자리에서 그를 붙잡았습니다. 도둑은 왕에게 자신을 넘기려는 바라문의 아들에게 용서해달라고 빌었습니다. 그 대신에 금화를 주겠다는 약속도 했습니다. 바라문의 아들은 금화를 받고 그를 풀어줬습니다.

바라문 모자는 이삿짐을 정리하고 마을을 떠나던 길에 평소에 자신들을 모욕하던 어느 부잣집 앞을 지나게 되었습니다. 바라문의 아들은 집에서 기르던 염소 한 마리를 숲에 묶어놓고 나뭇잎으로 금화를 감싸서 염소에게 모두 먹었습니다. 금화를 먹은 탓에 염소의 배는 더욱 불룩해보였습니다.

바라문의 아들은 염소를 이끌고 그 집 주인에게 하룻밤 머물러 갈 수 있도록 부탁을 했습니다. 처음에 집 주인은 냉정하게 거절했습니다. 그런데 염소의 배가 유난히 배부른 것이 눈에 띄었습니다. 집 주인이 그 이유를 묻자, 바라문의 아들은 자신의 염소는 황금을 낳는 염소라서 배에 황금이 가득하기 때문이라고 말했습니다. 그가 막대로 염소의 배를 두드리자 정말로 입에서 금화가 조금씩 나오기 시작했습니다. 집 주인은 그것을 보자 황금 만 냥을 주고 염소를 사겠다고 했습니다. 바라문의 아들은 거절하는 척하다가 마지못해 염소를 팔았습니다.

바라문의 아들이 떠난 뒤, 집 주인은 막대로 염소의 배를 두드렸습니다. 염소의 입에서 금화가 조금 나오더니 더 이상 나오지 않았습니다. 아무리 막대로 두드려도 더 이상 금화가 나오지 않자 집주인은 초조해지기 시작했습니다. 염소도 막대로 계속 맞자 부잣집에서 도망쳐 나가버렸습니다.

바라문 모자가 숲을 지나갈 때, 우연히 곰을 만나게 되었습니다. 곰과 싸우는 동안 바라문 아들의 몸에 있던 금화들이 쏟아졌습니다. 싸움에 지친 바라문의 아들은 나무에 기대어 잠시 쉬고 있었습니다. 마침 그때, 당시 그곳을 다스리던 왕이 숲을 지나게 되었습니다. 폭군으로 악명이 높았던 왕에게 바라문의 모자도 이전에 모욕을 받았던 적이 있었습니다. 왕은 금화가 널려 있고 나무에 기대어 쉬고 있던 바라문의 아들을 보고서 어떻게 된 일인지를 물었습니다. 바라문의 아들은 멀리 보이는 곰을 가리키며 자신은 '재물의 신'을 모시는 수행을 하고 있다고 말했습니다. 국왕은 욕심이 일어 그 수행법을 자신에게 가르쳐달라고 했습니다. 바라문의 아들이 거절하자 국왕은 그를 협박했습니다. 그리고 수행법을 가르쳐주면 자신이 갖고 있는 황금들과 말들을 모두 주겠다고 했습니다. 결국, 수행법을 가르쳐주기로 한 바라문의 아들은 국왕에게 말했습니다. "이 수행법은 혼자 있을 때만 해야 합니다. 재물의 신 앞에 오체투지를 하고 계시면 됩니다." 바라문의 아들은 국왕의 보물을 갖고 그 길로 다른 먼 나라로 떠났습니다.

우리에게 익숙한 이솝우화나 전래 동화와 같은 비유를 통해 싸까빤디따는 지혜로운 자의 행위를 말합니다. 그런데 격언의 내용들을 보면, 지혜로운 자의 행위보다 오히려 탐욕과 어리석은 자들의 행위가 눈에 들어옵니다. 그들은 자신의 욕심과 어리석음 때문에 스스로 자멸하는 경우가 대부분입니다.

동물이 왕이 되고자 했던 여우의 이야기에도 이러한 가르침은 잘 나타납니다.

> 어리석은 자에게 일을 하도록 하면,
> 일은 그르치고 그 자신도 망하네.
> 여우를 왕으로 세웠기에,
> 권속들은 괴롭고 자신도 죽임을 당했다네.

옛날 숲속에 많은 동물들이 별다른 다툼 없이 평화롭게 살고 있었습니다. 그런데 어떤 일을 의논하다보니, 책임지고 자신들을 이끌어줄 지도자가 필요하게 되었습니다. 그들은 사방으로 능력 있는 동물의 왕을 찾아 나섰습니다.

어느 날, 여우가 먹을 것을 찾아 민가로 들어갔는데, 그곳은 옷을 염색하는 곳이었습니다. 한참을 먹을 것을 찾던 여우는 실수로 여러 가지 염료들을 모아놓은 곳에 빠지고 말았습니다. 허우적대면서 겨우 밖으로 빠져나온 여우는 기진맥진한 채로 물을 마시려고 물이 고인 곳으로 갔습니다. 그때 물에 비친 자신의 모습을 보고 여우는 깜짝 놀랐습니다. 온 몸이 여러 가지 색으로 화려하게 물들어 있는 것이었습니다.

마침 그때, 자신들의 지도자를 찾던 동물들은 화려한 색으로 치장된 여우의 모습을 보고 기이하다고 생각했습니다. 그리고 그 여우에게 자신들의 상황을 설명했습니다. 그러자 여우는 재빨리 꾀를 내어, 자신은 하늘에서 동물들을 다스리라고 파견되었다고 말했습니다. 이 말을 믿고 동물들은 그 여우를 자신들의 왕으로 모시기로 결정했습니다.

여우는 왕이 되자, 사자에게 자신을 태우고 다녀야 한다고 명령을 내렸고 자신이 원하는 대로 다른 동물들도 부렸습니다. 그리고 자신이 해야 할 일은 잊은 채 매일 놀기에 바빴습니다. 동물들의 생활은 날로 어려워졌고 힘들어졌습니다. 점차 동물들도 하늘이 이 여우를 자신들의 왕으로 보낸 것인지 의심하기 시작했습니다. 이 여우를 의심하고 있던 다른 무리의 여우들이 하루는 사자를 찾아 의논했습니다.

"매월 15일, 보름달이 되었을 때, 왕이 당신을 타고 놀러 다니지 않습니까?"
"아니오. 왕은 15일이 되면 나에게 휴식을 주고 혼자 다닌답니다."

여우들은 사자에게 다음과 같이 말했습니다. "우리 여우들은 15일이 되면, 정신을 잠깐 잃었다가 회복됩니다. 15일이 되었을 때, 왕을 몰래 따라갔다가 그가 어떻게 하는지 확인해볼 수 있겠습니까?"

사자는 그들과 약속하고 15일이 되었을 때, 몰래 왕의 뒤를 따라 갔습니다. 어느 동굴에 이르자 여우들의 말처럼, 왕은 정신을 잃고 바닥에 쓰러지는 것이었습니다. 사자가 왕에게 다가가 자세히 살펴보니, 털도 염색된 것이라는 것을 알게 되었습니다. 이에 화가 난 사자는 그 자리에서 여우를 잡아 먹어버렸습니다.

우리는 세상을 살아가는 현명한 방법을 통해 '처세'하고자 합니다. 한때 '처세술'이라는 제목의 책들이 서점가의 중앙을 차지하기도 했었습니다. 싸까빤디따는 세상을 사는 지혜를 어리석은 자의 행위와 비교하여 설명합니다. 그들의 행위를 보면, 탐욕의 마음과 미워하는 마음 그리고 어리석음에 따른 것임을 알 수 있습니다. 불교에서는 이 세 가지 마음을 삼독심三毒心, 즉 인간이 괴로움을 받게 되는 '독'이라고 표현합니다.

우리는 있는 그대로의 상황을 파악하지 못하는 경우가 많습니다. '좋다,' '나쁘다'는 평가가 내려지고 '좋다'고 생각하는 것에 대해서는 호감을 표시하며 가지려고 합니다. 그리고 '나쁘다'고 생각하는 것에 대해서는 거부합니다. 예쁘고 화려한 색으로 치장된 것에 미혹되어 그 본질적인 면을 파악하지 못하면서 평가하는 경우가 많습니다.

우리는 원하는 것을 얻음으로써 욕구를 만족시키고자 합니다. 그리고 그 목적을 달성했을 때 행복을 느낍니다. 그러나 우리의 욕구는 만족을 모르고 더 많은 것을 요구합니다. 그리고 원하는 것을 끝내 얻지 못하는 경우도 많습니다. 내가 원하는 것은 남도 원합니다. 한정된 것을 두고 많은 사람들이 원하기 때문에 경쟁할 수밖에 없습니다. 우리는 학교와 사회, 그리고 가정에서도 매 순간 경쟁 속에서 이겨나가도록 배워왔습니다. 우리가 받고 있는 교육은 이러한 경쟁에 맞춰 이뤄진 체제에 적응하기 위한 것이었습니다. 그런데 '이러한 삶이 과연 행복한 것인가?'란 물음을 적지 않은 사람들이 하는 이유는 무엇일까요?

우리는 현상을 있는 그대로 파악하고 있다고 생각하지만 그렇지 않습니다. 우리는 원하는 것만을 보려고 하고 원하는 방향으로 모든 일을 이끌고자 합니다. 자신이 보고자 하는 것만을 보기 때문에 현재의 상황을 왜곡하는 경우가 많습니다. 불교에서는 이렇게 왜곡된 인식이 일어나는 이유를 탐욕과 미워하는 마음, 어리석은 마음이 근본적으로 자리 잡고 있기 때문이라고 설명합니다. 그리고 이렇게 왜곡된 인식들을 자기 자신에게로 그리고 남에게로 돌립니다.

태어난 모든 존재는 소멸할 수밖에 없습니다. 우리는 모두 이러한 사실을 알고 있습니다. 그러나 그 사실을 받아들이기는 쉽지 않습니다. 어제도 1년 전에도 10년 전에도 존재했던 내가 내일이나 1년 뒤, 아니면 10년 뒤에는 소멸할 수도 있다는 생각을 한다는 것은 왜 이다지도 어려운지……. 어쩌면 이제까지 내가 존재해왔기 때문에 내일도 계속 존재할 것이라는 생각이 강하기 때문일 것입니다. 더구나 내가 경험하는 죽음들은 '나의 죽음'이 아닌 '남의 죽음'입니다. '나의 죽음'을 생각한다는 것은 '나의 소멸'을 인정하는 것이며 내게 있는 모든 것에서 떠난다는 것을 의미합니다. 이제까지 '살아가야 하는 존재'로서 생활해왔던 삶의 방향은 현재의 삶을 잘 살기 위한 향유의 삶이었는데, '죽음을 맞이해야 하는 존재'로서 살아가야 한다면 지금까지와는 다른 삶의 방향을 설정해야 합니다. 그런데 우리는 이러한 삶에 대해 익숙하지 않습니다.

종교는 바로 이러한 우리의 삶에 의문을 던집니다. 종교에서 죽음은 부정적인 것이 아니라 긍정으로 이끄는 매개 역할을 합니다. 나의 정신적

인 죽음을 통하여 현재의 나의 삶을 생각하도록 합니다. 그리고 결국에는
육신의 죽음을 맞이하는 과정을 통해 절대 긍정의 삶을 지향하도록 합니다.

종교적 완성의 길

사람들은 짧은 목숨에,
그 반을 잠자는 것이 죽은 것과 같네.
병과 늙음, 여러 가지 괴로움으로
그 반도 안락을 누리지 못하네.

사람들 앞에 앉아 있는
염라왕을 실로 볼 수 있다면,
다른 일들은 물론
먹는 생각도 할 수 없네.

'그대의 일은 끝났는가'하고
염라왕이 앉아 있지만 않기에,
꼭 해야 할 일이 있다면
오늘 중으로 힘써 하라.

'제 일이 아직 끝나지 않았으니
오늘은 그냥 계세요'라고
눈물로 목메어 애원해도

염라왕이 바꿀 리가 있겠는가.

　싸까빤디따는 '교법을 관찰함'이란 장에서 죽음의 문제를 거론합니다. 『람림Lam rim』이라고 하는 '깨달음의 길'을 설명한 티벳 문헌에도 죽음의 사유를 종교적 수행으로 들어가는 첫 단계로 설명합니다. 그 이유는 죽음을 생각함으로써 그동안 재물과 명예 등 우리가 추구해왔던 것들이 항상하지 않다는 것을 체득하게 되고 그것들을 얻고 소유하고자 하는 탐착에서 벗어나려는 마음이 일어나기 때문입니다. 불교에서는 죽음을 억념함으로써 그 대상이 영원하지 않다는 것과 함께 그것을 소유하는 '나' 또한 영원하지 않다는 것을 체득하도록 합니다.

　『람림』에서는 '죽는다는 것'에 대해 저승사자가 오는 것을 막을 수 없다는 것, 태어났다는 것은 이제 살아갈 날들이 계속 줄어든다는 것을 의미한다는 것, 그리고 진리를 알아차릴 여유도 없이 죽을 수 있다는 것을 의미하는 것이라고 말합니다.

　우리는 죽음을 어느 한 순간 맞이하게 됩니다. 병이 들어 일상적인 생활이 어려운 경우도 있습니다. 그런데 염라대왕은 우리가 세상에서 모든 일들을 마무리할 때까지 기다려주지 않습니다. 임종의 순간에 일은 모두 마무리되었는지 묻지도 않으며, "잠깐만 기다려 주세요."라고 애원하는 우리의 말에 "그래, 기다려 줄게."라고 답하지도 않습니다.

　　적은 것으로 만족함을 아는 자,
　　그의 재산은 없어지지 않네.
　　만족을 모르면서 찾는 자에게

고통은 비처럼 끊임없이 내리네.

재물로 괴롭지 않은 자 누구이며,
늘 안락하게 있는 자 누구인가.
모든 안락과 고통도
여름과 겨울처럼 변해 간다네.

최고의 재산은 보시이며,
최고의 안락은 마음의 기쁨이네.

라는 격언의 표현처럼, 삶에서 안락과 고통은 항상하는 것이 아니라 수시로 변해갑니다. 상황이 바뀔 때도 있고 우리의 마음이 바뀌어, 없으면 안 될 것 같던 것들이 어느덧 나에게 고통으로 다가오기도 합니다.

우리의 모든 행위에는 반드시 그 과보가 따릅니다. 나의 행동, 말 그리고 의도는 현생이나 윤회 세계의 어느 시점에 반드시 과보를 받는다고 합니다. 베풂은 불교에서 최고의 덕목 가운데 하나로 권장되는데, 베푼다는 것, 즉 보시에는 재물뿐만 아니라 가르침도 포함됩니다. 더 넓게 말하자면 남과 함께 하는 것이라고 할 수 있습니다. 탐욕을 버리지 않기 때문에 인간은 만족할 줄 모르고 그에 따른 괴로움을 경험합니다.

싸까빤디따는 그 최고의 안락을 '적정함,' 즉 모든 번뇌가 소멸한 상태인 열반에서 찾습니다. 그는 불교의 가르침을 힘써 배우는 것이 모든 공덕의 밭이라고 말하고, 그 실천의 중요성을 강조합니다.

지자智者들이 모든 선설善說을

실로 진리라고 알면서도,

그 내용을 실천하지 않으면

논서論書를 알아도 무엇을 하겠는가.

수승한 인과가 모이지 않고서

무아를 깨달았어도 성불할 수 없다네.

불교에서는 현상 세계를 상관성의 관계에서 설명합니다. 세간에서 홀로 존재한다는 것은 있을 수 없습니다. '이것'이라고 말할 때는 '저것'이라고 하는 것이 이미 전제되어 있습니다. 불교에서는 이것을 '연기'라고 합니다. 그리고 그 특성을 '공성空性'으로 말합니다. 공성의 지혜를 터득한다는 것은 서로 의존 관계에서 성립한다는 것을 이해하는 것입니다. 독립적으로 존재하는 것이 없기 때문에 자성自性이라고 하는 것도 없게 됩니다. '나'라고 하는 실체 또한 없게 되고 '나의 것'이라고 하는 것 또한 없게 됩니다. 불교에서 '공하다'고 하는 것은 수행과 연결될 수밖에 없습니다. 왜냐하면, '공'하다는 것은 '나'라고 하는 집착, '나의 것'이라고 하는 집착이 무의미하다는 것을 나타내기 때문입니다.

삶과 죽음의 지혜

불교에서는 우리가 현상 세계에 태어나는 이유를 삼독심에 따른 것으로 설명합니다. 어떤 사람들은 이 말을 마치 우리의 몸을 함부로 대해야 한다거나 부정해야 하는 것으로 잘못 이해하는 경우도 있는 것 같습니다. 오히려 불교에서는 인간으로 태어나는 것을 너무도 희귀하고 소중한 것이라고 말합니다. 왜냐하면 윤회하는 이 존재는 이 몸을 통해서만 수행할 수 있기 때문입니다. 『잡아함경』에는 눈 먼 거북의 비유를 통해 다음과 같이 말합니다.

> 비유해서 이 넓은 대지가 모두 큰 바다로 되었다고 하자. 무량겁동안 살아온 어떤 거북이가 백년에 한 번 머리를 물 밖으로 내미는데, 바다에는 나무판자가 떠있고 구멍이 하나 뚫려 있을 뿐이다. 이 거북이가 백년에 한 번 머리를 내밀 때, 그 구멍으로 머리를 내밀 수 있겠는가? 어리석은 범부가 오취를 떠돌다가 잠깐이나마 인간의 몸을 받기는 그보다도 훨씬 어렵다.

인간의 몸을 탐욕과 진에, 그리고 어리석음의 삼독심에 따른 것으로 설명하면서 인간으로 태어난다는 것에 대해서는 왜 이렇게 어렵고 소중한 것이라고 말하고 있을까요? 그 이유는 윤회 세계를 벗어날 수 있는 그 가능성을 인간은 수행을 통해서 완성할 수 있기 때문입니다.

지옥이나 아귀, 축생 등의 삼악도에서는 고통을 받거나 남에게 잡혀 먹히는 불안 때문에 수행할 겨를이 없습니다. 천상의 세계는 향유의 세계이기 때문에 수행의 필요성을 느끼지 못합니다. 그러나 인간은 고통과 즐거움을 경험합니다. 행복이라는 삶을 살면서 불행도 함께 경험합니다. 그 과정에서 우리는 항상하지 않는다는 것을 느낍니다. 오늘의 즐거움이 항상하지 않다는 것을 체득하게 됩니다. 불교에서는 항상하지 않는다는 것을 '괴로움'이라고 표현합니다. 이러한 괴로움에서 벗어나고자 하는 것이 바로 열반입니다. 인간은 이러한 과정에 들어가고 수행하고 완성할 수 있는 여유와 기회를 가진 존재입니다. 욕망을 추구하는 삶이라면 우리의 육신은 삼독심에 얽매어 벗어나지 못하게 됩니다. 그러나 이 몸은 수행을 통해 종교적 완성을 이룰 수 있는 의지처가 될 수도 있습니다.

싸꺄빤디따는 세상을 사는 지혜와 출세간의 세계를 모두 말한 뒤에 마지막 게송에서 다시 현상 세계의 삶을 말합니다. 그의 불교사상은 단지 교법의 내용이나 출세간의 내용만을 강조하지 않습니다. 오히려 현재의 생활에 충실하고 세간의 도리를 올바로 익히고 수행하는 것이 바로 종교적인 출세간의 도리를 충실히 수행하는 것임을 밝힙니다.

> 세간의 일을 잘 아는 자,
> 그가 정법을 성취하네.
> 그러므로 정법을 수습하는 것
> 그것은 보살의 행위라네.

세간의 삶과 출세간의 삶, 즉 우리가 살아가는 현상 세계의 삶과 종교적 완성의 삶은 결코 분리될 수 없습니다. 종교적 완성이 현상 세계와 분리되는 것으로 설명되어야 한다면, 종교는 현실과 괴리된 가르침이 되기 때문에 인간의 역사와 오랫동안 함께 할 수 없을 것입니다. 우리가 직면한 개인의 문제이든 사회의 문제이든 그에 대한 가르침을 제시해줄 수 없는 종교가 진리로서 수용될 수는 없기 때문입니다.

대승불교에서 이러한 이념을 잘 보여주는 존재들이 바로 보살입니다. 보살은 현상 세계에서 종교적 완성의 길을 수행하고자 합니다. 대승불교에서 이상적인 인간으로 제시되는 보살은 중생을 구제하겠다는 목표를 세우고 윤회 세계로 다시 돌아옵니다. 그들은 공성의 지혜를 터득하고 중생을 위한 자비행을 하면서 마지막까지 이타의 삶을 살겠다고 서원한 존재들입니다. 따라서 그들은 단지 번뇌를 모두 없애는 성취의 단계보다 중생을 구제하는 과정 속에 종교적 목표를 둡니다. 현 시대 불교계 지도자로서 많은 존경을 받고 있는 달라이라마 역시 대승 보살의 이념을 실천하는 분입니다. 티벳에서 달라이라마는 관세음보살의 화신이라고 불립니다. 관세음보살은 중생의 고통을 없애고자 서원을 세우신 분입니다.

『람림』에서 강조되는 삼사도의 수행은 범부가 욕망 추구의 삶을 종교적 수행의 삶으로 바꾸는 과정에 대해 자세한 설명을 하고 있습니다. 하사, 중사, 상사로 설명되는 삼사도의 수행 과정은 '나만의 안락'을 추구하는 삶에 만족하는 범부들에게 윤회 세계에 태어나는 두려움에 대해 말해줍니다. 현세의 만족과 즐거움이 항상하지 않는다는 것을 인식하게 되면 윤회 세계에서 벗어나고자 하는 열망이 일어나게 됩니다. 그러나 우리는 나 혼자만 살아가는 존재가 아닙니다. 내가 느끼는 고통을 남 또한 느낄 것이라는 사실을 알고 있습니다. 불교에서 자비의 수행은 이러한 마음을 모든 중생에게로 확장시켜 나아가는 것입니다. 이 과정은 '나의 욕망을 위한 삶'에서 '나의 완성을 위한 삶'으로, 그리고 '모두의 완성을 위한 삶'으로 우리의 인식을 전환하는 가르침입니다. 삼사도의 수행 과정은 차제에 따라 이뤄집니다. 왜냐하면 상사에서 이뤄지는 대승 보살의 삶은 나의 괴로움을 철저히 체득할 때 중생의 괴로움까지 끌어안을 수 있기 때문입니다.

티벳의 고산에서 흘러나온 물줄기가 사람들에게 삶의 터전을 마련해주듯이, 싸꺄빤디따의 가르침은 우리들을 성숙한 삶으로 이끕니다. 그는 종교적 완성의 길이 결코 우리의 현상 세계를 떠나 있을 수 없다는 점을 강조합니다. 종교의 가르침은 죽음을 통한 수행의 과정으로 나타납니다. 수행한다는 것은 정신적인 죽음은 물론 육체적인 죽음의 과정에서도 가르침의 내용을 잊지 않도록 익숙하게 한다는 것을 의미합니다. 죽음을 공포로 인식하게 되면, 우리는 상황을 올바로 알아차리지 못하게 됩니다. 그러나 죽음을 생명의 한 과정으로 받아들이면, 우리는 있는 그대로의 상황을 수용하게 됩니다.

삶의 관점에서 현재를 보면, 우리는 욕구를 충족하고 성공하는 삶을 지향하게 되지만, 죽음의 관점에서 본다면 현재의 삶과는 다르게 그 방향을 설정하게 됩니다. 이러한 관점의 변화는 그동안 어려움으로 다가왔던 문제들을 다르게 인식하게 함으로써 새로운 해결책을 모색해볼 수 있도록 할 것입니다.

---

* 이 글은 필자의 「Sa skya legs bshad의 내용 구성과 사상」, 『대학원 연구논문집』(제36집, 2006)을 기본으로 확장하여 작성되었음.

삶과
죽음의
대화

04 죽음이 없으면 삶도 없다

이수인

고통이 주는 부수적인 아름다움(Collateral Beauty)

생사학은 글자 그대로 삶과 죽음을 말하는 학문입니다. 생사학을 연구하게 되면서 남편과 더 많이 대화를 하게 되었습니다. 남편은 기독교 장로교의 목사입니다. 그래서 우리는 자주 죽음이후에 대한 논의를 하지만 늘 질문자는 내가 되고 대답을 하는 쪽은 그가 됩니다. "기독교의 죽음은 연구대상이 아니야. 죽음은 영생으로 가는 한 단계일 뿐이야, 오히려 삶은 무엇인가? 를 놓고 고민할 때, 죽음의 답을 찾을 수 있다고 생각하거든." 그런 대답이 시원하지도 않고 너무 성의 없는 말 같아서 약간은 기분이 상할 때도 있습니다.

올 봄에 〈나는 사랑과 시간과 죽음을 만났다〉라는 영화를 함께 보면서 한바탕 진지하게 죽음에 대한 논의를 하게 되었습니다. "우리가 함께 죽음을 주제로 한 영화에 대한 이야기를 써보자"라는 결론까지 내고 우리의 바쁜 삶은 죽음의 논의를 뒤로 미루었습니다.

이 글을 쓰면서 다시 영화의 화면을 대했고 우리는 또 다시 죽음에 대한 생각을 나누게 되었습니다. 우리가 나눈 이야기는 1년이 채 지나지 않은 봄날의 것과 같기도 하고 다르기도 했습니다. 다시 또 이야기를 한다면 같은 생각을 말하게 될 것이라고는 결코 장담할 수 없을 것입니다. 사랑과 죽음은 헤아릴 수 없는 수 만 겹의 껍질로 덮인 엄청난 무게를 지닌 주제이기 때문입니다. 우리가 발설하는 말의 의미는 고정된 틀에 박혀있는 정답이 아니라 때와 장소를 만나 또 다른 얼굴을 만들며 집요하게 생각들을 바꿔나가기 때문입니다. 남편과의 대화에서 가장 먼저 동감에 이른 것은 우리 인간은 끝없이 이 질문에 대한 끈을 놓아서는 안 된다는 것이었습니다. 사랑과 시간이 만들어내는 삶에는 어느 때, 어느 곳에서나 죽음이 동행하고 있기 때문입니다.

먼저 간단하게 영화의 줄거리를 통해서 어느 사람들이 만들어가는 삶과 죽음의 의미를 생각해 보았으면 합니다. '야드샘 인렛'이라는 광고 회사를 만든 주인공 하워드 인렛은 영화 첫 장면에서 "사랑, 시간, 죽음, 이 세 가지는 모든 인간을 연결시켜 준다."고 말합니다. 우리 모두 사랑을 갈구하고 더 시간을 갖기 원하며 죽음을 두려워하기 때문입니다. 이것은 이 작품 전체를 관통하는 주제이기도 합니다. '제품의 시적인 철학자이며 브랜드의 반항아, 광고업계의 권위자'였던 그에게 사랑하는 딸의 죽음이 찾아옵니다. 하워드는 개인적 비극으로 고통을 받으며 모든 인간관계와 일에서 스스로를 고립시킵니다. 사랑, 시간, 죽음에게 기약 없는 편지를 보내고, 여러 날 힘들여 쌓은 도미노에 자신의 비통함을 쏟아내며 하루하루를 힘겹게 버팁니다. 회사의 심장과 같았던 하워드가 일하지 않으면서 회사를 매각해야 할 위기에 처하지만 의결권이 하워드에게 있어 그마저도 쉽지 않습니다. 이 때 동역자이며 친구인 세 사람 - 와트, 클레어, 사이몬 - 은 사랑과 시간과 죽음의 역할을 대신해 줄 배우들을 고용해 하워드와 대화하고 그를 치유해보고자 합니다. 그에게 다시 삶을 돌려주고 싶어 합니다.

이제 죽음(사실은 죽음역할을 하는 배우 헬렌 미렌), 사랑(사랑역할을 하는 배우 키이나 나이틀리), 시간(시간 역할을 하는 배우 제이콥 라티모어)이 하워드에게 나타나 말을 건넵니다. 그러나 그는 대화를 거부합니다. 죽음, 사랑, 시간에게 고통을 격발하고 분노하며 소리칩니다. 그는 죽음에게 소리칩니다.

"모두 죽음은 삶의 일부라고 말하지, 우리는 당신(죽음)을 증오하고 두려워하면 안 된다고 말야. 우린 그냥 죽음을 받아들여야만 한다고, 그렇게 말들 하지? 그러나 이것은 모두 지적인 장난일 뿐이야. 내 딸이 지금 여기에 있지 않으니까."

그렇습니다. 죽음이 내 사랑하는 이의 것이 아니라면, 내 것이 아니라면 우리는 그렇게 말할 수 있을지 모릅니다. 죽음은 삶의 일부이다. 그리고 죽음이 삶에 가치를 부여한다고.··· 그러나 내 사랑하는 이의 죽음은 이 모든 것을 거부하게 만듭니다.

딸의 죽음에 분노하고 비통해하며, 현재의 자기 삶을 팽개쳐 버리는 하워드에게 매들린(아이를 잃은 후 헤어진 아내)은 삶의 고통에 뒤따르는 아름다움이 있다고 말합니다. 하지만 죽음에 분노하고 저항하며 비탄에 빠진 하워드는 딸의 죽음을 받아들일 수 없습니다.

크리스마스 이브, 매들린의 집을 방문한 하워드에게 매들린이 말합니다.

"내 딸 이름은 올리바아였어요. '다형성 교아증'이라는 희귀한 뇌종양으로 죽었어요. 6살이었죠. 당신 딸의 이름은 뭐였죠. 하워드?" 힘든 표정으로 침묵을 깨며 하워드는 '난 못해요'라고 말합니다. 도미노가 쓰러지는 순간처럼 그는 고통스런 눈물을 흘립니다. 딸의 죽음을 인정하고 받아들이는 것이 너무 힘들기 때문이죠. 그러나 마침내 눈물과 고통에 일그러진 얼굴로 '올리비아'라고 딸의 이름을 부르며 매들린과 포옹합니다. 매들린을 포옹하면서 그는 지울 수 없는 슬픔을 가지고 딸의 이름과 죽음을 반복적으로 발설합니다. 하루하루 시간을 쌓으면서 켜켜이 세워진 도미노가 마침내 차례로 넘어지며 완성된 것입니다. 하워드 역시 마침내 삶의 고통이 주는 부수적인 아름다움을 껴안은 것입니다.

이 영화에서 하워드는 죽음(실제로는 죽음 역할을 하는 배우)에 분노하고 소리치며 논쟁하면서 고통을 풀어냅니다. 이런 풀어냄의 과정이 없었어도 그가 삶의 고통이 주는 아름다움과 손을 잡을 수 있었을까요? 또 같은 고통과 기억에 아픈 매들린이 곁에 없었다면 그는 삶과 손잡는 법을 모를 수도 있지 않았을까요? 매들린과 손을 맞잡고 사랑스러웠던 올리비아를 기억하는 것은 고통 속에서 만나는 한줄기 아름다움일 것입니다. 우리는 고통스럽지만 그 아름다움을 거부할 수 없습니다. 이 아름다움이 우리에게 고통을 딛고 앞으로 나아갈 수 있게 하는 힘이 아닐까 생각해봅니다. 하워드와 아내가 손을 잡고 걷고 있는 모습을 사랑, 시간, 죽음이 지켜보며 이 영화는 막을 내립니다.

사랑하는 가족을 떠나보낸 사람들의 이야기는 그들만의 이야기가 아닙니다. 대부분의 우리에게는 사랑하는 가족이 있고, 언젠가는 죽음이 주는 이별을 경험할 수밖에 없기 때문입니다. 나의 사랑하는 이가 이 세상을 떠나면 산 자도 그들과 함께 갑니다. 하지만 고통이 주는 부수적인 아름다움의 손을 잡고 다시 돌아올 수 있습니다. 이별의 고통으로 아픈 이에게 삶의 고통이 주는 아름다움을 말해주면서 말입니다.

사랑과 시간, 죽음을 이기다

이 영화가 인상적이었던 것은 단지 죽음이 주는 고통과 치유에 대한 이야기 때문만은 아니었습니다. 이 영화는 저에게 죽음과 함께 사랑과 시간에 대해 생각해보게 했습니다. 영화에서 하워드는 시간에게 이렇게 편지를 씁니다.

'사람들은 시간이 모든 상처를 치료한다고 말하지만 세상의 좋은 걸 파괴하고 아름다움을 재로 변하게 하는 것에 관해선 말하지 않는다.'

이에 대해 시간은 항변합니다. 사람들에게 기회를 주고 무엇인가 할 수 있는 여유를 주었지만 사람들은 그것을 놓쳐버리고 세월을 탓한다고 말입니다. 잃어버린 시간에 대하여 얼마나 그것이 합리화 될 수 있을까에 대해서는 논쟁거리라고 생각합니다. 하워드는 시간과의 마지막 대화에서 이러한 항변을 합니다.

"나에게 기회를 주지 마, 이건 징역형이야 네 선물 필요 없어! 네가 딸을 데려갔으니까"

하워드에게 사랑하는 어린 딸을 데려간 시간은 모순투성이요 넌센스일 것입니다. 하워드처럼 우리는 각자 소리치고 분노하면서 자기의 질문과 답을 만들어가면서 삶을 살아갑니다. 탄생이 공평하지 않은 것처럼 시간과 죽음도 같은 얼굴을 하고 있지 않습니다. 사실 하워드에게 사랑과 시간과 죽음의 답을 주기 원했던 친구들도 사랑, 시간, 죽음에 대한 사연들을 가지고 살아갑니다. 사이먼은 다발성 골수종으로 남은 생이 얼마 되지 않았고 사랑하는 가족에게 조차 그 사실을 알리지 못하는 고통의 나날을 보내고 있습니다. 와트는 아내와 이혼하고 사랑하는 딸에게 조차 외면을 당하면서 외로움을 느끼고 있습니다. 늘 딸과 화해를 꿈꾸면서도 용기를 내지 못하는 아픔이 있습니다. 클레어는 아이를 갖고 싶지만 이미 가임기간이 끝났습니다. 그들에게도 사랑과 시간, 그리고 죽음이라는 똑같은 명제가 각각 앞에 놓여 있는 것입니다. 시간을 연기하는 청년, 사랑을 연기하는 젊은 여성, 죽음을 연기하는 늙은 배우, 그들 모두에게도 그 이야기를 듣는 우리에게도 모두 존재하는 것들입니다.

우리에게 시간이란 어떤 의미가 있을까요? 영화에서 시간은 항변하는 하워드에게 대답합니다. 하루는 충분히 긴 시간이라고, 세상에 시간은 충분하다고, 시간은 1월부터 12월까지, 한 낮부터 자정까지 흐르는 것이 아니라고 말합니다. 단지 우리가 머릿속에서 그렇게 생각할 뿐이라고 말이죠.

과연 유한한 존재인 우리 인간에서 충분한 시간이란 가능할까요? 하루가 충분히 긴 시간일 수 있을까요? 폴 틸리히P. Tillich는 '시간의 신비'(『흔들리는 터전』中)에서 시간이란 결코 무의미한 것이 아니라고 합니다. 자연적인 시간에 현재는 존재하지 않지만 우리의 현재적 경험 속에서 시간이 실재가 된다고 합니다. 현재가 실재적이 되는 까닭은 영원이 시간 안에 돌입하기 때문입니다. 영원은 언제나 현재합니다. 그리고 영원의 임재야말로 우리들이 현재를 가지게 되는 원인이 됩니다. 영원성이 우리 인간의 유한한 삶 속에 현존하는 것을 표현하기 위해 틸리히는 '카이로스'라는 용어를 사용합니다. 시간을 표현하는 이 용어는 크로노스라는 자연의 시간(해가 뜨고 지는 것을 따라 인식되는 시간, 혹은 시계와 달력으로 체험되는 시간)을 지칭하는 용어와 대비됩니다. 카이로스는 '의미가 충만한 시간', '시간 속으로의 영원의 돌입'을 지칭합니다. 우리의 자연적인 삶의 시간에 영원이 뚫고 들어와 의미로 가득한 지금이 영원한 현재입니다.

우리는 살면서 때로 의미가 충만한, 결코 영원히 지울 수 없는 유일무이한 순간을 경험합니다. 첫 눈에 반한 순간, 첫 아이의 탄생 순간, 고대하던 학교에의 합격 소식, 신을 만나던 순간, 사랑하는 이를 영원으로 보내던 순간 등은 결코 잊을 수 없는 순간들입니다. 이런 시간들이야말로 영원이 우리의 시간 안에 뚫고 들어와 영원한 현재를 실재하게 합니다. 우리의 삶 속에서 평생에 한 번 마주하기도 어려운 그러한 사건들을 매일 경험할 수는 없을 것입니다. 그렇다면 우리를 충만함으로 가득 채우는 의미 있는 현재를 매일의 삶에서 경험하는 것은 불가능한 일일까요? 영화는 사랑이 그것을 가능하게 한다고 말하는 듯이 보입니다. 영화 속에서 사랑은 이렇게 말합니다. "난 당신 마음속에 있고 모든 것 안에 있어요. 이 모든 것을 받아들인다면 당신은 다시 살 수 있을 겁니다." 사랑은 '난 모든 것 안에 있었다'고 하면서 어둠과 빛에 있었고 태양이자 폭풍이었노라고 말합니다. '난 당신의 딸 웃음 뒤에 있었지만 지금은 당신의 고통 속에도 있다'라고 말하면서 "난 모든 것의 이유다. 바로 유일한 이유가 된다"고 하워드를 설득합니다. 혼자만의 방법으로 슬픔을 극복하고자 했던 하워드는 서서히 죽음, 사랑, 시간과의 대화를 통하여 자신의 분노와 고통을 치유해갑니다. 무엇보다도 큰 힘이 된 것은 같은 고통을 견디며 먼저 한 발을 내딛은 매들린의 사랑과 관심이었습니다.

에리히 프롬Erich Fromm은 "우리들은 (사랑하는) 사람과 우주의 비밀을 결코 파악할 수는 없지만 사랑을 통해 알 수 있다"고 말합니다. "사랑은 앎에 이르는 단 하나의 길"이며 "나 자신을 발견하고 우리 두 사람을 발견하고, 인간을 발견하는 길"이라고 합니다. 더욱 중요한 것은 이런 인간에 대한 사랑을 통해 신을 알고, 우주를 알 수 있다고 말한다는 것입니다.

사랑으로 꽉 채워진 순간이야말로 영원으로 뚫고 들어가는 의미 충만한 현재일 것입니다. 사랑하는 이들을 가슴 가득 품은 우리의 충만한 사랑은 영원을 시간 속에 결합시키는 영원히 실재하는 현재를 만들 것입니다.

〈사랑과 시간과 죽음을 만나다〉에서 사랑하는 사람을 떠나보낸 산 자의 이야기를 듣고 보았습니다. 이제 떠나는 사람의 모습에서 볼 수 있는 이야기를 하고 싶습니다.

죽음 앞에 선 삶의 의미

2011년 개봉된 다큐영화 〈엔딩 노트〉는 한 사람의 죽음 준비를 그린 실화입니다. 정년퇴직을 앞두고 암4기라는 진단을 받은 평범한 직장인인 스나다 도모아키의 이야기입니다. 막내딸을 통해 이러한 과정을 남기게 된 것은 그가 세상에 어떤 말을 해주고 싶었기 때문입니다. 〈엔딩노트〉에는 약 7개월의 삶이 솔직하고 담담하게 그려져 있습니다.

어쩌면 위에서 본 하워드의 모습이 스나다 도모아키가 떠난 후 가족의 모습이 될 지도 모릅니다. 두 영화 속 두 개의 삶과 죽음의 모습은 마치 또 다른 한 편의 영화 같았습니다. 결혼한 큰딸과 미국에서 근무하는 아들 그리고 미혼인 막내딸, 평생을 함께해온 아내와 94세의 노모를 남겨두고 그는 죽음을 맞이하게 된 것입니다. 그가 남긴 엔딩노트 11가지는 삶에 있어 어떤 것들이 중요했는가를 알려주고 있습니다. 평소 가족에게 못했던 것들이 절반을 차지하는 그의 노트에는 사랑에 대한 후회를 보여줍니다.

1) 평생 믿지 않던 신을 믿어보기, 2) 손녀들 머슴노릇 실컷 해주기,

3) 평생 찍어주지 않았던 야당에 투표하기, 4) 꼼꼼하게 장례식 초청자 명단 작성, 5) 소홀했던 가족과 행복한 여행, 6) 빈틈이 없는지 장례식장 사전 답사하기, 7) 손녀들과 한 번 더 힘껏 놀기, 8) 나를 닮아 꼼꼼한 아들에게 인수인계, 9) 이왕 믿은 신에게 세례받기, 10) 쑥스럽지만 아내에게 사랑한다 말하기, 11) 스나다 도모아키의 엔딩노트 ① 연락처, ② 채권과 채무, ③ 유산 분배에 관한 희망, ④ 아들·딸·아내·손녀들에게 전하는 메시지, ⑤ 기타.

세 아이를 낳고 기르면서 사회조직에 충실하게 살았던 그가 가족에 대한 사랑으로 자기의 엔딩을 정리한 것에는 후회가 가득합니다. 그동안 먹고 싶었던 전복 스테이크를 가족과 함께 먹기 위해 여행 하는 모습은 마음을 아프게 합니다. 연말에 보낸 연하장이 부고장이 되면서 우리는 한 사람이 우리 곁을 떠나는 모습을 지켜보게 됩니다.

나는 어떤 엔딩 노트를 남길 것인가를 생각하게 한 영화였습니다. 죽음을 준비한다는 것은 어떤 의미에서는 행복할 수도 있다는 생각이 들었습니다. 환자로서 몸과 마음이 힘들고 어려운 가운데서 이러한 평정을 갖게 된다는 것도 어려운 일일 것입니다. 그러나 그는 정말 담담하게 마치 긴 여행을 떠나면서 집안을 청소하는 것처럼 해나갑니다. 평생을 성실하게 살았던 자신이 갑자기 늙어버리고 머리카락이 빠지고 검버섯이 늘고 얼굴이 쭈글거리는 실제 상황을 인정하며 죽음을 맞이하는 주인공의 이야기는 어떤 설정보다 큰 울림이 왔습니다. 죽음의 낯을 실제 보는 것 같은 느낌이었습니다.

죽음을 생각한다는 것은 삶에 있어서 참으로 의미 있고 가치 있는 일입니다. 졸업을 생각하지 않고 열심히 공부만 한 학생은 어느 날 찾아온 졸업이 오히려 낯설지도 모릅니다. 그러나 매일매일 졸업의 순간을 떠올리며 열심히 공부한 학생에게는 참으로 기쁜 날, 축하받아야 할 날이 될 것입니다.

죽음은 이런 비유보다 더 현실적이고 실제적입니다. 한 사람이 죽음에 이르기까지의 과정을 생생하게 보여준 또 다른 다큐 영화, 〈님아! 그 강을 건너지 마오〉가 떠오릅니다. 강원도 횡성의 한 마을에서 14세 된 소녀가 일꾼으로 들어온 줄 알았던 한 소년과 만납니다. 그리고 두 사람이 76년의 삶을 함께 한 후, 죽음을 앞두고 이별을 준비하는 모습이 담긴 다큐입니다.

이 영화에서 90세의 나이에도 소년과 소녀의 감성으로 살아가는 모습은 삶이 얼마나 소중하며 아름다운 것인가를 보여주고 있습니다. 장날이면 고운 한복에 서로의 손을 잡고 장터 나들이에 나서시는 할머니와 할아버지, 어느 날은 아이들 내복 몇 벌을 샀습니다. 가난에 따뜻하게 입혀보지도 못한 채, 강 건너 떠나보낸 아이들에게 건네 줄 내복입니다. 끓어 오르는 가래에 기침마저 힘겨운 할아버지의 밤들을 말없이 지켜주시는 할머니의 모습, 이렇게 죽음을 준비하며 꽉 찬 사랑을 서로에게 보내는 두 분의 모습은 서로 생명을 주고받는 것 같이 느껴졌습니다. 이 영화에서 강아지의 죽음에 뒤이어 찾아오는 할아버지의 죽음은 이별의 아픔을 넘어 우주 속에 상호 연결된 존재들에 대한 진한 연민과 애정을 전해주기도 합니다. 비가 오는 날에 할머니가 할아버지의 헌옷을 정리하는 장면에서 할아버지의 죽음을 담담하게 받아들이는 것 같은 모습은 다음 생에서의 사랑을 준비하는 것 같다는 생각이 들었습니다.

삶의 마지막은 서로에 대한 그리고 세상에 대한 사랑으로 끝내야 하는 것 같습니다. "잘 가서 좋은 자리 잡고 데리러 오면 같이 손을 잡고 가자"고 할아버지를 향해 건네는 위로는 그들이 삶 속에서 얼마나 죽음을 잘 준비했는가를 보여주는 대화 같았습니다. 다큐멘터리 영화 사상 가장 빨리 200만 명의 관객을 동원하고, 최종 관객 수가 480만 명에 이르러 큰 화제성을 가졌던 것은 죽음이라는 것이 결코 슬프거나 고통스러운 것만은 아니라는 점을 보여 준 데 있지 않나 생각됩니다. 사랑으로 충만한 시간들 속에 준비된 죽음은 슬프고 고통스럽지만 우리들의 삶을 빛나고 아름답게 만든다는 울림이 공감대를 형성했던 것이 아닐까라는 생각을 해봅니다. 76년 연인의 이야기가 우리 가슴에 맺히는 것은 죽음이 갈라놓은 죽음이야기가 아니라 죽음이 없애지 못하는 사랑이야기, 사랑으로 채워진 의미 있는 삶의 이야기이기 때문일 것입니다. 이제 또 다른 방향에서 죽음의 얼굴을 생각해 볼까요?

죽음의 의미

죽음이란 무엇인가? 라는 셸리 케이건의 질문은 예일대에서 17년 동안 명 강의로 남아있습니다. 철학자로서 이성과 논리로 만들어낸 그의 이야기를 들으면 영혼의 존재가 다가오는 듯한 느낌을 받습니다. 죽음 이후에 대한 가정과 추리는 절대 낯설지 않습니다. '마음속으로 그려볼 수 없다면 믿을 수 없다'라는 말로 상황에 대한 생각을 만들어보는 것입니다. 자신이 죽었다고 가정하고 그 모습을 쉽게 그려보자는 것입니다. 그것이 죽음의 의미를 만들어 볼 수 있다고 말합니다.

그는 또 영원한 삶에 대하여 정말 영생은 좋은 것인가를 질문합니다.

그가 말하는 죽음에 대한 여러 각도의 질문을 보면서 그처럼 많은 질문이 있다는 사실이 놀랍기도 합니다. 그러면서 답을 기대하지 않는 수많은 질문이 역으로 저에게 삶의 숭고함을 전달해주었다는 생각이 듭니다. 저는 케이건이 던지는 것과 같은 존재에 대한 질문은 좋은 것이라는 생각이 듭니다. 앞에서 보았던 두 개의 영화에서처럼 질문과 답이 엉킨 모습에서 찾아지는 삶과 죽음의 의미는 좋은 것임을 시사해 주기 때문입니다. 그의 강의에서도 '기독교에서 말하는 영생이 좋은 것이라면 죽음은 좋은 것이다.'라며 죽음을 긍정합니다.

보이지 않는 것은 물론이고 보이는 것조차 각자의 다른 얼굴처럼 다른 모양을 하고 있는 것이 생각입니다. 성직자인 남편은 무슨 생각을 하고 있을까? 문득 궁금해서 물었습니다.

"질문으로 끝날 문제라면 굳이 답을 들을 필요가 없겠지. 그 질문에 대한 답이 여러 개라도, 그래도 답을 만들어야지. 저마다의 답을, 시간과 죽음이 아직 우리에게 있는 동안에는…"

"의학이 정의한 죽음과 종교가 정의한 죽음이 같은 것일까? '죽음은 피할 수 없는 것이다'라는 사실을 알고 난 후에 생기는 수없이 많은 질문이 죽음의 정의와 연결되어 있잖아. 죽음에 대한 정의가 그처럼 제각각이라면 오히려 죽음에 대해 삶은 어떤 것이어야 하는가? 이것으로 답을 찾는 것이 옳은 것이 아닐까?'

"하워드의 경우나 스나다 도모아키의 죽음 준비나 님아……의 부부가 맞이한 죽음의 별리나 이들 모두에게 죽음은 다른 모습으로 나타났잖아, 죽음도 삶의 일부처럼 모두가 다른 방법으로 경험하지만 결국은 죽음이라는 벽을 건너 또 다른 세계로의 출발이라는 점에서 공통성을 찾을 수 있지 않을까? 그것을 기독교는 구원이라고 말하는 것이고……"

죽음에 대한 사람들의 의미와 답은 저마다 다를 것입니다. 삶의 의미가 저마다 다르듯이……개인적으로 기독교인인 제가 죽음의 의미를 찾는다면 육체의 쉼과 영혼의 나타남이라고 말할 수 있을 것입니다. 육체의 삶은 무한한 것보다는 유한한 것이 낫다는 생각을 해봅니다.…… 육신의 죽음이 없다면 시간조차도 존재하지 않아야 하고 만약 시간은 흘러가면서 육체가 함께 시간을 쫓지 않는다면 그것은 엄청난 비극이라고 생각합니다. 고달픈 생활이 이어지고 고독한 외로움이 함께하고, 지루하기 짝이 없는 생활을 반복해야 하며 노화된 몸에 아픔이 깃든다면, 죽지 않는다는 것을 이상향처럼 바라보는 것은 저주가 될 것이기 때문입니다.

반드시 죽는다는 전제가 있기에 우리는 삶의 의미를 추구하는 것이 아닐까요? 틸리히는 언젠가는 죽어야 한다는 사실이 우리에게 궁극적인 외로움을 준다고 했습니다. 다른 이들과의 그 어떤 소통도 그 외로움을 덜어주지 못한다고…, 실제로 우리가 죽는 순간에 다른 이가 그 곳에 있을지라도 우리가 자신만의 죽음을 겪어야 한다는 사실을 덮지는 못한다고 말합니다. 우리 모두는 홀로 죽음에 들어가야 합니다. 그래서 틸리히는 반문합니다. 이 외로움을 누가 견뎌낼 수 있겠습니까?

우리의 '홀로 됨', '홀로 있음'은 외로움의 전제이기도 하지만 고독의 전제이기도 합니다. 틸리히는 이 고독이 있기에 우리는 우리의 가장 깊은 중심에 도달할 수 있으며, 영원에 다다를 수 있다고 말합니다. 그러기에 고독은 일시적 존재의 번잡한 길 위에 임한 영원이라고 합니다. 뿐만 아닙니다. 사랑조차 고독 속에서 피어난다고 합니다. 왜냐하면 고독에 처한 자들만이 자기들과 분리된 사람에게 도달할 수 있기 때문입니다. 고독이 우리를 영원에게로, 나의 중심에게로, '너'의 중심에게로 인도합니다. 의미로 꽉 채워진 영원한 현재 속에서만 우리는 이 고독의 벽을 허물고 사랑하는 이들과 오롯이 연합할 수 있습니다.

죽음의 필연성, 이 유한성 앞의 고독, 그것을 통해서 영원한 현재에 이를 수 있다면, 내가 나의 너와 오롯한 하나일 수 있다면, 이 유한성은 차라리 축복이 될 수 있지 않을까요? 물론 아직도 추구해야 하고 누려야만 하는 삶을 놓쳐버린다는 사실에 있어서는 불행이고, 그래서 죽음은 나쁘고 허무하며 고통이고 슬픔이라는 논리를 승인합니다. 상실의 고통 역시 지울 수 없는 아픔이라는 것을 인정합니다. 그러나 사랑하는 이와의 참된 연합이 부재하는 삶, 의미로 꽉 채워진 영원한 현재 없이 그저 흘러가버리는 삶, 공허로 텅 빈 삶을 단지 삶이기에 좋은 것이라고 말할 수만은 없을 듯합니다.

삶을 얼마나 가질 수 있는가는 아무도 모릅니다. 이 죽음의 불확정성이 죽음에 대한 공포와 두려움을 만들고 있습니다. 100살을 살았다고 해도 생에 대한 만족을 얻지 못할 수 있고 그보다 훨씬 짧은 삶을 사는 경우에도 죽음에 대해 충분했다는 감정을 가질 수도 있습니다. 각자의 위치에서 죽음에 대하여 예측 불가능한 상태에 놓였다는 것은 결국 개인의 생각에 따라 죽음을 판단할 수밖에 없다는 의미가 됩니다.

개인적인 생각으로는 삶을 말하지 않는 죽음은 의미가 없다는 쪽에 무게를 둡니다. 죽음이 가지는 의미가 삶의 전부인지도 모르겠다는 생각 때문입니다. 사람의 창조는 죽음을 전제했는지도 모릅니다. 몽테뉴Montaigne, M는『수상록隨想錄』에서 "죽음은 당신의 창조 조건이며 당신의 일부분이다. 죽음을 피하는 것은 당신 자신을 피하는 것이다."라고 말합니다. 죽음이

창조에 의한 것이라면 그것은 삶의 일부분, 삶에게 주어진 어떤 가능성이라고 말할 수 있을 것입니다. 생물학에서는 죽음이란 '한 생명체의 모든 기능이 완전히 정지되어 원형대로 회복될 수 없는 상태'라고 정의합니다. 그러나 생물학적인 죽음이 죽음의 한 부분이지 전체적인 답은 아니라고 생각합니다. 몽테뉴는 "어디에서 죽음이 우리들을 기다리고 있는지 모른다. 곳곳에서 기다리지 않겠는가! 죽음을 미리 생각하는 것은 자유를 미리 생각하는 일이다. 죽음을 배운 자는 굴종을 잊고 죽음의 깨달음은 온갖 예속과 구속에서 우리들을 해방시킨다."고 죽음을 매우 긍정적으로 바라봅니다.

우리는 때때로 죽음을 외면하려 합니다. '개똥밭에 굴러도 이승이 좋다'고 생각합니다. 죽음을 피할 수 있는 도리가 없다는 사실을 알면서도 굳이 외면하는 것입니다. 그러나 누구도 죽음을 현실로 맞아들여야 한다는 사실을 모르는 사람은 없습니다. 공자는 제자인 자로子路가 죽음에 대하여 묻자 "삶에 대해서도 모르거늘 어찌 죽음에 관하여 알겠는가未知生 焉知死!"라는 답을 합니다. 이는 죽음을 논하지 말자는 이야기가 아니라 삶에 대하여 알게 되면 죽음은 저절로 알게 된다는 의미가 아닐까요?

기독교에서 인간의 죽음은 원죄로 인한 것입니다. 사망, 곧 죽음은 육신의 죽음이며 영혼은 창조주에게 다시 돌아갑니다. 기독교인들은 그곳에서 삶에 대해서 심판을 받게 된다고 믿습니다. 삶이 죽음의 시험인 셈입니다. 원죄대로 사는 것이 아니라 원죄를 갚으며, 그것을 뛰어넘는 삶, 그러한 삶을 살아야 하는 것입니다. 육신을 벗은 인간이 창조주의 품에 안기는 것을 기독교인들은 구원이라고 합니다. 그래서 기독교인으로서의 저는 죽음이 산 자의 또 다른 기회라는 것을 부정할 수 없습니다. 탄생과 함께 주어지는 시간의 끝은 죽음일까요? 삶의 이유를 찾는다면 우리는 반드시 죽음을 말해야하지 않을까요?

죽음 이후

살면서 많은 일들을 겪게 됩니다. 어릴 적 달리다가 넘어져 무릎에 상처가 나는 일들도 있고 짝사랑으로 엉망이 된 현실을 겪기도 하고 병에 걸려 며칠을 혼수상태로 지내기도 합니다. 그런 일들을 겪으면서 시간이 가고 우리는 곧 그것들을 기억에서 지워버리고 새로운 기억을 만들어 갑니다. 기억의 골방이나 변방에서 맴돌던 것들은 추억이 되고 한날의 일기가 됩니다. 영원 속에서, 유구한 시간의 흐름들 속에서 죽음 또한 그런 모습일 것이라 생각해 봅니다. 상처에 집착하지 않았던 것처럼, 짝사랑으로 인생을 채우지 않았던 것처럼, 죽음도 삶의 한 부분으로 채워져야 합니다.

물질주의자들이나 현상주의자들은 의사처럼 죽음에 집착합니다. 죽음은 사라지는 것이란 확고한 신념 때문일 것입니다. 죽음은 목격자를 등장시킬 수 없는 논제입니다. 죽음이 가리키는 것은 철저한 침묵입니다. 세상의 모든 존재는 지식의 크기와 수준이 만들어내는 상상일지도 모릅니다. 죽음에 대한 앎은 하늘의 별을 세는 것만큼 어지럽고 복잡합니다. 어쩌면 영원히 결론에 도달하지 못할 것 같은 허무일수도 있습니다. 그래서 생의 가장 중요한 논제는 죽음이어야 한다는 사실에 두려움과 공포를 느끼고 있는 것인지도 모릅니다.

우리는 수많은 죽음을 보면서 슬픔과 위안을 교차합니다. 어쩌면 죽음을 보는 불행한 작가가 되는 것입니다. 누구도 경험하지 못한 일에 대하여 옳고 그름을 판단하는 것은 상상의 유희인지도 모릅니다. 그러나 죽음의 현상이 어느 한 사람이나 한 시대에 일어난 일이 아니고 인간 모두에게, 살아있는 일체의 존재에 대하여 일어나는 현실이라는 점에서 무엇보다도 진실하다고 말할 수 있습니다.

세상의 모든 삶은 죽음을 밟고 살아갑니다. 또 그런 힘도 있습니다. 그런 힘이 우리 삶을 실재하게 하고 영원을 시간 속에 끌어들입니다. 죽음이 회피의 대상이 아니라 생의 한 순간으로 각인되는 것입니다. 영원한 현재를 만드는 힘인 것입니다. 어쩌면 무덤은 죽은 자들의 자리가 아니고 산 자들의 소망이 될 수 있다는 생각도 해봅니다.

가장 어둡고 깊은 곳에서 죽음이 기다리고 있다는 생각을 하지 않아도 된다는 데 이르기까지, 죽음의 별리가 삶의 끝은 아니라는 생각을 갖기까지에는 슬픔과 격통이 있습니다. 죽음이 주는 슬픈 별리, 역리의 죽음이 주는 끝 모를 고통을 지나 만나게 되는 생각일 것입니다. 하워드가 그러했듯이……그것은 어쩌면 육신에 가려 내 자신을 보지 못했던 영혼이 눈을 뜨는 순간이었을지 모릅니다. 육신과 영혼이 하나이듯이 삶과 죽음이 하나임을 자각하는 순간이었을지도 모르겠습니다. 우리가 지식으로 영혼을 보는 것이 아니라 영성으로 영을 볼 수 있기 때문입니다. 죽음은 맛보거나 만질 수 없고 냄새도 소리도 없는 존재입니다. 영혼의 존재는 믿음으로 보는 실체입니다. 우리의 영이 감지하는 최고의 추론입니다. 영혼을 설명하는 것은 어리석은 설득입니다. 그러나 이 질문에 대하여 가치를 부여하고 너무 진지하다는 사실 만으로도 그것은 우리에게 넘치도록 삶의 의미를 알려줍니다. 임마누엘 칸트Immanuel Kant는 자신의 마음을 감탄과 경외로 가득 채우는 두 가지로서 내 머리 위에서 별이 빛나는 하늘과 내 마음 속의 양심(도덕)이라고 이야기했습니다. 이를 두고 철학자들은 칸트가 『순수이성비판』에서 인식의 대상이 될 수 없기에 내몰았던 관념들—도덕, 영원, 세계, 신, 등—을 『실천이성비판』 속에서 승인했다고 평가합니다.

캄캄한 밤에 빛나는 별에 가 본 사람은 없습니다. 그러나 누구도 그 별을 부인하지 않습니다. 더 나아가 누구든지 그 별이 어떻게 생겼는지 무슨 일을 하는지에 대하여 설명할 수 있다고 믿습니다. 어떻게 그런 일들이 가능할까요? 그것에 대하여 말한 과학자들의 말을 믿었기 때문입니다. 그들이 설명한 것들에 대한 확신이 있기 때문입니다. 기독교인으로서의 저는 영혼의 문제에 대한 초월적인 요소를 하나님의 말씀으로부터 듣고 믿게 되었습니다. 저는 우리에게는 영혼의 귀가 있고 신이 전하는 말을 들을 수 있는 영혼이 있다고 믿습니다.

기독교 신앙이나 특정한 종교적 신앙을 갖지 않으신 분들이라면 에리히 프롬이 말하는 합리적 신앙을 생각하셔도 좋을 것 같습니다. 프롬이 말하는 합리적 신앙은 "자기 자신의 사고나 감정상의 경험에 뿌리박고 있는 확신"이고 퍼스낼리티 전체에 고루 퍼져 있는 성격상의 특징입니다. 이 신앙을 통해 상대방의 본질에 침투하고, 그의 가능성을 믿는 것입니다. 이 믿음으로 나는 참으로 누군가를 사랑하고 세계를 사랑하고 삶을 사랑 하게 된다는 것입니다. 제 생각에 우리 인간의 정신이나 의식 너머의 '인간 심연의 본질', '이성을 뛰어 넘는 어떤 것'을 수긍할 수 있다면 여러분은 인간이 자연에 갇힌 지금을 뛰어넘어 영원한 현재에 이를 수 있음을 믿는 분이라고 생각됩니다. 그렇다면 인간이 유한한 육신을 넘어 무한한 영혼 을 가진 존재임을 믿을 수 있을 것이란 점도……

기독교인인 저는 철학이나 과학적 지식이 사람의 머리로만 만들어진 것은 아니라고 생각합니다. 우리 인간에게 이성을 뛰어 넘는 어떤 것, 영성이 세상을 읽는 눈이 되었기 때문에 가능해진 지식이라고 생각합니다. 종이가 펜과 함께 글(문장)을 만든 것이 아니라 그것이 도구가 되는 것처럼 지식과 이성도 우리 스스로가 만든 것이 아니라 영혼의 도구가 된 것이라고 믿습니다. 저는 세상은 우리 인간들의 약속으로만 만들어진 것은 아니라고 믿습니다. 거두지도 않고 씨를 뿌리지 않았음에도 새와 들의 백합화가 자라는 것은 창조주의 간섭이 함께 하고 있기 때문이라고 생각합니다. 하나와 하나가 합하면 둘이 된다는 것은 시간과 공간에 갇힌 우리들의 약속입니다. 엄밀한 계산으로는 하나가 존재하고 둘은 하나 옆에 또 하나의 하나로 있을 뿐인 것입니다. 그러나 우리는 하나와 하나를 더해서 둘이 된다는 약속을 했고 그것을 진리로서 지키고 살아갑니다. 물론 우리가 이해할 수 없는 것을 모두 영혼의 문제로 말할 수는 없음을 압니다.

초감각적인 지각이나 초자연적 현상에 대한 설명을 모두 영혼으로 환원시키는 것은 영혼이 육신과 전혀 다른 존재로 이해될 수 있다는 위험이 있습니다. 임사체험을 한 사람들은 자신들이 육체를 떠나 영혼의 모습으로 바라본 세상을 말하고 있습니다. 그러나 그 체험에서 다시 돌아와 육신과 재결합된 상태라면 꿈과 별로 다를 바가 없어 보입니다. 일반 사람들도 자주, 얼마든지 이러한 체험을 하면서 살고 있다는 사실을 우리는 잘 알고 있습니다. 그래서 임사체험은 죽음의 차원이 아니라 삶 속에서 가진 잠시의 영혼이탈이라고 말할 수 있을지도 모르겠습니다. 죽음은 분명 삶의 벽입니다. 넘어갈 수 없는 담입니다. 그러나 우리의 영성을 통해 그 담을 잠시 넘겨다보기도 하고 담 너머 죽음의 세계를 그려보기도 할 수 있는 것입니다.

좋은 죽음을 꿈꾸다

우리의 인생은 성장과 성숙의 시간을 보내고 늙어서 삶을 마감합니다. 지금 이 시간에도 탄생과 죽음의 수많은 반복이 일어나고 있습니다. 탄생과 죽음은 자기의 의지와 선택이 아니라 자연적인 현상에 의한 것입니다. 노인심리학자 브롬리Bromley는 "우리는 인생의 1/4은 성장하는데 3/4은 노화하는데 소비한다."고 말했습니다.

죽음은 어느 날 갑자기 오는 것이 아닙니다. 우리는 하루하루 천천히 조금씩 죽어간다고 말할 수 있습니다. 수명의 일부가 줄어들기 때문에 이것은 분명합니다. 그래서 삶과 죽음이 공유되는 것입니다. 이렇게 하다가 마지막 찾아오는 죽음으로 삶을 마감하게 되는 것입니다. 죽음을 능동적으로 받아들이는 것은 삶을 적극적으로 살아갈 수 있도록 하며 죽음을 두려워하는 것은 삶을 불안하게 만들 수 있습니다. 죽음에 대한 생각은 삶에 대한 생각이라는 역설적 설명도 그래서 가능합니다.

2016년 연말~2017년 연초에 인기리에 반영되었던 드라마 〈도깨비〉는 죽음과 삶, 그리고 불멸의 경계를 다루고 있습니다. 이 드라마는 삶, 사랑, 죽음을 꽤나 감성 있게 다루었습니다. 여기에서 죽음은 끝이 아니라 다음의 세계로 가는 문턱입니다. 죽음 이후 미래가(세계가) 존재하는 설정입니다. 대다수 드라마가 그러하듯이 이 드라마의 죽음 역시 평범한 사람들의 바람을 반영합니다. 죽음이 저주가 아닌 또 하나의 쉼이 되고 또 다른 삶의 시작이 될 수 있다는 희망! 이것을 믿을 수만 있다면 죽음은 결코 끝이 되지 않으며 허무가 아닙니다. 피해야만 할 저주가 아니라 새로운 시작을 위해 잘 맞이해야 하는 출발점이 됩니다. 신이 부여한 자신의 수명을 넘겨 살고 있는 여주인공은 저승사자가 올 때마다 그를 따돌리기에 바쁩니다. 그러나 그녀가 가장 행복한 순간, 그녀의 삶이 가장 찬란히 빛을 발하던 순간, 통학버스 속의 여러 어린아이들의 생명을 구하고자 스스로 죽음을 선택합니다. 인간에 대한 사랑을 통해 신에게 다다른 여주인공은, 신의 자비 속에 다음 생에서 다시 남자 주인공과 해후 합니다. 에리히 프롬은 인간에 대한 사랑의 본질이 신에 대한 사랑의 본질과 상응한다고 말합니다. 따라서 프롬을 따라 말한다면 그녀는 인간에 대한 사랑을 통해 신에게 이르렀습니다. 인간에 대한 사랑을 통해 신을 앎으로써 그녀는 신을 자신에게로 데려오고, 신에게 침투한 것입니다. 자신을 폭발시키는 사랑을 통해 자연의 시간을 초월하는 사랑을 얻은 것이죠. 틸리히 식으로는 인간에 대한 꽉 채워진 사랑의 순간을 통해 영원한 현재와 연합하고 의미 가득한, 생 가득한 삶을 획득하게 된 것입니다. 죽음에 대한 이야기들을 감성 있게 풀어냄으로써 사랑과 삶에 대한 이야기들을 묶어가는 이 드라마는 가장 지독한 삶의 이야기로 느껴졌습니다.

대부분의 우리는 도깨비의 여주인공처럼 죽음의 순간을 선택할 수 없습니다. 그러나 저는 많은 분들이 자신이 기꺼이 수긍할 수 있는 죽음의 때를 소망한다고 생각합니다. 세네카는 삶은 연회와 같아서 초대된 사람은 너무 일찍 자리를 떠서 주인을 섭섭하게 해서도 안 되고 너무 늦게까지 머물러 폐를 끼쳐서도 안 되며 적당할 때에 떠날 줄 아는 것이야 말로 연회의 즐거움을 마음껏 누릴 수 있다고 말했습니다.

그런데 적당한 떠날 때는 언제일까요? 물론 나에게 적당한 때일 것입니다. 그러나 그것만으로는 부족합니다. 왜냐하면 우리는 사랑하는 자의 일부분, 가족의 일부분, 사회의 일부분, 세계의 일부분이기 때문입니다. 미국 자살연구협회에 따르면 한 사람의 자살은 가족, 친지, 가까운 사람들 최소 6명에게 영향을 준다고 합니다(조선일보, 2010. 03.31). 우리에게 우울을 가져오는 가장 큰 스트레스 1위는 배우자의 죽음, 2위가 부모, 자식, 형제의 죽음이라고 합니다. 배우자와 사랑하는 부모, 자식, 형제는 내 자아의 일부이며 나와 뗄 수 없는 존재입니다. 그러니 떠나야 할 적당한 때에 이 관계는 필수적인 고려 대상입니다.

'사랑, 시간, 죽음'에서 죽음(실은 죽음을 연기한 여배우)은 죽어가는 하워드의 친구 사이먼에게 말합니다. 가족에게 작별할 기회도 주지 않고 죽는 것은 제대로 된 죽음이 아니라고…사랑하는 이를 잃어본 사람은 누구라도 알 것입니다. 작별할 시간이 주어질지라도 결코 놓아버리지 못하는 마음을, 내가 대신 그 죽음을 갈음해서라도 죽음으로 그를 놓치고 싶지 않은 마음을…하물며 작별 없이 갑작스레 사랑하는 이의 죽음과 조우하는 것은 천지가 뒤집히는 충격이요 헤아릴 수 없는 고통일 것입니다.

사랑하는 이와의 별리는 측량 못할 고통이요 헤아릴 수 없는 손실입니다. 우리가 사랑하는 이는 비단 가족만은 아닙니다. 사랑하는 친구들, 지인들, 사랑이라는 단어가 적확하지 않아도 내가 관심을 두고 상관하게 되는 사람들, 이 사람들에 대한 배려 역시 나의 죽음에 포함되어야 할 필요가 있을 것입니다. 한 사람의 죽음은 그와 관련된 많은 관계를 정리해야 할 필요를 제기합니다. 사람은 살면서 많은 관계를 갖기 때문입니다. 우리의 삶이 공동체성을 지닌 만큼 우리의 죽음도 공동체성을 가지게 되는 것이지요.

존 던John Donne의 시, 〈누구를 위하여 종은 울리나〉는 우리 삶과 죽음이 가지는 공동체성을 잘 드러내줍니다.

누구든, 그 자체로서

온전한 섬은 아니다.

모든 사람은 대지의 한 조각,

대양의 일부다.

흙덩이가 바닷물에 씻겨 내려가면

유럽은 그만큼 작아지며,

모래톱이 잠겨도 마찬가지.

그대의 친구들이나 그대 자신의 땅이

잠겨도 마찬가지다.

어떤 이의 죽음도 나를 감소시킨다.

왜냐하면 나는 인류에 포함되어 있기 때문이다.

그러므로 누구를 위해 종이 울리는지 알고자

사람을 보내지 말라.

종은 바로 그대를 위해 울리는 것이니.

존 던의 이 시는 이 세상에 있는 어떤 죽음도 나와 별개의 죽음이 아니라는 사실을 말해주고 있습니다. 한 사람의 죽음은 개인의 죽음이 아니라 남겨진 사람들과 그가 삶에서 속하였던 많은 집단들, 그리고 사회와 문화까지 관련되어 있습니다. 장례라는 모든 문화에 존재하는 의례 속에 나타난 다양한 소통형태와 양식이 바로 그런 것들을 짐작케 합니다. 죽는다는 사실은 같지만 그 모습은 결코 같은 것들이 없습니다. 문화마다 상이한 장례의례를 갖는다는 것은 그만큼의 다양한 죽음 형태와 과정을 의미할지도 모릅니다. 장례의례가 헤아리기 어려울 정도로 많다는 것은 죽음에 대한 정의가 어렵다는 것을 말해주지만 죽음은 인간의 삶과 그 양태인 문화와 분리될 수 없는 것임을 말해주기도 합니다. 말하자면 죽음의 형태와 과정은 결코 삶과 다른 모습이 아닌 삶의 일부가 된다는 점을 짐작하게 합니다.

삶과 죽음이 분리될 수 없는 것이라면, 그렇다면 우리는 어떤 죽음이 좋은 죽음인가? 라는 생각을 좀 더 진전시켜 볼 수 있지 않을까요? 육신의 고통이 없는 죽음, 후회 없는 죽음, 편안하게 죽는 죽음, 죽음을 준비하고 삶을 정리할 시간을 갖는 죽음, 조용히 떠나는 죽음, 사랑하는 사람이 지켜 주는 죽음, 사랑하는 이들에게 의미와 사랑을 전해주는 죽음 등 이 모든 죽음을 우리는 좋은 죽음이라고 말합니다. 모두 우리 삶의 평안, 행복, 존엄, 의미, 가치를 훼손하지 않는 죽음에 대한 생각들입니다. 이런 반면에 이별, 신체적 통증, 존재의 소멸, 사고로 죽는 두려움, 가족들의 고통, 죽음 자체에 대한 공포 등은 죽음에 대한 두려움으로 일컬어집니다. 이러한 것들은 우리들의 불안, 불행, 비참함, 무가치감과 연결됩니다.

우리 생애에서 죽음이 삶의 역할보다 더 큰 의미를 차지하지 못하는 것은 당연합니다. 그것은 죽음의 의미가 삶보다 못해서가 아니라 삶의 끝이라는 생각이 더 압도적인 느낌을 주기 때문일 것입니다. 그런데 삶이 끝나지 않는다면, 죽음이 없는 생을 유지한다면, 그것은 정말 행복할까? 라는 생각이 드는 것은 저만의 착각일까요? 영원히 산다면 영원한 현재를 추구할 이유가 없을 것입니다. 현재가 영원을 함축하는 의미 충만한 시간이 되도록 애쓸 필요가 없습니다. 또 영원이 의미 있을 이유도 없을 것입니다. 죽음이라는 근원적인 고독이 사라진다면, 영원한 사랑을 꿈꿀 필요도 없게 되겠죠.

이렇게 본다면 죽음의 부정은 삶의 부정이 되는 듯 보입니다. 죽음은 경험할 수 없는 것이지만 죽음을 통하여 삶을 보고 생각하는 것은 우리의 삶이 죽음과 아주 밀접하다는 인간적 본능으로부터 체득한 것이기도 합니다. 죽음이 우리의 삶에 의미를 던져주기에, 우리의 삶을 가치 있게 하기에, 죽음의 권위는 신성해야 할 필요가 있을 것이라 생각해 봅니다. 그래서 저는 좀 더 격식 있고 품위 있는 장례문화가 필요하지 않나 생각합니다. 더 보람 있고 풍요로운 삶의 시간들을 승인하기 위해서.

애플의 창업자 스티브 잡스는 "죽음은 삶이 만들어낸 최고의 발명품"이라고 말했습니다. 그는 죽음의 정신이 삶의 정신을 깨우는 일이라고 생각했습니다. 죽음의 미학이 곧 우리 삶의 가치일 것입니다. 사랑하는 이들에게 여운을 남기는 존엄하고 신성한 죽음을 꿈꾸며, 벽을 넘어 그리운 이들을 만날 순간을 그려봅니다.

삶과
죽음의
대화

2부

고독한 죽음,
그리고 돌봄

01 우리사회의 그림자, 자살

서청희

You are not alone

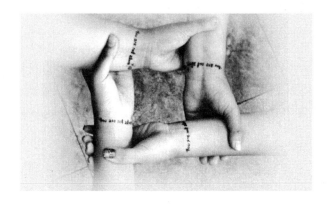

저는 정신보건 사회복지사이며 수원시자살예방센터 상임팀장으로 일했습니다. 수원시자살예방센터는 우리나라에서 제일 처음으로 생긴 지자체 기반의 자살예방센터이고 정신보건 사회복지사, 간호사, 임상심리사 그리고 센터장인 정신과 전문의까지 자살예방의 실천적 영역에서 활동하시는 분들이 주로 일을 하고 있습니다. 수원 센터에는 〈아름다운 사람 지킴이〉라고 하는 중학교 1학년 게이트 키퍼 친구들이 있습니다. 1년에 25명의 친구들이 한 달에 한 번씩 모여 교육을 받고 또래 지킴이 홍보활동을 하는데, 활동 중에 'You are not alone'이라는 문구가 새겨진 스티커를 나눠

주곤 합니다. 겉보기에는 작고 별 의미 없어 보일지 모를 이 스티커는 물을 묻히는 순간 판박이로 변합니다. 스티커를 전달하고 전달받는 친구들에게는 서로의 손끝에서 전해지는 의미의 연결, 그물처럼 서로가 연결되어 도움을 주고받을 수 있는 존재라고 생각되는 기회가 될 것이라 기대합니다.

우리사회의 자살은 죽음과 밀접한 연관이 있습니다.

우리는 평소 바쁜 일상을 보내며 긍정적이고 행복한 삶과 관련된 얘기만 해도 모자라다고 생각합니다. 그래서 죽음과 관련된 언급은 시도조차 꺼려하며, 자살이라는 행동을 제대로 이해하지 못하고 외면하기에 급급합니다. 어른들의 외면과 기피가 훗날 아이들에게 미안해할 수밖에 없는 상황을 가져올 수 있음을 알지 못한 채 말입니다. 누구나 상처 없는 사람은 없습니다. 우리에게 자살은 기피하고 싶은 주제이지만, 이를 피할 수 없다면 그 안에서 해결방안을 찾기 위해 노력하고 우리가 할 수 있는 역할이 무엇인지 이야기 나누는 것만으로도 의미있는 일이 될 것입니다.

자살은 죽음의 한 유형입니다. 인간은 죽을 수밖에 없고, 죽지 않는 사람은 없습니다. 죽음의 한 유형으로서의 자살은 다른 죽음과 마찬가지로 충격적이고 당황스럽지만, 아무런 준비도 되지 않은 상태의 죽음이기 때문에 남겨진 사람들에게 더욱 힘든 순간으로 기억됩니다. 저는 현재 경기도교육청과 함께 자살예방교육과 더불어 죽음에 대한 인식을 개선하고 죽음과 자살을 함께 다루는 교육을 하고 있습니다. 수원 센터에는 청소년

그룹과 성인그룹으로 나누어지는 유가족 자조모임이 있습니다. 청소년 그룹은 자살 트라우마 뿐만이 아닌 사별로 인한 상실의 경험을 지닌 친구들도 포함하고 있습니다. 사별로 부모를 잃은 친구들은 토의시간에 "자살로 부모를 잃은 친구들만 힘든 것이 아니다. 다른 이유로 부모를 잃었어도 결국 아무런 준비를 하지 못했다."라고 말합니다. 부모의 죽음을 예상했음에도 불구하고 결국 아이들에게 모든 죽음은 힘들고 낯선 존재였던 것입니다. 그러나 자살로 인해 부모를 잃은 청소년의 경우 더욱 힘이 드는 것 같습니다. 자신을 낳아주고 길러준 부모라는 존재가 이 세상에 자신을 홀로 남겨두고 떠나버렸다는 사실을 받아들여야하기에 더욱 아프고 괴로울 수 있습니다. 병으로 인한 죽음은 어쩔 수 없는 사별, 상실이지만 자살로 인한 죽음은 선택적인 것이며 부모로부터 버려졌음을 의미할 수 있기 때문입니다.

모든 인간에게 죽음은 두려운 경험이고 피하고 싶은 일이지만, 자살은 죽음의 순리적인 부분이 제외된 것 같습니다. 자살로 인한 죽음은 문제를 해결하는 하나의 방법으로서 선택되어진 죽음입니다. 보통 사람들은 자신의 삶 속에서 평생 죽지 않을 것처럼 미친 듯이 경쟁을 하며 아등바등 살아갑니다. 반면에 자살은 더는 해결 할 수 없는 문제 상황을 죽음으로서 해결하고 자기 존재 자체를 부정하여 이 세상에서 사라지려는 마지막 결정입니다. 죽음을 부정하는 사람과 자기 존재를 부정하는 사람은 어떤 면에서 공통점을 지닙니다. 죽지 않을 것처럼 삶에만 집착하는 사람은 인생을 행복하게 살아가기가 어렵습니다. 죽음은 삶의 유한성을 인정하고 삶을 어떻게 이끌어 갈 수 있을지에 대한 깊은 성찰을 가져다 줄 수 있습니다. 자살을 죽음으로 존재를 포기하는 행위로 여길 경우, 죽음이 우리의 삶 속에 미치는 긍정적인 측면들 즉, 삶에 대한 성찰과 죽음을 진지하게 준비하는 과정 등이 사라지게 됩니다. 그러므로 우리는 죽음과 자살을 구분 할 수 있어야 합니다. 청소년뿐만 아니라 어른들도 본인 혹은 가족 누군가가 죽을 수 있다는 사실을 인식하며 살아가는 것과 죽음을 무시하고 부정하며 살아가는 것은 다른 삶의 태도를 가져올 수 있습니다. 그런 의미에서 자살은 다른 죽음보다 더욱 아픈 하나의 분리양상이 될 수 있습니다.

삶의 몸부림, 청소년의 자살

최근 들어 자살을 개인의 책임이 아닌 사회의 책임이라는 관점에서 바라보는 경향이 증가하고 있습니다. 우리나라는 자살률이 굉장히 높습니다. 하지만 OECD 가입 국가 중 11년째 자살률 1위라는 상황에 비해서 자살에 대한 연구는 많이 축적되어있지 않습니다. 정책적인 측면에서도 자살예방법이 등장한지 5년 정도밖에 되지 않았으며, 사회적인 관심도 이제 막 생겨난 정도입니다. 과거에는 자살을 도덕적인 측면이나 개인의 심약한 심리문제라는 관점에서 바라보았습니다. 그러나 오늘날에는 자살이 개인적인 문제가 아니라 사회적인 문제라는 사회적 합의가 생기고, 국가정책으로 자살문제에 대한 대책을 세우게 되었습니다. 이러한 사회적 합의로 인해 자살예방법이 제정되기도 했습니다. 사회학의 대가 '에밀 뒤르켐'은 자살을 사회적인 현상이라고 보았습니다. 우리나라의 높은 자살률을 에밀 뒤르켐의 관점에서 해석한다면 집합적으로 영향을 미치는 사회적인 어떤 문제들이 발생했기 때문에 개개인이 영향을 받은 것이라고 설명할 수 있습니다. 자살은 문제 상황을 해결할 수 없을 만큼 공동체가 붕괴됐거나, 사회 문제가 개인에게 미치는 영향이 매우 큰 상황이거나, 개인이 죽지 않아도 문제를 해결할 수 있었다면 자살을 택하지 않았을 것이라는 점에서 사회의 책임이 매우 크다고 말하고 있습니다.

자살은 죽음과 달리 공동체에 미치는 여파가 매우 큽니다. 가족이나 이웃의 자살 혹은 자살 상황 목격 등으로 인한 심리적 충격은 쉽게 잊혀지지 않는 트라우마로 남게 됩니다. 특히 청소년의 경우 다른 연령층에 비해 유서를 남기는 비율이 높은데, 이는 미처 하지 못했던 말을 마지막 순간에 글로 남기려 했었음을 의미합니다. 또 다른 관점에서, 아이들은 선택할 수 있는 것이 거의 없습니다. 학교에 가는 것도 의무사항이며 교복을 입는 것, 어떠한 활동을 하거나 학원을 가는 것 모두 보통은 어른들에 의해 정해집니다. 이러한 일상생활 속에서 아이들이 자유롭게 선택할 수 있는 단 한 가지가 바로 '나의 죽음'이라는 것입니다. 청소년의 자살은 이러한 의미에서 충격과 죄책감으로 다가옵니다. 어른들은 양육과 보호에 대한 책임소지가 크고 이에 대한 죄책감을 느끼기 때문에 자살하는 청소년의 수는 적지만 공동체에 미치는 영향은 매우 크다는 것을 알 수 있습니다.

자살은 남겨진 사람에게 깊은 상처를 남기는 심리적 외상입니다. 심리학자의 경우 자살은 개인이 견디기 힘든 고통을 종결하려는 마지막 선택이라고 보기도 하며, 정신분석적으로는 자기 내면의 형상에 대해서 죽이고 싶은 대상을 죽이지 못할 때 자살을 택하는 것이라고 설명합니다. 이에 대한 한 사례로 부모에 대한 증오와 연민이라는 양가감정의 소용돌이 속에서 자살을 택한 청소년이 있었습니다. 부모에게 받은 상처로 인한 분노와 미움의 감정 그리고 가족을 부양하며 힘들게만 살아가는 부모의 모습에서 느낀 복잡한 심정과 내면의 갈등 때문에 결국 자기 존재를 부정하고 삶을 지속하는 것을 포기하고 말았습니다.

청소년의 자살은 자신이 원하는 것을 이해해달라는, 자신의 존재를 인정해달라는 몸부림으로 해석할 수 있습니다. 청소년들은 참 솔직합니다. 자살이 무엇이냐는 물음에 대한 어른들의 답은 복잡할 수 있지만 청소년의 답은 오히려 간단하고 원론적입니다. 아이들에게 자살 그 자체는 복잡하고 어렵고 힘든 것이 아닙니다. 내가 하고 싶어서가 아니라 주위 사람들이 힘들게 해서 하게 되는 것입니다. 주변 사람들이나 환경으로 인해 힘들어진 자신의 삶을 탈출하는 하나의 방편, 살아갈 의지를 잃은 사람들이 삶에서 도피하는 방법, 세상에서 조금의 사랑도 찾지 못한 이들의 몸부림 그리고 귀찮은 세상에서 벗어나는 방법이라고 아이들은 이야기합니다. 더 나아가 아기가 자기를 쳐다봐달라고 칭얼대는 것, 관심을 달라고 소리를 치는 것이라고 말하기도 합니다. 이러한 시각에서 보면 아이들에게 자살은 그저 단순한 행동일 수 있습니다. 집이 싫을 때 가출을 하는 것처럼 아이들은 세상이 싫어지고 더 이상 살수 없을 것 같을 때, 더 나아질 희망이 없다고 판단될 때 탈출을 시도한다는 의미로 생각하는 것 같습니다. 다시 말해, 문제 해결의 실마리가 보이지 않을 때 자신을 이해해주고 힘든 상황을 도와주는 손길이 느껴지며 살아갈 의지를 심어 주는 누군가가 존재한다면 자살은 예방이 가능한 것입니다.

자살통계의 의미

자살예방법이 제정되고 교육부, 노동부, 보건복지부 등 사회 각계각층에서 자살을 예방하기 위한 노력이 가시화되면서 우리나라 자살률은 조금씩 감소하고 있습니다. 그 중 10대의 경우 다른 연령층에 비해 자살률이 높지도 않고 크게 감소되지도 않는 특징을 보입니다. 성인의 경우, 남성의 자살비율이 여성에 비해 훨씬 높지만 10대의 자살비율은 비슷하거나 여성이 더 높습니다. 또한 우리나라는 노인자살률이 매우 높습니다. 노인들은 농촌지역에 거주하며 혼자 생활하시는 경우가 많아 어려움이 발생했을 때 적응하거나 대처하지 못하는 일이 많습니다. 또한 이전의 전통사회와 다른 사회적인 변화를 겪게 되면서 노화로 인한 문제와 정서적 고립 등의 문제가 해결되지 않아 힘들게 지내다가 돌아가시는 경우가 많아지는 것으로 보입니다.

10대와 20대, 30대의 사망원인은 자살이 1위를 차지하고 있으며, 40대와 50대의 경우 암으로 인한 사망이 제일 많습니다. 연령대에 따른 월별 자살현황의 경우, 10대는 3월과 8월에 자살률이 가장 높은 것으로 나타났습니다. 3월과 8월은 개학을 하는 시기입니다. 제 둘째 딸 아이가 초등학교 3학년 때 개학이 싫다며, "엄마는 좋겠다. 엄마는 직장동료가 매년 바뀌지 않잖아."라는 말을 한 적이 있습니다. 자신은 1년마다 선생님도 바뀌고 친구들도 바뀌어서 매번 새로운 환경에 적응하는 것이 힘들다고 했습니다. 아이들은 힘든 한 학기를 보내고 방학에 견뎌보다 희망을 가지고 새 학기를 시작해보지만 역시 다른 것이 없는 생활이라는 생각을 하며 더 이상 버티는 것이 소용없다는 생각을 하는 것 같습니다. 10대를 제외한

다른 연령층은 3월과 4월, 5월에 자살률이 집중되어 있습니다. 인간은 환경과 계절에 영향을 받는데 그 중 봄에 심리적 영향이 큰 것으로 보입니다. 봄에는 세상의 모든 만물이 생기를 띄고 꽃을 피우며 활동하는 시기지만 상대적으로 자신의 모습은 초라하고 위축되며 삶의 희망이 보이지 않는다는 우울한 생각이 크게 작용하는 것이라 생각됩니다.

연령에 따른 지역별 자살현황의 경우 복잡한 인구사회학적 구성을 지닌 서울이 높은 자살률을 보일 것으로 예상되지만 결과적으로 서울의 자살률은 다른 지역에 비해 낮은 것으로 나타났습니다. 반대로 산간지역과 농촌의 자살률이 높은 것으로 집계되었습니다.

자살동기의 경우 정신과적인 문제를 하나의 큰 원인으로 보고 있는데, 그 중 우울증과 스트레스가 언급되고 있습니다. 우울하기 때문에 모두가 자살을 하지는 않지만 자살하기 전에는 우울할 수밖에 없다고 얘기하는 분들이 많을 정도로 우울감은 자살률에 큰 영향을 미치게 됩니다.

성별의 경우 남성이 여성보다 훨씬 높은 자살률을 보이지만, 우리나라의 여성 자살률은 OECD 가입국의 평균보다 높은 편에 속하고 있습니다. 또한 과거 2008년과 2009년도 즈음에는 20대 여성의 자살률이 남성보다 높았던 때가 있었습니다. 원인을 정확히 분석하기는 어렵지만 우리나라의 전통적인 생활방식과 문화의 변화에 대한 결과라고 보는 학자들이 많습니다. 과거의 권위적이고 가부장적인 문화와 여성의 사회진출 등 오늘날의 새로운 변화가 충돌하면서 여성이 사회에 적응하는 것이 어려웠음을 짐작하게 합니다. 이러한 통계는 자살이 사회적인 문제이며 사회문제의 소산임을 보여줍니다.

자살은 사회문화적인 현상과 밀접하게 연결되어 있습니다. 자살행동은 순간적으로 이루어지지 않습니다. 어떤 문제가 발생했을 때 그 문제를 어떻게 바라보고 해결할 것인가에 대한 과정이 계단을 내려가는 형식으로 진행되고 자살생각, 자살시도를 반복하다 종국에는 그 끝이 자살로 이어지게 됩니다. 어떤 문제를 해결하는 방법으로서 자살을 떠올리는 것은 성장 당시의 사회이슈들이나 개인적인 경험 등이 영향을 미쳤을 것으로 봅니다. 어린 시절부터 자살에 대한 간접경험에 노출되고 긍정적인 문제해결의 체득이 이루어지지 않으면, 성인이 되어서도 문제가 발생했을 때 자살을 해결책으로 떠올리고 실행할 확률이 높게 됩니다. 자살에 대한 관심을 가지게 되면 그러한 방향으로 집중하는 사고들이 반복되고 이에 대한 생각을 구체화하게 되어 죽으면 지금보다 덜 힘들 것이라는 확신을 갖게 됩니다. 죽으면 지금 보다 나을 것이라는 막연한 생각에서 방법적으로 어떻게 하면 아프지 않게 죽을 수 있을지 고민하게 됩니다. 이 단계를 지나면 아주 약한 자살시도를 하게 되고 이 시도는 점점 치명적인 수단으로 접근하게 됩니다. 계단을 계속해서 내려가다 보면 어느 순간 올라오는 것이 힘들고 버거워져 차라리 내려가는 것이 훨씬 수월하게 느껴지게 됩니다. 따라서 자연스럽게 내려가는 것을 선택하게 되는데, 계단을 내려갈수록 막는 것이 어려워집니다. 자살시도는 자살의 위험신호가 됩니다. 자살을 시도한 경험이 있는 사람은 다시 자살을 시도할 확률이 매우 높습니다. 따라서 약을 먹었다거나 칼을 들어본 경험을 지닌 사람을 고위험군으로 분류할 수 있으며 심각한 상실을 경험한 사람 또한 자살위험이 높다고 판단하게 됩니다. 또한 가족 내 자살자가 있거나 과거 학대경험, 가정폭력, 심한 우울증을 경험한 적이 있는 사람도 자살의 위험성이 높은 군에 속하게 됩니다.

자살과 근접한 모습들

저와 같은 일을 하는 분들은 자살을 예방하기 위해, 위기에 처한 분들을 도와주는 것을 책무로 하고 있습니다. 그러므로 그분들의 언어적 혹은 비언어적인 자살 위험신호를 빠르고 정확하게 짚어낼 수 있어야 합니다. 우리나라는 '죽겠다'는 말을 일상 속에서 아무렇지 않게 사용하곤 합니다. '웃겨 죽겠다', '배고파 죽겠다', '힘들어 죽겠다'와 같은 말은 강조의 표현입니다. 그러나 '힘들어서 죽고 싶다'는 말은 정말 죽고 싶은 것인지 아니면 그만큼 힘들다는 표현인지 판단이 어렵고 모호합니다. 죽고 싶다는 의미를 지닌 언어적인 신호를 감지했다면 그 사람이 자살을 행할 수 있는 가능성이 있다는 뜻으로 받아들여야 합니다. 민감성을 가지고 그 사람을 관찰해보면 다른 신호들도 감지됩니다. 자살위험성을 지닌 사람들이 나타내는 신호는 언어적인 것뿐만 아니라 정서적, 행동적인 표현도 많습니다.

정서적으로는 굉장히 우울해 하고 수척하여 혼자 있으려고 하는 경우가 많습니다. 다른 사람과 관계 맺기가 힘들어 대화도 하지 않고 분노할 일이 아닌데도 분노하기도 하며, 주변의 일에 무감각해서 자신과는 상관없는 일처럼 응대하기도 합니다. 또한 행동적으로는 외모에 전혀 신경 쓰지 못해 계절에 맞지 않는 옷을 입거나 비위생적인 모습을 보이고, 유서 또는 자살, 죽음을 암시하는 글이나 그림을 가지고 있기도 합니다. 또, 약을 모으는 행동이나 죽음의 방법을 검색하기도 하고 종종 영혼이 빠져나간 것처럼 말이 없어지기도 합니다. 예전에 엄마를 잃고 무언가에 집중하는 버릇이 생겨, 먹는 것에 집착하는 아이를 만난 적이 있습니다. 엄마에 대한 생각을 떨치기 위해 어떤 물건이나 행동에 몰두하려고 애쓰는 아이의 모습이 안쓰러울 정도였습니다. 항상 곁에 있던 엄마의 모습이 침습할 때, 엄마의 죽음 이후의 현실에 적응해야할 때 혼자서는 그 슬픔과 우울, 무기력함을 이겨낼 수 없게 됩니다.

다른 이의 죽음이 심리적 외상으로 남은 이들 중에는 늘 뭔가에 상처받고 아파하고 차라리 죽는 게 나을 것처럼 힘없는 모습을 보이는 분들이 많습니다. 이들은 자신의 삶에 적극적이지 못하며 살아있음에 행복감을 느끼지 못하고 과거부터 현재까지 삶의 흐름을 죽음이라는 주제로 해석하는 태도를 버리지 못하는 경우가 많습니다. 과거 가족에게 사랑을 받지 못하고 심리적·신체적 상처를 입었거나 자존감과 정체성을 정립하지 못했을 경우, 마음속에 묻어온 상처와 분노가 어느 순간 극단적인 생각과 행동으로 나타나기도 합니다. 결국 자기 존재 자체를 부정하게 되고 이세상에서 사라지는 것이 나을 것이라는 생각으로 발전하게 되는 것입니다.

또 다른 위험신호는 분노의 감정을 표출하는 모습입니다. 이들의 경우 자기 존재가 존중받지 못하고 사랑받지 못한다는 피해의식을 지니고 있으며 미래의 희망이 없고 삶이 고독하고 의미가 없습니다. 사회생활을 할 때는 아무렇지 않은 척, 괜찮은 척하다가 겉으로 표현되지 못한 불만족이나 결핍의 감정들을 어두운 면으로 풀어내는 일이 많은데, 묻지마 살인도 이러한 생각으로부터 나올 수 있을 것입니다. 반면, 삶 자체를 귀찮아하는 사람들도 있습니다. 어차피 안될 것을 귀찮게 왜 하냐는 식의 태도는 인생에 있어 만족과 성취, 감사의 의미를 찾지 못하여, 자기분노나 자기비난, 우울감 등 더 이상 삶을 노력하는 것이 무의미하다는 감정을 누적하게 됩니다. 청소년뿐만 아니라 성인이 되어서도 귀찮음에서 벗어나지 못하면 삶의 욕구는 점점 사라지게 되고 어느 순간 죽음의 욕구만 강하게 남게 됩니다.

또 다른 모습은 유가족의 고통, 고립감입니다. 남겨진 사람들이 떠난 이의 죽음에 대해 수용하거나 이해하지 못하고 이를 애도하지 못할 때 이들에게 죽음은 문제를 해결하는 방법으로만 이해될 수 있습니다. 따라서 자살로 가까운 이를 잃은 유가족이 너무 지치고 힘든 상황에 놓이면 '너무 힘들고 ○○○(자살자)도 보고 싶은데 나도 자살로 이런 문제를 끝내버릴 수 있지 않을까'라는 생각을 하게 됩니다. 과거 자살로 누군가를 떠나보낸 경험이 있는 사람은 자기 삶에 대한 선택 혹은 결정권이 내가 아닌 외부에 있다고 생각할 수 있습니다. 이들은 자신의 삶은 운명적으로 외부 통제 하에 결정되기 때문에 망가진 현재의 삶을 비관하여 노력해도 달라지지 않는다고 생각하게 됩니다. 특히 부모를 잃은 아이들의 경우 자기 삶의 선택권이 스스로가 아닌 운명이나 외부에 있다고 생각하거나, 부모가 자신을 버렸기 때문에 내 삶이 망가져버렸다고 생각하여 자신의 삶에 대한 의미를 찾고 자존감을 형성하는 것이 어렵게 됩니다. 내가 세상에 나온 것이 내 선택이 아니고 부모도 날 버렸으며 내 삶이 이렇게 망가졌는데 밥 먹고 하루하루 살아가는 것이 무슨 의미인지, 무엇 때문에 이렇게 살아가는지 모를 정도로 삶이 무의미한 것 같은 느낌이 지속되는 것입니다. 이렇게 이어져온 감정들이 인생에 찾아오는 위기들, 사업 실패나 욕구 좌절, 상실과 같은 사건적인 문제와 동시에 폭발하거나 자신을 잠식해버리는 것이 바로 자살이 아닌가하는 생각이 듭니다.

한국인의 자살

우리는 급속한 변화와 발전, 경쟁과 같은 치열함 속에서 언제나 성공과 1등을 강요받고 살아남아야 한다는 강박에 시달리고 있습니다. 이는 우리가 지닌 유교적인 이념이 원인일지도 모르겠습니다. 부모님이 없는 살림에 공부시켜 장남을 잘 키워내면 그 장남이 성공하여 집안을 일으키고 또 훗날 부모님을 잘 봉양하는 가족주의적 습속과 현대적인 문화의 갈등으로 지금의 우리가 더 힘든 것 일수 있습니다. 가족을 대표해서 열심히 공부하고 성공만을 향해 달려가는 과정 속에서 경쟁은 더욱 과열되고 결국 실패자가 생기고 맙니다. 나만 편하고 나만 잘살면 된다는 생각은 이전의 우리 사회에서는 허용되지 않았습니다. 과거 어렵게 농사를 지어 자식을 서울로 유학을 보내는 이유도 그 자식이 가문을 일으킬 것이라는 희망이 있었기 때문이므로 자식의 입장에서는 성공에 대한 의무감을 지닐 수밖에 없었습니다. 그러나 현재의 경쟁사회는 아무리 경쟁의 수레바퀴에 깔리지 않기 위해 열심히 발버둥 친다고 하더라도 사회구조적인 어려움에 부딪혀 모두가 함께 희망을 실현하는 것이 어려워졌습니다.

간혹 바보처럼 당하느니 죽는 것이 용기 있다고 생각하는 비관적 결론을 접하곤 합니다. 이러한 태도는 우리 사회의 또 다른 특징이자 자살의 특징이기도 합니다. 죽음의 본능이 삶의 본능을 이기게 만드는 사회적 상황이 있다는 것입니다. 배가 고프면 밥을 먹고 졸리면 잠을 자고 쉬기도 하고 놀기도 하며 삶의 본능을 실행하며 살아가는데 삶의 본능보다 죽음의 본능이 앞서버리게 될 만큼 고통이 큰 상황에 놓이게 된다는 의미입니다. 삶의 본능인 즐거움을 이길 수 없을 만큼의 힘든 고통을 겪게 되면 자기 자신을 보호하기 위한 방어적 본능으로 죽음을 사용하게 됩니다. 삶 속에서 어떤 의미도 발견할 수 없고 고통과 상처의 힘든 시간들을 보내게 되면 결국 자연법칙을 깨트릴 만큼 죽음 앞에서도 무감각해지게 됩니다. 그러므로 우리는 삶에 대한 본능을 일깨울 필요가 있습니다. 나는 살아있기 때문에 음식을 먹어 다시 힘을 얻고 죽음에 대해 이야기할 수 있고 이러한 나 역시 살아있는 사람이라는 것을 인지하고 각인시키는 것 말입니다.

또 다른 특징은 현대인들에게 가장 큰 문제이자 어려움인 소속감의 부재입니다. 우리는 외롭고 고독하고 존재감이 없는 것처럼 느껴지고 누군가와 연결된 느낌이 없을 때 소외감을 느끼게 됩니다. 자식들이 다 떠나가고 홀로 남은 노인의 경우 가족에 대한 소속감을 느끼기 어려운 일이 많습니다. 예전과 달리 자식, 손주들과 대화거리도 줄어 이야기가 잘 통하지 않아 유대관계를 맺는 것이 어려워졌기 때문입니다. 이런 분들의 경우 사교모임이나 종교 활동 등 공동체 사회에서 즐거움을 익히고 소속감을 얻으며 삶의 의미를 되찾는 것이 하나의 방법이 될 수 있습니다.

자신이 짐이 된다는 생각 또한 하나의 특징이 됩니다. 경제적인 문제나 질병을 지닌 노인들의 경우, 다른 사람에게 짐이 되는 나의 존재가 가족과 친구들을 힘들게 만든다고 여깁니다. 다시 말해, 자신이 불편한 존재가 되는 것을 견디지 못하는 것입니다. 누구나 늙고 병들고 약해지는 과정을 거치게 되고 모두가 그러한 경험을 할 수 밖에 없습니다. 하지만 우리 사회는 예쁘고 강하고 힘 있는 것만 선호하며 병들고 아프고 약한 것들은 존재가치가 없고 무의미한 것처럼 치부해버립니다. 이 모든 것은 극히 자연스러운 과정임에도 불구하고 이를 받아들이지 못하는 사회문화적인 인식과 태도는 늙고 병들고 약한 자신이 죄인이 된 것 같은 불편함을 느끼게 하며 부정적인 생각을 하도록 부추기는 결과를 가져오게 됩니다.

남겨진 사람들

우리는 누군가에게는 남겨진 존재가 아닐까 싶습니다. 그러나 자살유가족에게 남겨짐의 의미는 떠난 자의 선택에서 제외되었다는 차이가 있을 것입니다. 엄마의 자살이후 남겨진 아이는 엄마가 삶을 선택할 만큼 내가 중요한 존재가 아니었다는 즉, 버려졌다는 느낌을 크게 받게 됩니다.

뭉크의 '이별'이라는 그림은 뭉크의 어린 시절이 담겨있는 작품입니다. 그림에는 한 여인이 혼령처럼 떠나는 것이 보이고 검은 옷을 입은 남자가 심장에 피를 흘리면서 고통스러워하고 슬퍼하는 모습을 볼 수 있습니다. 전체적으로 어둡고 강렬한 느낌을 줍니다. 뭉크는 어렸을 때 엄마가 병으로 돌아가시고 난 후 그의 누나도 엄마와 똑같은 질병으로 죽게 되면서 어려서부터 죽음에 대한 두려움과 고통을 경험했다고 합니다. 이에 대한 슬픔의 감정들이 그의 작품 전체 색체에 녹아든 것을 알 수 있습니다.

상실로 인해 누군가와 분리되고 떠나는 경험은 남겨진 사람에게는 굉장한 상흔을 남깁니다. 상실이라는 것은 어떠한 사람과 관계가 끊어지거나 헤어지는 그리고 희미해지는 것을 의미합니다. 우리는 평소 슬픔과 애도의 의미를 혼용해서 사용하는 경우가 많습니다. 슬픔이라는 것은 영어로 'grief'라고 하는데 죽음으로 인한 심적인 고통, 정신적 괴로움을 말하며 슬픔 감정 자체를 의미합니다. 반면, 애도mourning는 슬픔의 의미를 지니지만 그것을 표현하는 사회적 혹은 문화적 양식을 포함합니다. 앤드류 솔로 몬의 『한낮의 우울』이라는 책을 보면 상실이 다른 감정들과 또 정신적인 부분과 연결되어 있음을 찾아 볼 수 있습니다. 우울은 사랑이 지닌 결함이 고 사랑하기 위해서는 자신이 잃은 것에 대해서 절망할 수 있어야 되는데 절망하지 못하는 그 감정을 우울이라고 설명합니다. 즉 방어적인 것이 우울입니다. 부모님이 돌아가셨다면 슬프지만 어쩔 수 없는 상황임을 받아 들이며 포기할 수 있어야 하는데 그것이 이루어지지 못했을 때 우울이 찾아오게 된다고 이해할 수 있습니다. 상실 후 우울감이 들 수밖에 없지만 그것이 지속되는 우울, 누적되는 우울감으로 표현될 때는 시간이 흘러도 사별을 수용하지 않으려는 심리적 방어기제가 강하게 작동하고 있음을 설명하고 있습니다.

가까운 이가 자살하게 되면 떠남과 남겨진 것에 대해 원망하고 분노하 는 폭력적인 감정의 부분들이 자기 자신에게로 되돌아오는 경우도 있습니 다. 떠난 사람을 원망하고 비난하는 것이 아니라 오히려 내가 상대방에게 잘해주지 못한 부분들만 생각나게 되고, 다른 행동을 취했다면 죽지 않았 을 수도 있었을 것이라는 생각에 자기 자신을 비난하게 되기도 합니다. 돌아가신 분에 대한 슬픔이나 애도가 정상적으로 표현되고 위로받고 충분 한 과정으로 정리되지 못하면, 고인과의 생전의 관계와 기억이 후회와 미 련으로 침천되고 이에 대한 분노와 슬픔의 감정이 우울증과 자살로 연결 될 수 있습니다. 상실경험과 애도 그리고 이 후의 자기 존재와 상실 대상 과의 관계를 재조명하거나 제대로 정리하지 못했을 때, 계속 이어나가야 할 자신의 삶을 건강하고 행복하게 전환시킬 수 없게 되며, 다시 죽음과 얽혀 자살이나 우울에서 맴도는 사고를 연장하게 된다고 할 수 있습니다.

상실 그리고 슬픔의 표현

어떤 죽음이든 슬프고 힘이 들지만, 특히 우리에게 트라우마가 되는 슬픔이나 힘듦, 죽음의 경험들은 쉽게 잊혀지지 않습니다. 우리는 아픈 경험을 빨리 잊기를 바라고 누구나 겪는 평범한 일로 희석되기를 바라지만 고통이 되는 사건의 과정들을 하나하나 다시 밟아가지 않으면 치유될 수가 없습니다. 우리가 자살 유가족을 대할 때도 힘든 일일수록 빨리 잊었으면 하는 바람을 가지게 되지만 이는 유가족들을 위하는 일이 아닐 수 있습니다. 오히려 시간을 되돌려 한 번 더 죽음의 과정을 짚어보는 고통스러운 시간을 겪으며 고인의 죽음을 이해하고 수용하는 것이 치유의 방법이 될 수 있습니다. 우리의 역할은 그분들의 한걸음 한걸음을 지켜드리고 힘들 때 옆에서 부축해드리고 함께 울어 드리는 것임을 기억해야할 것입니다.

사별을 경험한 사람들은 다양한 감정변화를 겪습니다. 사별이기 때문에 자살만이 해당되는 것은 아닙니다만 자살로 사망한 경우를 말씀드리겠습니다. 자택에서 자살한 경우 가족이 목격하게 되는 경우가 많습니다. 가족의 자살 장면을 목격하는 순간에 받은 충격은 멍함과 무감각함을 동반하기도 합니다. 자녀들이 부모의 자살을 목격하게 되었을 때 어떤 아이들은 이에 대해 무감각하게 반응하며 당시의 상황을 아무렇지 않은 것처럼 이야기하곤 합니다. 또 다른 경우에는 너무 심한 충격을 받아서 온몸을 떨거나 울분을 터뜨려 말을 전혀 하지 못하기도 합니다. 엄마의 자살을 방 안에 달린 화장실에서 목격하고 난 후 1년을 넘게 안방에 들어가지 못하고 거실에서 생활하는 아이도 있었습니다. 엄마랑 함께 했던 공간을 떠나고 싶지 않은 마음에 이사도 가지 못하고 방에도 들어가지 못하는 불편한 생활을 감수했던 것입니다. 같은 자살이라 하더라도 유가족이 죽음을 받아들이고 애도하는 과정은 고인과의 생전 관계에 따라 다르게 보여 질 수 있습니다. 그리움에 사무쳐 지나가던 행인이 엄마처럼 보이기도 하고, 꿈에 나타나기도 하며, 반대로 자신을 두고 떠났다는 사실에 화가 나고 분노하여 기억을 지우려 애쓰기도 합니다. 친한 친구의 자살을 경험한 청소년은 그 일 이후 자신의 부모님과 선생님을 포함한 세상의 모든 어른들이 싫어졌다고 말하기도 했습니다. 친구가 죽는 순간까지 그 친구의 아빠와 선생님 등 관련된 사람들 그리고 자신을 포함하여 아무도 친구를 도와줄 수 없었다는 사실이 원망스러웠던 것입니다. 이러한 감정은 동일하게 나타나지 않으며 개인마다 진행 속도의 차이도 있습니다. 혼란스러웠다 괜찮아졌다 다시 힘들어지는 과정들이 반복되기도 합니다. 예를 들어 수많은 해를 함께 했던 자녀를 자살로 떠나보낸 지 1년밖에 되지 않았는데 밥을 먹고 웃으며 지내는 자신에게 혼란스러움과 죄책감을 느끼게 되면, 잘 지내다가도 문득 또 다시 우울감과 죄책감이 찾아오기도 합니다. 이런 감정이 들 때 고인과 자신의 관계를 다시 재구조화 하는 과정은 혼란스러운 감정을 치유하는데 큰 도움이 될 수 있습니다. 죽은 사람을 떠나보낼 수밖에 없었지만 내 삶은 계속 이어진다는 것을 인정하고 일상생활 속에서 고인과의 기억을 간직하며 삶의 의미를 찾는 재구조화의 과정은 건강한 삶을 지속하기 위한 중요한 시간이 될 것입니다.

　슬픔의 표현방식은 다양할 수 있습니다. 제가 아이들과 가끔 보는 동화책에 아들을 잃은 한 아저씨의 이야기가 나옵니다. 아저씨는 자신이 슬퍼보이면 다른 사람들이 나를 좋아하지 않을까봐, 내가 힘들다고 하면 다른 사람들도 힘들까봐 슬픔을 숨기고 항상 웃고 있습니다. 우리 주변에 계신 유가족들도 괜찮다고 얘기하고 있어도 사실은 괜찮지 않을 수 있습니다. 슬픔은 모두 각자의 어떤 이야기 속에서 다른 모습으로 표현될 수 있습니다.

또 우리는 슬플 때 주로 운다고 생각하지만 눈물을 흘리지 못하는 사람들도 있습니다. 눈물이 약함을 의미한다고 생각하기도 하고 눈물을 흘리는 것 자체가 허용되지 않을 때도 있습니다. 남자는 살면서 세 번 운다는 말이 그렇듯 울고 싶어도 울지 못하게 만들어버리는 문화가 있습니다. 슬플 때는 눈물을 흘리는 것이 자연스러운 반응인데 이를 억지로 참게 되면 흔히 말하는 '홧병'이 발병할 수 있습니다. 그러나 슬픔에 대한 반응은 사람마다 다를 수 있습니다. 화가 난 사람, 화를 내는 사람도 자신은 슬픈 것이라고 말할 수 있습니다. 자녀를 잃은 유가족이 죄인처럼 행동하지 않고 오히려 화를 내는 것을 이해하지 못하는 경우도 간혹 있는데, 내 자식이 왜 죽었는지 이해도 되지 않고 죽기까지의 과정에 관련된 사람들 혹은 사회구조나 제도적인 부분들까지 모든 것에 분노를 제어할 수 없을 만큼 화가 나는 것입니다. 슬픔을 어떻게 표현해야하는지 방법을 모른 채 자기 자신에게 혹은 이런 상황을 만든 모두에게 화를 내는 이러한 반응 또한 슬픔을 표현하는 또 다른 모습이 될 수 있습니다.

유가족에 대한 이해

앞서 언급한 것처럼 상실 이후 애도의 과정을 잘 견디지 못하시는 유가족 분들 중에는 병적인 자기비난과 우울증 증세를 보이시는 분들이 계십니다. 이들을 피하고 무시하는 사람들의 시선과 태도는 상실을 경험한 아픔에 또 다른 고통을 가중시키게 됩니다. 상실을 경험한 유가족을 제대로 이해하고 이들에게 도움을 지원하기 위해 연구를 진행한 적이 있습니다. 상실 경험을 지닌 유가족 10명을 대상으로 집단면담(FGI연구)과 개별적 인터뷰를 나누며 연구를 진행하였는데, 이들이 가족의 자살을 경험한 순간부터 죽음을 받아들이고 아픔을 치유해가는 과정을 살펴볼 수 있었습니다.

가족을 잃은 초기에는 아무도 없는 밀폐공간에 갇힌 듯한 느낌이었다고 합니다. 이를 '진공기'라고 연구에서는 정의 내렸습니다. 유가족은 식사, 수면 등 일상생활 자체가 불가능한 상태에서 두려움과 불안함을 느끼며 자살자가 왜 그러한 선택을 했는지 끊임없는 질문을 던집니다. 이때는 밖에 나가지 못하고 혼자 있는 시간이 많습니다. 집 밖을 나가면 소문이 날까 두렵고 누군가 내 이야기를 하는 것 같아 위축된 생활을 하게 됩니다. 마음 깊이 가득 찬 슬픔과 분노를 느끼며 끊임없이 허공에 질문을 던지고 나면 이후에는 질문에 대한 답을 누군가와 나누고 싶어지고 다른 유가족들의 사정이 궁금해지기 시작한다고 합니다. 이러한 시기를 '접촉기'라고 하는데, 접촉기에는 나와 비슷한 처지의 사람들과 접촉할 수 있는 모임이나 기관에 대한 정보를 찾는 일이 잦아집니다. 이어서 '적응기'가 되면 동질감을 지닌 다른 유가족들과 이야기를 나누는 시간을 가지게 됩니다. 접촉기에 밖으로 나가기까지 많은 고민의 시간을 가지지만 적응기에 들어오면 다른 유가족들과 함께 많은 이야기를 나누게 됩니다. 그러한 과정 속에서 다른 가족의 입장을 생각하게 되고 가족 관계 속에서 일어나는 여러 가지 어려움을 이해하게 됩니다. 특히 자조모임 등 동질감을 느끼게 되는 집단 상담을 통해 다양한 정보들을 공유하고 서로 간의 이야기를 나누는 시간이 회복에 큰 도움이 되었으며, 서로 웃고 울면서 '나도 살아도 되고 웃어도 되고 행복해도 되는 존재'라는 것을 느낄 수 있었다고 하였습니다. 또한 어떤 분은 바다 속에 잠겨 있다 이제야 물 밖으로 나와 호흡하는 것 같다고 말씀하시기도 했습니다. 사회적인 인식이나 편견, 개인적인 어려움 등으로 인해 적응기까지의 시간은 굉장히 어렵고 오래 걸리지만 적응기에 이르면 그 안에서 공감이나 즐거움과 같은 감정들을 발견하게 됩니다. 이후 '안정기'는 계속적으로 찾아오지만 우리나라의 경우 안정기가 꾸준하게 진행되는 분들은 손에 꼽을 정도로 몇 분 안계십니다. 안정기까지 도달하는 과정에는 개인적인 이유로 인해 중단하시는 분들도 있었지만 반대로 모임에 나오면서 잊어야 할 일을 잊지 못하고 사는 건 아닌지 고민하며 힘들어하시는 분도 계셨습니다.

앞서 언급했듯이 진공기에는 아침에 눈을 뜨는 것 자체가 고통스러워 눈을 뜨지 말았으면 좋겠다는 생각이 들며 혼자 벌거벗겨진 채로 사막에 서있는 느낌을 받을 정도로 힘든 시간을 보내게 됩니다. 하지만 중요한 것은 많은 유가족분들이 서로의 다른 삶을 궁금해 하고 있다는 점입니다. 보통은 힘든 시간이 언제쯤 괜찮아질지 궁금할 때, 스스로 목숨을 유지하기 위한 의미를 찾고 싶을 때, 그리고 내 경험을 통해 얻은 지혜나 성찰로 다른 사람에게 도움을 주고 싶을 때 다른 유가족과 만나고 싶다는 생각을 가지게 됩니다. 진공기를 지나 적응기가 되면 누구에게도 말할 수 없는 비밀이었던 이야기들을 나눌 수 있게 되고 서로 눈빛만 봐도 이해할 수 있는 사이가 되어 어느새 또 하나의 가족이자 지지체계를 형성하게 됩니다. 이후, 안정기에 접어들면 누군가로부터 이해 받고 있다는 느낌을 지속적으로 받게 되면서 심리적인 고통이 감소됩니다. 또한 아픈 시간이었던 사별의 경험이 다른 누군가에게 도움을 줄 수 있는 의미있는 경험으로 재해석되기도 합니다. 뿐만 아니라 누군가에게 종속된 삶이 아니라 주체적인 존재로서의 자기 자신의 모습을 찾게 되고 고인의 몫을 분담한 사회적인 역할을 해내려고 애쓰게 되기도 합니다. 이 모든 과정을 통해 회복을 도모하며 안정기에 도달한 분의 경우, 이전과는 다르게 가족들과 함께 진심으로 고인에 대한 이야기를 나눌 수 있게 되었다고 합니다.

이처럼 고통스러운 경험은 혼자 극복하기에는 너무 벅차고 아프기 때문에 진솔한 대화와 위로가 필요합니다. 외로움을 딛고 용기를 내어 자신의 아픈 이야기를 털어놓고자 하는 분들을 위해 우리는 지역이나 공동체차원에서 그분들이 목소리를 내도록 돕고 진심으로 들어주며 안아주고 위로해 줄 수 있어야 합니다. 이를 위해 전문가 상담과 자조모임의 운영, 종교활동, 건강 프로그램 등 다양한 지원과 프로그램을 제공할 필요가 있습니다.

죽음교육과 실천적 영역에서의 대안

우리가 살아가는 이 세상을 호수라고 한다면, 호수에 던져진 돌에 의해 호수 끝까지 파장이 퍼져가는 현상을 '잔물결 효과'라고 합니다. 공동체는 함께 살아가는 세상입니다. 그런데 우리 사회는 마치 자기만 성공하고 행복하면 만사오케이인 것처럼 경쟁하고 경쟁에서 이기려고 기를 쓰며 살아갑니다. 치열하고 불공정한 경쟁 끝에 취약한 사람을 돌보거나 돕지 못하면 언젠가 승자였던 경쟁의 그늘에 홀로 남게 되는 날, 혼자 죽음을 맞게 될 수도 있습니다. 우리가 살아가는 세상은 하나의 호수이기 때문에 어떤 현상이 일어날 때 그 여파가 파동을 통해 끝까지 전달되며 간접적인 영향은 얼마든지 받을 수 있습니다. 특히 자살은 여러 가지 측면에서 직·간접적 영향이 클 수밖에 없습니다. 한 명의 죽음이 우리 모두에게 중요한 영향을 미친다면 삶도 중요하지만 죽음 또한 정말 중요한 것 같습니다. 따라서 죽음도 준비된 과정 속에서 아름다운 죽음의 파장으로 연결될 수 있도록 한 번쯤은 깊이 고민해야 하지 않을까 싶습니다.

저는 자살예방교육을 할 때 자살에 대한 이야기를 꺼내기보다 죽음에 대한 이야기를 먼저 하곤 합니다. 아이들에게도 죽음은 자연스러운 삶의 과정 중 하나이며 인생의 마지막 순간은 죽음으로 마무리하게 된다는 이야기를 하면서, 자살이 그만큼 자연스럽지 못한 죽음이며 개인과 사회적 고통을 수반하는 고통스런 죽음의 방법임을 스스로 깨달을 수 있도록 전달합니다. 일생에 단 한번 주어지는 자신의 삶을 소중하게 여기고 살아있는 동안 사랑하는 사람들과 의미 있는 것을 나누는 것에 초점을 맞추게 되면 자살이라는 행동이 문제해결의 방법이 아니며 우리 모두에게 고통을 수반하는 자연스럽지 못한 행위라는 것을 스스로 성찰할 수 있는 시간이 되길 바랍니다. 따라서 우리는 자살에 대해 얘기하기 전에 삶 속에서 죽음이 주는 교훈과 이에 대한 고민의 시간을 갖는 것이 중요함을 이해해야 합니다. 사실 우리는 죽음에 대한 제대로 된 교육을 받지 못하고 있습니다. 죽음은 그저 알 수 없는 두려움의 대상일 뿐이며, 평소 가까운 이의 죽음에 대해 이야기 나눌 수 있는 대상이나 환경 또한 찾아보기 힘듭니다. 이제는 삶 속에서 갖는 의미 있는 가치들을 풍부하게 공유하고 소통하여 의미가 널리 확산될 수 있도록 사회적인 관심과 손길이 더욱 많아져야 할 것입니다.

앞에 언급하였듯이, 우리 사회에서 자살자 한 명은 수많은 사람들에게 영향을 미칩니다. 따라서 상실을 경험한 유가족들과 자살 트라우마를 겪는 이들을 비롯하여 많은 아이들을 도울 수 있는 실천적 영역에서의 대안이 매우 중요해집니다. 저희 자살예방센터에서 시행하는 사업을 위주로 보면 상담과 교육 자조모임, 캠프 프로그램을 들 수 있습니다. 학교에서 어떠한 사건이 발생할 경우 센터에서 사후개입으로 교육을 하게 됩니다. 개인적인 교육이나 상담으로 연결될 수도 있으며 이러한 내용들을 수용해주고 공감해주며 정보를 제공받는 교육적인 프로그램을 제공하는 자조모임을 가질 수도 있습니다. 자조모임은 개별적인 경험을 공유하고 친밀한 지지체계를 가질 수 있다는 데에 큰 의미를 가질 수 있고 소속감을 느낄 수 있으며 경제적인 도움을 받을 수 있는 정보도 공유하게 되면서 연결고리를 형성하게 됩니다. 제가 일하는 센터에서 갖는 유가족 자조모임은 '나비와 꽃'이라는 성인 모임과 '푸른 마음'이라는 청소년 그룹으로 나누어 운영하고 있습니다. 그 중 '나비와 꽃'이라는 이름은, 나비는 애벌레에서 승화되는 또 다른 존재의 의미를 지니고 있어 돌아가신 분이 자유롭게 존재할 수 있기를 바라는 마음에서 상징되며, 꽃은 땅에 뿌리를 두고 있기 때문에 유가족들이 꽃이 되어 나비와 좋은 관계를 맺고 있음을 의미합니다. 한 달에 한 번씩 모이게 되는 자조모임을 통해 경험나누기, 생각나누기 그리고 프로그램 위주의 활동과 식사하기를 진행하고 있으며, 온라인상으로 상담을 받거나 치료비를 지원하는 방식도 함께 진행하고 있습니다. 뿐만 아니라 캠프 프로그램의 경우 명상과 이완, 도예나 예술 및 원예치료, 글쓰기, 시 짓기, 연극제작 등 다양한 프로그램을 진행하게 됩니다. 더불어 소풍, 음식 나누기, 봉사활동 등을 통해 함께 이야기를 나누고 자연스럽게 친밀함을 형성할 수 있도록 기회를 제공하고 있습니다. 슬픔을 치유하는 것은 슬퍼하는 일이 자연스럽게 이루어 질 때 가능해집니다. 우리 지역이나 공동체, 상담과 돌봄에 관심 있는 분들은 아프고 고통스러운 시간을 보내고 있을 유가족들의 슬픔을 함께 해주고 반복되는 고통의 길을 걸을 때 옆을 지켜줄 수 있어야 할 것입니다. 더 나아가 유가족이 경제적인 어려움으로 고통을 받는다면 복지차원에서 도울 수 있는 방법을 알아보고 경제적 지원이 가능한 사회적인 시스템을 마련하는 노력에도 우리의 힘을 보태야 할 것입니다.

삶과
죽음의
대화

02 고독한 죽음을 맞은
어머니를 위한 애도, '할미꽃'

김혜미

사람은 누구나 고독한 죽음을 맞습니다. 누구나 죽을 때는 혼자이기 때문이지요. 아파서 죽던 고요하게 잠을 자며 죽던 가족들에게 둘러싸여 죽던 결론은 혼자 죽습니다. 죽은 후의 길은 타인과 함께 갈 수 없는 길입니다. 그렇기 때문에 당연히 죽음은 고독하게 됩니다. 그래서 우리는 죽은 후를 고민하는 것이 중요하지 않습니다. 살아있을 때를 고민해야 합니다. 살아있을 때 고독하지 않았으면 우리는 그 사람에게 고독한 죽음을 맞이했다고 하지 않습니다. 반대로 살아있을 때 고독했다면 우리는 그 사람에게 고독한 죽음을 맞이했다고 말합니다. 고독한 죽음을 맞이하지 않기 위해서는 살아있을 때, 우리의 삶이, 우리의 모습이 누군가와 함께 행복해야 한다는 말입니다.

할미꽃은 왜 할미꽃이 되었을까?

태어날 때부터 서울에서만 살았던 저는 꽃, 나무, 곤충 등 자연에 대해 잘 알지 못했습니다. 그래서 어렸을 적, 자연물의 이름을 통해 그 모양을 추측하곤 했습니다. 예를 들어 장수하늘소라는 곤충은 오래 살면서 날아다니는 소 모양으로 생각했습니다. 할미꽃도 마찬가지입니다. 할미꽃은 구부정할 뿐만 아니라 쭈그렁탱이 못생긴 꽃이라고 생각했습니다.

그러던 어느 날, 실제로 할미꽃을 보게 되었는데, 생각보다 예뻤습니다. 구부러진 덕에 딸랑딸랑 소리가 나는 작은 종처럼 느껴지기도 했습니다. 위의 그림이 할미꽃입니다. 할미꽃은 4월경에 꽃줄기 끝에서 붉은 빛을 띤 자주색의 종 모양의 꽃이 고개를 숙인 채 피어납니다. 한창 세상이 푸르게 생동하고 있는 4월, 할미꽃도 나를 보라며 피어납니다. 그래서 그때 생각했습니다. '할미꽃은 왜 할미꽃이 되었을까? 차라리 가을이나 겨울, 쓸쓸할 때 피어나면 할미꽃의 느낌이 더 살아날 것을. 남들도 빨갛고 파랗게 나올 때, 할미꽃은 나도 함께 뽐내겠다며, 나를 보여주겠다며 앞다투어 꽃을 피워 냅니다. 이제 더더욱 궁금해졌습니다. 그래서 할미꽃의 전설을 찾아보았습니다.

할미꽃 전설

    할미꽃 전설은 누구나 한 번쯤은 들어봤음직한 이야기입니다. 전설 속에서 할머니는 세 딸을 시집보내고 혼자 살다가 외로움에 지쳐 세 딸을 찾아가게 됩니다. 잠깐 이야기의 속으로 들어가 보도록 하겠습니다.

    할미꽃의 유래에 대한 이야기입니다. 어떤 할머니가 딸 셋을 두었다가 시집을 보냈습니다. 첫째 딸은 서울로 보내고 둘째 딸은 망우리로 보내고 막내딸은 교문리로 보내게 되었습니다.

    그러던 어느 날, 할머니가 혼자 살다가 외로워 딸집에서 편안하게 살겠다고 결심하고 찾아갔습니다. 할머니가 첫째 딸의 집에 갔는데 삼사 일은 반가워하더니 며칠 지나니까 싫어하는 것이었습니다. 그래서 할머니는 둘째 딸의 집으로 갔습니다. 둘째 딸도 처음에는 반가워하더니 며칠 지나니까 또 싫어하는 것이었습니다. 그래서 할머니가 셋째 딸네 갔습니다. 할머니는 셋째 딸 집 앞에서 들어갈지 말지 망설이고 있었습니다. 그런데 셋째 딸이 문 밖으로 나오기에 할머니는 자기를 보고 모시러 온 줄 알았습니다. 하지만 셋째 딸은 자기 볼 일만 보고 들어가는 것이었습니다.

    할머니는 자기를 보고도 못 본 척한다고 생각하고 딸년들은 다 소용없다고 생각했습니다. 할머니는 딸들이 사는 것을 들여다보다가 허리가 구부러져서 할미꽃이 되었습니다.[1]

    할머니는 할미꽃이 되었습니다. 사람이 꽃이 되었다는 말은 죽었다는

---

1 정운채 외, 『문학치료 서사사전』 1, 문학과치료, 2009.

것을 의미하는 상징일 테지요. 그것도 혼자 외롭게 쓸쓸하게 죽었습니다. 요샛말로 하면 고독사입니다. 사실 우리나라는 전통적으로 고독사가 일어나기 힘든 문화였습니다. 보통 삼대가 함께 살며, 자녀가 부모를 부양하게 되는 구조를 가지고 있었습니다. 그럼에도 옛이야기에서 고독사를 이야기합니다. 시부모만을 부양하는 사회구조를 들어 따진다면 딸 만 셋 가진 어머니는 고독사 할 수밖에 없다고 말할 수도 있습니다. 하지만 딸 셋이라는 것, 이 또한 상징일 뿐입니다. 아무도 어머니를, 부모를 모시지 않는 무책임함을 보여주는 자녀들의 모습을 세 명의 딸을 통해 보여주고 있는 것입니다.

할미꽃 전설을 이야기하다 보니 얼마 전, 요양원에서 있었던 일이 생각납니다. 어떤 꼬부랑 할머니를 아들 내외가 모시고 왔습니다. 할머니는 혼자 거동을 하실 수도 있고 말씀도 잘 하셨습니다. 할머니가 하나 어려움이 있으시다면 보청기를 끼고 있다는 점이었습니다. 보청기를 끼고 있는데도 잘 들리지 않는지 아들은 어머니에게 연신 큰 소리로 이야기했습니다.

"구경만 하고 가는 거야."

그런데 구경만 하고 간 것은 아들 내외 뿐이었습니다. 아들 내외는 어머니가 요양원을 혼자 슬슬 둘러 볼 때 몰래 도망을 갔습니다. 할머니는 아들의 이름을 목 놓아 부르며 찾기 시작했습니다. 그러나 아들은 아무리 불러도 돌아오지 않았습니다. 요양원 원장님 또한 놀랐습니다. 원장님 또한 이렇게 가는 것은 아니라며 아들에게 전화했지만, 아들은 돈을 보내주는 것으로 어머니를 맡기고는 전화를 끊었습니다.

할머니는 앉아 있지도 못하고 요양원을 돌아다니며 울며 소리쳤습니다. 처음에는 아들의 이름만을 부르며 울었지만 나중에는 이렇게 말했습니다.

"너는 안 늙을 것 같으냐!"

저는 아들 내외의 속사정은 알지 못합니다. 하지만 사실 알고 싶지 않아졌습니다. 저토록 배신감을 느끼는 어머니의 모습을 보며, 속으로 아니 겉으로 그 아들을 비난했습니다. 그 때 저는 현대판 고려장의 현장에 있었습니다.

할미꽃 전설과 부모 부양의 문제

다시 할미꽃 전설이야기로 가보겠습니다. 할미꽃 전설은 앞서 언급하였듯이 고독사한 할머니에 대한 이야기이고, 부모를 철저하게 외면한 자식의 이야기입니다. 할머니는 남편 없이 세 딸을 키워냈고, 모두 시집보냈습니다. 그러나 자식들은 모두 어머니가 계속 혼자만 있게 두었습니다. 요즘에도 마찬가지이지만, 여자 혼자 아이를 셋이나 키워 모두 결혼시키기는 쉽지 않았을 것입니다. 또한 추후 딸들이 모두 잘 사는 것으로 보았을 때, 할머니는 딸들을 시집보낼 때, 부족함 없이 보내려고 노력한 것으로 어림짐작해 볼 수 있습니다. 이렇게 노력하여 훌륭하게 딸들을 시집보낸 대신 어머니가 얻은 것은 '외로움'이었습니다. 할미꽃 전설의 전승의 또 다른 버전에는 외로움에 더하여 경제적 어려움까지 언급하고 있습니다.

가난하면서 외로운 부모가 가야할 곳은 어디였을까요?

요즘 답정너라는 말이 유행합니다. 질문에 대한 답이 정해져 있다는 말이지요. 방금의 질문에 대한 답을 우리 모두는 알고 있습니다. 바로 자식들의 집이겠지요. 어머니가 자식들의 집에 찾아가기 전, 어머니는 상상을 할 것입니다. 바로 반가워할 자녀들의 모습이지요. 어머니 또한 자녀들을 찾아간다면, 자녀들에게 짐이 되려고만 하지는 않을 것입니다. 어머니는 바쁜 자녀를 위해 손자, 손녀를 대신 봐주고 집안일을 도와주려고 하는 등, 나의 자녀에게 무엇을 해 줄 것인가를 생각하고 기분 좋게 갔을 것입니다.

그런데 할미꽃 전설 이야기에서 자식들은 어머니가 어떻게 살고 있는지 돌아보지 않았고, 찾아갔을 때에 반가이 맞이하지도 않았습니다. 자녀가 부모의 존재를 귀찮아하고 무시하고 있는 경향을 보이고 있는 것입니다. 이때의 자녀는 결혼을 한 상태입니다. 자신이 자신의 삶을 책임질 수 있을 정도로 장성하였고, 자신 또한 아이를 낳으면 부모가 되어 번듯한 가정을 꾸릴 수 있는 능력이 있는 사람들입니다. 그럼에도 세 딸들은 어머니를 만났을 때 아무것도 하지 않는 모습을 보입니다.

할미꽃 전설 이야기에서 세 딸 중 첫째 딸은 다만 며칠이라도, 둘째 딸은 잠깐이라도 반겼고, 셋째 딸은 눈여겨보지도 않는 모습으로 나타납니다. 이야기에서는 세 딸로 나타났지만, 이는 실제 상황에서 부모가 찾아왔을 때 자녀들이 처음에는 반갑게 맞이하지만 종국에는 박대하는 양상을 단계적으로 드러낸 것이라고도 볼 수 있습니다.

이러한 자녀들의 모습은 자신들이 원하는 것을 부모에게만 요구하는 모습에서 벗어나지 못 한 상태라고 할 수 있습니다. 이때의 자녀의 요구는

'부모가 자신에게 기대지 않는 것'입니다. 이 때문에 자녀는 부모에게 무엇인가를 해 주려고 하지 않고, 자신의 가족에 부모를 포함시키려고 하지 않는 모습을 보이게 됩니다. 이러한 모습은 전설에서 언니에게 가라고 한다거나, 동생에게 가라고 하는 모습으로 구연되는 것입니다.

정리하면 할미꽃 전설에서 세 딸은 '나'의 삶만 중요한 자녀들의 모습을 보여주고 있는 것으로 보입니다. 자녀가 장성함에 따라 가정을 꾸리면서 부모를 포함해야 함에도 내 가정과 부모를 분리하여 부모를 자신의 가정 내에 포함시키지 않으려는 모습을 나타내는 것입니다. 이러한 자녀의 모습은 부모가 될 만큼 몸은 자랐지만 정신은 자라지 못 한 모습을 보여줍니다. 즉 책임감이 없이 부모의 도움으로만 가정을 이룬 자녀에게는 '부모는 나에게 주어야만 하고, 무언가를 받으려고 하면 안된다'는 맥락이 강하게 깔려 있는 것입니다.

억지로라도 부양해야 한다?

우리는 할미꽃 전설을 함께 읽어 보면서 자녀가 장성함에 따라 부모를 부양하는 것은 당연지사이며, 부모를 자신이 만든 가정 안에 포함시켜야 한다고 언급했습니다. 그런데 현대 사회에서는 어떨까요? 며느리에게 시부모를 부양해야 한다고 해 보십시오. 열에 여덟, 아홉은 꿀 먹은 벙어리가 되어버릴 것입니다. 며느리만일까요? 사위도 마찬가지입니다. 우리나라는 못난 놈이 처가살이 한다는 고정관념까지 있어 사위가 처가 식구들과 함께 사는 일은 매우 어려운 일입니다.

제가 즐겨보던 텔레비전 프로그램이 있었습니다. 바로 SBS에서 방영하는 〈백년손님〉이라는 프로그램입니다. 이름에서 추측할 수 있듯이 백년손님인 사위가 장인 혹은 장모와 함께 하루 이틀을 지내는 에피소드를 그려낸 프로그램입니다. 프로그램 안에서 사위와 장인 혹은 장모가 함께 지내기는 여간 어렵지 않아 보입니다. 장모가 사위에게 장을 보고 오라고 하면 사위가 시키지도 않은 많은 물품을 엉뚱하게 사는가 하면, 사위가 장모에게 냉장고 정리하는 법을 가르쳐주기도 합니다. 그러면서 그들은 화를 내고, 갈등이 생기기도 합니다. 시청자는 그런 모습을 보며 공감하지요.

또 제가 즐겨보는 텔레비전 프로그램이 하나 더 있습니다. EBS에서 방영하는 〈아빠 찾아 삼만리〉라는 프로그램입니다. 이 프로그램은 한국에 있는 외국인 노동자의 가족들을 찾아가 그 모습을 살펴보고, 외국인 노동자의 가족이 한국에 있는 아버지에게 방문하여 다만 며칠이라도 함께 있을 수 있도록 도와주는 프로그램입니다. 그런데 제가 이 프로그램에서 주목하는 부분은 가족이 아빠를 찾아 한국으로 오는 부분이 아닙니다. 아빠가 두고 간 가족이 살고 있는 모습입니다. 대부분 중국, 동남아시아 등지에서 있던 사람들이 우리나라로 일을 하러 오는데, 그 사람들은 대가족 형태를 띄고 있습니다. 남편이 멀리 떠난 후에 며느리는 시부모를 모시고 살고 있지요. 하다 못 해 시동생까지 부양하며 사는 집도 있습니다. 남편이 없는 상황에서 때마다 며느리가 시부모님의 식사, 빨래, 시동생들의 교육, 아르바이트 등을 감당하면서 살아가는 모습은 측은해 보이기도 합니다. 그러한 모습을 보자면 남편이 없는 채 집에 남겨진 며느리는 가족이라기보다는 가끔 집에서 돈을 안 주고 부리는 사람으로 보여질 때도 있습니다.

시청자들이 프로그램의 대상자들에게 공감하는 이유는 그동안 같이 지내지 않던 사람이 가족이라는 이름으로 묶여 맞추어가는 모습이 자신과 비슷하기 때문입니다. 프로그램 속에서 사위와 장모가 하루 이틀 지내는 것도 어려운데 함께 지내기는 얼마나 더 어려울까요? 가족이라는 이름으로 묶여 남편 없이 시부모를 부양해야 하는 것은 얼마나 더 힘이 들까요? 그렇기 때문에 억지로라도 부양해야 한다고 하면 탈이 나기 마련입니다.

돈이 있다면, 부모를 억지로라도 부양하게는 된다.

오래 전에 제가 들은 일화입니다. 아내를 먼저 여의고 혼자 살아가던 할아버지가 한 분 계셨습니다. 시골 촌에 혼자 남겨진 할아버지는 가끔이라도 찾아오지 않는 자녀들을 불렀습니다. 할아버지는 아들들과 며느리들을 불러 구석에 숨겨져 있던 통장 몇 개를 꺼내놓았습니다. 할아버지는 각 통장에 돈이 몇천만원씩 나누어져 있는데, 자신이 죽으면 각 아들들에게 나누어 줄 것이라고 했습니다. 단, 자신을 잘 부양하는 사람에게만 재산을 나누어 주겠다고 했습니다.

자녀들이 들으니 더 잘 부양하는 사람은 더 많은 재산을 나누어 줄 것 같았습니다. 그 전에는 한 달에 한 번 아니 명절에나 겨우 오던 자녀들이 지속적으로 들르기 시작했습니다. 며느리들은 때때로 반찬을 마련해와 시아버지가 식사를 거르실까 걱정하기도 했습니다. 그러면서 자녀들은 아버지의 재산이 얼마나 될 것인지 궁금해 했습니다.

할아버지는 살아계시는 동안 자녀들에게 잘 대접받았습니다. 근사한 생일상도 받고, 외롭지 않게 손자, 손녀들도 찾아왔습니다. 할아버지가 돌아가시자, 자녀들은 아버지의 통장을 찾기 시작했습니다. 서랍을 다 뒤져도 없어 지치던 찰나 한 사람이 장판 밑에 있던 통장들을 찾아내었습니다. 자녀들이 좋아하며 통장을 열어보자, 통장 안에는 백 원, 오십 원, 오백원 등이 적혀있었습니다.

저는 이 할아버지를 보며 현명하다고 생각했습니다. 요즘같이 부모를 제대로 부양하지 않는 자녀들에게 자신의 권리를 찾은 것이라고 생각했습니다. 돈이 있으면 이렇게 어찌어찌 자녀들이 부양을 하게는 됩니다. 그런데 억지로 부양해야 할 때, 생기는 문제는 없을까요? 여기 또 하나의 이야기가 있습니다. 돈은 많지만 고약한 시어머니 밑에서 억지로 시부모를 부양하게 된 며느리의 이야기를 들려드리겠습니다.

옛날에 어떤 시어머니가 어찌나 고약한지 그녀의 아들과 결혼한 며느리가 견디다 못해 며칠 만에 집을 나갔습니다. 그래서 부모님과 홀아비가 된 아들 셋이서 살고 있었는데, 아들이 평생 홀아비로 지낼 수는 없으니 새장가를 가려고 했습니다.

그 동네에는 아주 가난한 집 딸이 있었습니다. 그 딸은 부모님에게 못된 시어머니의 아들에게 시집을 가겠다고 자처했습니다. 딸의 부모는 반대를 했지만, 그 집이 워낙 부잣집이라 그리로 시집가는 것이 나을 것이라면서 딸이 설득시키자, 결국 그렇게 하라고 했습니다.

가난한 집 여자가 못된 시어머니가 있는 집으로 시집을 간 후, 여자는 벙어리처럼 아무 말도 하지 않고 시키는 대로 일을 다 하였습니다. 그러자 모두들 여자가 정말 얌전하다고 생각했습니다.

하루는 시아버지와 남편이 모두 일하러 나갔는데, 시어머니가 또 며느리를 괴롭히기 시작하는 것이었습니다. 그러자 며느리가 아무 말도 없이 그냥 시어머니 머리채를 끌고 절구통에 감아 놓은 다음 마구 때렸습니다.

점심때가 되자 시아버지와 남편이 집으로 돌아왔는데, 시어머니가 머리를 산발한 채 며느리가 자신을 때렸다며 난리를 치는 것이었습니다. 그 때, 며느리는 평소처럼 아무 말 없이 얌전하게 밥상을 차려왔습니다. 시어머니가 당장 며느리를 내쫓으라고 가족들에게 악을 썼지만, 시아버지와 남편은 미친병이 났다면서 그냥 밥을 먹고 다시 일하러 나가버렸습니다.

며느리는 시아버지와 남편이 일하러 나가자 다시 아무 말 없이 시어머니를 붙들어 놓고 때리는 것이었습니다. 나중에 시어머니가 아무리 그 사실을 남편과 아들에게 말해도 모두 믿지 않았습니다. 도저히 견딜 수 없게 된 시어머니가 며느리에게 사정하며 다신 고약하게 안 할 테니 좀 때리지 말라며 이제 맞아 죽겠다고 하였습니다. 그 뒤로 며느리가 시어머니를 받들어 모셨는데, 자신이 지은 죄를 씻기 위해 그만큼 더욱 대접해 드렸습니다. 그렇게 시어머니가 버릇을 고치고 집안이 화목하게 되어 잘 살게 되었습니다.[2]

위의 이야기의 제목은 〈얌전한 척하고 시어머니 때린 며느리〉입니다. 부모를 부양해야 하는 상황에서 부모의 성미가 고약하다면 며느리 혹은 사위는 그 집을 견디지 못하고 이야기 상에 나타난 첫 번째 며느리처럼 집을 나갈 수밖에 없습니다. 이야기에서 시어머니가 첫 번째 며느리를 쫓

---

2 정운채 외, 『문학치료 서사사전』 2, 문학과치료, 2009.

아내는 것은 부모가 가정 내에서 절대적인 힘을 행사하고 있다는 것을 나타냅니다. 특히 시어머니는 부모의 강력한 힘을 그대로 보여주고 있으며, 그것을 따르지 않을 경우 함께 살지 못하는 것으로 나타납니다. 어떤 연구자는 이를 봉건적 관념에 기대어 부모 자식 간의 위계가 극대화 된 상황이라고 설명하고 있습니다.[3] 그렇기 때문에 먼저 쫓겨난 며느리들은 그 테두리 안에서 살 수가 없어 집을 나가게 되는 것입니다. 이러한 부모의 모습은 〈할미꽃 전설〉에 나타나는 부모의 양상과는 정반대의 모습을 보여주고 있지요. 그 부모의 강력한 힘은 이야기 안에서 '돈' 많은 시부모라는 설정으로 나타납니다.

하지만 아무리 돈이 많아도 모든 사람들이 그러하듯 부모의 강력한 힘에 자녀가 순응하며 그대로 따라가는 것은 보통 유아기에서 청소년기까지입니다. 실상 청소년 때부터도 부모의 강력한 힘에 자녀는 반발하고자 하며, 자신의 선택을 부모가 존중해주길 바랍니다. 청소년도 그러한데 성인이 되어버린 자녀는 더욱 부모의 말에 그대로 따라갈 수는 없는 것입니다. 자녀는 너무 강력한 순응을 원하는 부모와는 함께 살 수 없습니다.

며느리는 장성하여 집 안에 들어온 사람입니다. 며느리는 자신이 속해 있었던 집안에서 자신의 삶의 법칙을 어느 정도 구축한 상태라고 할 수 있습니다. 그런 며느리에게 시어머니는 지금까지 가지고 있던 모든 가치를 버리고 자신이 원하는 것을 따르기만 하길 원합니다. 그리고 시어머니는 자신의 법칙을 따르지 못하는 자녀는 필요 없다고 봅니다. 그래서 결국 첫 번째 며느리는 쫓겨나게 된 것이지요.

---

3 신동흔, 「구비설화에 담긴 효 관념의 층위」, 『서사문학과 현실, 그리고 꿈』, 소명출판, 2009, 334면.

그런데 이야기에서 다시 시집 온 며느리는 아무런 행동을 취하지 않는 특이한 모습을 보입니다. 며느리가 시집을 와서 시어머니의 무리한 요구를 무조건 들어주는 것입니다. 어떤 각편에서 시어머니는 잔소리를 해대고, 어떤 각편에서 시어머니는 며느리의 밥을 굶기는 모습을 보이며 고약한 짓을 합니다. 그럼에도 며느리는 시어머니가 하라는 대로만 합니다. 이는 시어머니를 제압하기 위한 며느리의 큰 그림입니다.

며느리는 사람들이 있을 때 시어머니의 고약한 짓을 감내하는 척 가만히 있다가 사람들이 없을 때 시어머니를 '몰래' 때려 무력으로 제압합니다. 눈에는 눈, 이에는 이 전법으로 나가는 것이지요. 며느리는 더 이상 시어머니의 권력 아래 있으려고 하지 않습니다. 자신이 집안을 이끌어야 한다고 생각하고 시집을 가기 전부터 이를 시행할 방법을 꾀하여 놓았던 것입니다.

이러한 면모에 주목하여 어떤 연구에서는 며느리가 자신의 삶에 결정권을 가지고 결혼할 집안을 결정하는 주체적인 여성[4]이라고 평가합니다. 그리고 또 다른 연구에서는 이 이야기가 자녀와 부모가 동등한 가정생활의 주체로 설정되는 관점을[5] 언급하고자 하는 것이라고 평하기도 합니다. 즉 며느리는 이미 자신의 확고한 신념이 있는 여성이며, 주체적인 가족을 이끌만한 '가장'으로의 면모를 지녔다고 보는 것입니다. 기존의 논의에서 밝히고 있듯이 자녀가 장성하면서 가족생활의 주체가 되어야 하는 것은 당연합니다. 이는 자연스럽게 다음 세대로 넘어가는 가장 중요한 모습이라

---

4 박현숙, 「〈시어머니 길들인 며느리〉 설화에 반영된 현실과 극복의 문제」, 『구비문학연구』 31, 한국구비문학회, 2010, 423면.
5 신동흔, 「구비설화에 담긴 효 관념의 충위」, 『서사문학과 현실, 그리고 꿈』, 소명출판, 2009, 335면.

고 할 수 있습니다. 그렇기 때문에 며느리가 시어머니 대신 곳간 열쇠를 쥐는 것은 순리라고 할 수 있습니다.

그런데 이 때 며느리가 순리를 시행하는 방법은 '거짓된 행동'과 '폭력'입니다. 즉 얌전한 '척'을 하고 나중에는 폭력을 행사하는 것입니다. 혹자는 이와 같은 행동을 소통의 한 방편으로 보기도 합니다. 그러나 '폭력'의 방법이 소통이라는 말과 연결되기에는 어려움이 따릅니다. 소통은 쌍방이 이루어져야 하는 것이기에 한쪽에서 강요하여 이루어진 소통은 나중에 탈이 나기 마련입니다. 이에 폭력을 '소통'으로 이해하기는 어려울 것 같습니다. 다만 이야기 안에서 폭력이라는 행위는 며느리의 법칙이 적용될 수 있도록 가정이 돌아가고 있다는 정도로 보면 좋을 듯합니다. 즉, 시어머니의 법칙만이 적용되던 가정에서 며느리의 법칙으로 돌아가는 가정으로 바뀌었다는 것입니다.

정리하면 〈얌전한 척하고 시어머니 때린 며느리〉에서 자녀의 모습은 장성하게 되었을 때, 나의 법칙이 중요한 사람이라고 할 수 있습니다. 내가 나의 가정을 꾸리게 되면, 나의 법칙이 적용되는 나의 집을 만들겠다는 모습을 보여주는 것입니다. 이때에 그것을 관철시키는 방법은 '거짓된 행동'과 '폭력'입니다. 이러한 방법을 이용해서라도 자신의 법칙이 적용되는 집을 만들고 싶은 것입니다. 억지로 부모를 부양해야 할 때는 이러한 부작용도 생길 수 있는 것이겠지요.

억지로 부양한 부모가 죽게 된다면 고독하게 죽은 것이 아닐까?

한 사건을 본 적이 있습니다. 아닙니다. 사실 비슷한 여러 사건을 보았는데, 그것이 모두 한 사건 같이 비슷한 사건입니다. 부모가 죽었는데 자녀들이 부모의 장례를 치르지 않으려고 합니다. 부모의 시신을 쟁탈하려고 하며, 부모의 생전에 서로 자신이 모셨다고 했습니다. 그 이유를 아마 모두 짐작할 것입니다. 부모의 유산 때문입니다. 그야말로 형제의 난입니다. 형제들끼리 내가 모셨으니 내가 유산을 차지해야 한다고 아우성입니다. 부모가 돈이 있다는 것은 굉장한 힘이지요. 형제들끼리 이리 싸움을 붙일 수 있으니 말입니다. 형제들은 모두 부모를 서로 돌아가며 모시긴 한 모양입니다. 서로 욕설을 해가며 '나의 부모'라고 주장을 해대니까요. 그런데 여기에서 궁금한 것이 생겼습니다. 형제들이 모신 것은 부모일까요? 돈일까요?

돈 때문에 부양한 부모가 죽었습니다. 부모의 죽음에 대한 슬픔보다는 돈이 나의 형, 나의 동생에게 간다는 슬픔이 남게 되었습니다. 그럴 바에 억지로 부모를 부양한 것이 무슨 소용이 있을지 고민하게 합니다. 돈, 물론 세상을 살아가는 데에 중요한 물건이지요. 없으면 원활하고 쾌적하게 살아갈 수 없습니다. 하지만 그렇다고 돈을 모시고 살 수는 없는 노릇입니다. 억지로 부모를 부양한다는 것은 어쩌면 돈을 부양한다는 말이 될지도 모르는 일입니다.

또한 부모는 고독사하게 죽은 것이 아니게 될까요? 부모의 옆에는 자녀들이 있긴 했을 것입니다. 그러나 껍데기만 곁에 있는 자녀가 있었을 것이지요. 부모의 마음이 공허하지는 않았을까요? 삶을 살아갈 때 고독하지 않아야 하는데, 누군가가 단지 옆에 있어 주었다는 사실 만으로 고독하지 않다고 하면 그 삶도 너무 서글퍼집니다. 이러한 예시를 통해 본다면 고독 사라는 개념이 현재보다 조금은 더 넓게 사용되어져야 하는 것은 아닐지 고민하게 합니다.

그렇다고, 과하게 부모만을 위한다면?

마음과 정성을 들여 부모를 부양하는 일은 매우 중요합니다. 특히 껍데 기만 있으면 안 되고 정말 부모의 곁에서 부모를 위하는 일이 필요합니다. 하지만 언제나, 어떤 일이든 과하게 될 수 있습니다. 무조건 부모를 위한 다고만 하면 다음의 이야기와 같은 행동도 할 수 있습니다.

어느 집에 두 늙은이가 노망이 들어 손자를 보고 고기라고 하며 잡아서 먹으려고 하였습니다. 며느리가 시부모님께 드리려고 아들을 죽였는데 하 늘에서 뇌성벽력을 하더니 아들을 살리고 마당에는 붕어가 팔짝팔짝 뛰었 습니다. 며느리가 붕어를 잡아 시부모님께 드렸는데 시부모님은 손자가 돌아다니는 것을 보고 또 장닭이 돌아다닌다며 잡으라고 하였습니다. 아들 부부가 자기 아들을 죽이려고 했는데 하늘에서 또 뇌성벽력이 치더니 닭이 돌아다녔습니다. 닭을 삶아서 드리자 부모님이 이번에는 동삼을 삶아 달 라고 했습니다. 아들 부부는 동삼이 없자 자식을 또 죽이려고 했는데 삼이 마당에서 피어올라 부모님께 삶아 드리게 되었습니다. 나중에 늙은이들은 죽고 아들 내외는 효성 때문에 부자가 되어 잘 먹고 잘 살았다고 합니다.

〈손자 삶으라고 한 망령 난 부모〉라는 이야기입니다. 시부모는 망령이 나서 손자를 자꾸 먹으려고 합니다. 고기라고 하고, 장닭이라고 하고, 동삼이라고 합니다. 그 때마다 가난한 자녀들은 자기 자식을 죽여 부모를 부양하려고 합니다. 치매에 걸린 부모를 부양하는 것이 옳다고 여기기 때문이지요. 자식은 다시 낳을 수 있지만 부모는 죽으면 되돌릴 수 없다는 인식을 가지고 있기 때문이기도 하구요.

아무리 부모가 치매에 걸렸어도 이야기 속 사람과 같이 자기 자식을 죽여서까지 부모를 부양하고자 하는 행동을 할 수 있을까요? 부모가 '치매'에 걸렸다는 것은 분별력이 없다는 것을 의미합니다. 그런데 분별력이 없는 부모라도 무조건적으로 따라야 한다는 판단에 자녀는 부모의 의견을 들어주고자 합니다.

치매에 걸린 부모는 이제 돌봐주어야 하는 존재입니다. 치매에 걸린 노인을 보면 사람들은 흔히 '아이와 같다'고 이야기합니다. 치매에 걸린 노인들은 점점 돌아가고 있는 것으로 보입니다. 누군가가 죽으면 우리는 그 사람이 원래의 자리로 가기 때문에 '돌아갔다'는 표현을 합니다. 치매에 걸린 사람은 사실 돌아가는 중입니다. 암이나 심근 경색 등에 걸려 죽는 사람은 갑자기 돌아가게 된 것이지만, 치매는 천천히 돌아가게 되는 것입니다.

그래서 아이로까지 돌아간 부모에게 무조건적으로 순종하는 것은 부모를 극진히 대우하는 것과는 거리가 있다고 생각합니다. 언제나 그 상태에 맞게 대우해 주어야 하는 것입니다. 아이로 돌아간 부모에게 나의 아이를 돌보는 것 같은 정성을 들여 돌보아주면 되는 것이지요.

제가 어떤 병동에 갔을 때 일입니다. 한 간호사가 어떤 할아버지 환자에게 반말로 "괜찮아?"라고 물었습니다. 할아버지 환자는 아프다고 대답했지요. 저는 그 모습이 보기 좋았습니다. 간호사가 절대 버릇없어 보이지 않았습니다. 간호사는 친절하고 다정하게 물어보았고, 할아버지는 간호사에게 기대 응석을 부리는 모습이었습니다. 단지 마음을 다해 대접해 준다면, 나이 따위는 상관이 없는 것이겠지요. 과한 순응보다는 적시적소에 맞는 다정함이 우리 부모 세대에는 더욱 필요한 것이 아닐까 생각했습니다.

부모를 고독사하지 않을 수 있게 하는 부모 – 자식의 관계법

우리는 앞서 많은 이야기들을 나누었습니다. 자녀가 부모에게 받기만 하려고 하고, 부모를 부양하지 않으려고 하면 〈할미꽃 전설〉처럼 어머니는 고독사 할 수밖에 없습니다. 부분적인 가족의 파탄이 이루어지는 것이겠지요. 반대로 자녀가 억지로 부모를 부양하고자 한다면, 부모와의 관계에서 어려움이 나타나게 됩니다. 특히 새로운 가정이 형성되는 때에는 더하겠지요. 새로운 가정이 형성되었을 때 각자 자신이 원하는 대로 하려고 하게 되면 〈얌전한 척하고 시어머니 때린 며느리〉에서처럼 자녀는 폭력적으로 부모를 대할 수도 있게 됩니다. 이 또한 부분적인 가족의 파탄이 이루어지는 것이라고 할 수 있습니다. 해답은 없는 것일까요? 해답을 찾기 위해 또 하나의 이야기를 함께 하려 합니다.

시골 사는 어부가 아내를 잃고 아들 하나를 데리고 살고 있었습니다. 어부의 아들은 나이가 조금 들자 이렇게 계속 있어서는 안 되고 출세를 해야 될 것 같아 아버지 밑을 떠나 서울로 올라갔습니다.

어부의 아들은 서울 어느 정승의 눈에 들어 임금에게 천거되었습니다. 공주가 어쩌다가 어부의 아들을 보고 마음에 들어 했는데, 둘이 서로 눈이 맞게 되었습니다. 공주는 남자가 어부의 아들인지는 몰랐습니다.

한날은 대과가 열렸는데 임금이 대과에서 일등한 사람을 부마로 삼겠다고 했습니다. 공주는 임금에게 자기는 어부의 아들이 좋다며 대과 결과와 상관없이 어부의 아들과 결혼하겠다고 했는데 임금도 그 남자를 마음에 두고 있었던 터라 그렇게 하라고 했습니다.

한편 시골에서 아들을 떠나보내고 혼자 지내던 어부는 아들이 걱정되어 고기를 한보따리 싸들고 서울로 올라갔습니다. 어부 아버지는 어느 여관에 머물면서 과객들에게 자기 아들의 소식을 물었는데 어부가 아들을 찾는다는 소문이 부마가 된 아들에게까지 들어가게 되었습니다.

부마가 자기가 한번 소문의 그 사람을 만나보겠다고 하여 가보니 바로 자기 아버지인 것이었습니다. 아들은 아버지에게 임금이 자기가 어부 아들이라는 것을 알게 되면 큰일 난다면서, 자기가 임금 몰래 아버지를 대접해 드리겠다고 했습니다.

그런데 공주가 가만 보니 요사이 남편이 항상 밥만 먹고 나면 바로 나가서 며칠 후에나 들어오는 것이 이상했습니다. 한번은 공주가 남편의 뒤를 따라가 보았는데, 남편이 어느 여관으로 들어가서 자기 아버지를 극진히 대접하고 효도하는 것이었습니다. 나중에 공주는 남편에게 몰래 남편 뒤를 따라가 보았다며, 자기도 시아버님을 모시겠으니 따로 살림을 내자고 하였습니다.

그러던 중에 임금과 사돈이 만나 식사를 하게 되었습니다. 그런데 어부가 술을 먹고 난 후, 취해 연못에서 고기를 낚아서 그 자리에서 찢어 안주로 먹었습니다. 임금이 보니 모습은 영락없는 뱃놈이었습니다. 그래서 임금은 부마와 딸을 내 쫓아 버렸습니다.

공주와 어부의 아들이 시골에 큰 집 하나를 지어놓고 따로 나가 살게 되었는데, 공주가 생각하니 남편이 뱃놈 자식인 것을 벗어나지 못하면 평생 고개를 들고 살 수 없을 것 같아 궁리를 했습니다. 공주는 자기 집에 큰 연못을 만든 다음 그 안에 고기를 가득 채웠습니다. 그리고는 자기 오라버니에게 연락하여 집으로 초대했습니다. 오라버니가 공주의 시골집에 찾아오자 공주는 남편에게 별당 연못에 나가 안주할 고기를 잡아오라고 했습니다. 그 모습을 본 공주의 오라버니는 이 집에서는 원래 이렇게 연못에 고기를 풀어놓고 자주 잡아먹는다고 여기게 되었습니다.

공주의 오빠는 대궐로 돌아와서 임금에게 부마가 뱃놈의 자식이 아니라 원래 그 집에서는 그렇게 고기를 자주 잡아먹더라고 했습니다. 나중에 임금이 직접 공주의 집에 찾아왔는데, 집도 아주 으리으리하게 잘 지어놓고 큰 연못 안에 고기를 가득 담아놓고 마음대로 찍어 올리자 자기가 사돈을 오해하여 무시했다며 부마의 벼슬을 올려 주었습니다.[6]

이야기의 제목은 〈상놈 시아버지 양반 만든 며느리〉입니다. 이야기는 남자판 신데렐라이야기입니다. 남자가 굉장한 집안의 여자를 아내로 맞아 성공하는 이야기인 것이지요. 이야기는 남자와 여자와의 차이를 극한 대비로 나타내어 보여줍니다. 가난한 남자와 대갓집 여자, 이러한 설정을 보았을 때에도 며느리가 남편의 부모를 부양하기엔 무리가 따릅니다. 차라리 〈얌전한 척하고 시어머니 때린 며느리〉에서처럼 남자의 집이 부자이

---

6 정운채 외, 『문학치료 서사사전』 2, 문학과치료, 2009.

고 여자의 집이 가난하면 시부모를 부양하는 것이 당연하게 되지만, 반대의 경우는 어렵습니다. 그럼에도 이야기의 진행을 보았을 때, 며느리는 스스로 시부모를 부양하는 것으로 나타납니다. 어떠한 방식이 부모를 부양할 수 있게 해 주는 길이었을까를 고민하게 되는 부분입니다.

하지만 남편은 자신의 아버지를 밝힐 수 없었겠지요. 아들은 아버지를 '몰래 숨겨' 놓습니다. 아들은 어부인 아버지를 아버지라 부르지 못하는 홍길동과 같은 상황에 처해지게 된 것입니다. 이는 비단 아버지를 아버지로 부르지 못하는, 호칭과 관련된 것만은 아닙니다. 자녀가 아버지를 부양하지 못하고 있는 것입니다. 앞선 두 이야기, 〈할미꽃 전설〉, 〈얌전한 척하고 시어머니 때린 며느리〉의 각각 세 딸들, 며느리와 같은 모습을 〈상놈 시아버지 양반 만든 며느리〉의 아들이 보여주고 있다고 할 수 있습니다. 부끄럽다는 이유로 아버지를 부양하지 않는 아들의 모습이 나타나는 것입니다. 어떠한 이유에서건 부모 부양의 문제를 저버리고 있는 것이지요. 이는 앞선 두 이야기와 〈상놈 시아버지 양반 만든 며느리〉가 같은 문제의식을 가지고 있다는 것을 드러내는 것이기도 합니다. 특히 이 이야기에서 시아버지는 처음부터 공주의 '시아버지'의 위치에 있을 만한 사람이 못됩니다. 그렇기 때문에 아들이 아버지를 숨기는 것입니다. 왕의 딸과 결혼하여 부마가 된 아들은 자신과 아버지의 신분 때문에 결국 아버지를 부양하지 않습니다.

그런데 이러한 문제를 해결해 주는 것은 며느리인 공주입니다. 당연히 공주의 친정아버지 즉, 임금은 사돈이 어부인 것을 알아차리고 화를 냅니다. 이를 해결하기 위하여 공주는 시아버지가 '어부'인 것에 착안하여 집 안에 큰 연못을 만들어 평소에도 물고기를 직접 잡아먹는다는 환경을 만들어 줍니다. 물고기를 그렇게 먹을 수밖에 없다는 것을 보여줌으로써 자신의 친정식구들을 설득시키는 것입니다. 며느리의 슬기로움으로 인해 문제가 있는 시가를 든든히 세우는 바탕이 되는[7] 것이지요.

이러한 공주의 행동은 〈할미꽃 전설〉의 세 딸들, 〈얌전한 척하고 시어머니 때린 며느리〉의 며느리, 〈상놈 시아버지 양반 만든 며느리〉의 아들과는 다릅니다. 어떻게 다른 걸까요? 바로 공주는 '부모가 자신의 자리에 있을 수 있게' 해 주는 것입니다. 시아버지가 상놈이니 그대로 상놈으로 그냥 두는 것이 아닙니다. 상놈을 양반으로 만듦으로써 원래 취하지 못하였을 자리에 있게 해 줍니다. 이러한 방식을 통해 시아버지가 시아버지의 자리에서 벗어나지 않고 부모의 자리를 지킬 수 있게 해 주는 것입니다. 이 때문에 친정아버지 또한 시아버지를 사돈으로 인정하고, 각자의 자리에서의 역할을 할 수 있게 해줍니다. 시댁 식구, 친정 식구 모두 자신의 자리에서 자신의 역할을 할 수 있게 되는 것입니다.

정리하면 〈상놈 시아버지 양반 만든 며느리〉에서 자녀 또한 〈얌전한 척하고 시어머니 때린 며느리〉에서처럼 장성하여 자신의 법칙이 중요하게 된 상태입니다. 그런데 〈상놈 시아버지 양반 만든 며느리〉에 나타난 공주의 법칙은 〈얌전한 척하고 시어머니 때린 며느리〉와는 다르게 '부모를 제 자리에 있을 수 있게 해 주는 것'입니다. 자녀가 장성하였다고 하여 〈할미꽃 전설〉에서처럼 부모를 무시하거나, 〈얌전한 척하고 시어머니 때린 며느리〉에서처럼 자신의 힘을 무력으로 휘두르는 것이 아닙니다. 부모가 무능력하여 자신의 위치에 있을 수 없는 상황이 되었을 때, 그 자리에

---

7 소문숙, 「며느리설화의 여성주의적 양상」, 『동남어문집』 19, 동남어문학회, 2005, 175면.

잘 있을 수 있게 하는 것이 자녀가 수행해야 하는 부모 부양의 모습이며 자신의 힘을 가정에서 발휘할 수 있는 정당한 방식이 될 것입니다.

주기만 하고 바라지 않는 사랑

할미꽃의 꽃말은 '주기만하고 바라지 않는 사랑'이라는 의미를 갖고 있습니다. 어머니의 상징적인 모습이지요. 그간 고생한 어머니의 마음을 애도하는 꽃말이라고 할 수 있습니다. 할미꽃은 부모에 대한 애도를 하기 위하여 고생한 어머니와 같은 꼬부랑 허리를 한 모습을 보이고 있습니다. 부양 받지 못한 부모의 애처로운 모습을 할미꽃을 통해 볼 수 있는 것이지요.

우리는 지금까지 네 개의 이야기를 통해 부모를 부양하는 다양한 방식을 살펴보았습니다. 누군가는 고독하게 죽었고, 누군가는 고독하게 죽지는 않았지만 남은 삶에서 더 이상 부모의 자리에 있을 수 없는 삶을 살게 되겠지요. 하지만 같은 부모, 자녀의 관계란 다양한 양상을 가지고 있기 때문에 유사한 관계여도 다른 방식으로 살아갈 수 있는 모습을 우리는 이야기를 통해 확인할 수 있었습니다.

부모는 나이가 들어감에 따라 경제적인 능력을 잃게 됩니다. 부모가 노년 준비를 잘 해두었으면 몰라도 보통은 자녀, 가정을 챙기다가 자신의 노년 준비는 뒤로 미루게 됩니다. 그러다 보면 노년에 〈할미꽃 전설〉의 어머니처럼 고독사를 할 수도 있습니다.

한편, 자녀는 장성함에 따라 경제적인 능력이 생기게 됩니다. 당연히 곳간 열쇠는 자녀가 쥘 수밖에 없습니다. 이 때 자녀가 곳간 열쇠를 쥐었다고 해서 부모를 부모의 자리에서 끌어내리게 되면 그것은 함께 사는 삶이라고 할 수 없습니다. 모두 자기의 자리에 잘 있을 수 있으면 됩니다. 곳간 열쇠를 쥐는 것이 문제가 아닙니다. 곳간 열쇠를 누가 쥐고 있더라도 부모는 부모의 자리에 자녀가 있을 수 있게 해 주는 것이 중요합니다. 부모가 자신의 자리를 지키지 못했을 때, 그들을 인정해주고, 자리를 만들어주는 것, 그것이 우리의 옛이야기가 말해주는 중요한 부모 - 자식의 관계법입니다.

---

* 이 글은 한국문학치료학회 『문학치료연구』 40집, 2016에 실린 「구비 설화에 나타난 부모 부양의 문제 양상과 해결 서사의 탐색」을 일부 수정한 글입니다.

노년과 죽음, 그리고 돌봄의 시간

박승현

존경받는 노년의 '신화'

인류학자들의 에스노그라피 속에서 우리는 종종 서구사회와 대비되는 비서구사회, 혹은 문자사회와 대비되는 비문자사회의 노인들이 누리던 특권, 그들의 사회적 지위에 대한 기술을 발견하곤 합니다. 다양한 문화권에서의 다양한 노년의 경험은 현대사회의 '노년'을 낯설게 바라볼 수 있게 해주는 창문이 됩니다.

『노년의 역사』를 쓴 조르주 미노아는 인류학적 연구들을 통해, 오래 산다는 것이 아주 드물었던 시대에는 장수 그 자체가 경이로운 현상으로 여겨졌다고 얘기합니다. 그 때문에 노인은 초자연적인 위엄과 후광에 둘러싸여 존경을 받고, 신성의 영역을 담당하는 정치적 권위를 누렸습니다. 비문자사회에서 노인의 지식과 지혜는 집단의 기억이자 그 기억을 계승하는 지속성의 상징이었다고도 합니다. 아프리카 어느 곳에는 '노인 한 사람이 죽을 때 도서관 한 채가 불타 없어진다'는 속담이 있다고도 합니다.

그러나 미노아는 원시사회에서 노인에 대한 멸시도 드문 일이 아니었던 것 같다고 덧붙입니다. 환경과 식량의 압박이 커질 때 '쓸모가 없어진' 노인을 제거하는 사례를 찾는 것 또한 어렵지 않기 때문입니다. 1959년에 호주 북부의 티위족과 함께 지낸 한 인류학자는 스스로를 돌볼 수 없게 된 노인을 마을 사람들이 머리만 남기고 땅에 묻는 모습을 관찰합니다. 그리고 다음날, '자력으로' 여기서 벗어나지 못한 노인의 '자연사'를 애도하는 장면을 관찰합니다. 미노아는 집단이 긴 이동을 시작할 때 노인을 버려두고 가는 등, 노인들의 의존상태가 집단의 존속을 위협할 때에 이들을 죽음으로 몰고 간 인류학적 보고들을 열거합니다. 이를 통해 우리는 노인이 속해 있는 집단의 문화적 배경이나 경제적 상황에 따라 노인들의 사회적 지위, 노인에 대한 사회적 처우, 즉 노년의 경험은 매우 상이하다는 것을 알 수 있습니다. 이에 시몬느 드 보부아르는 『노년』에서 노인의 상태는 사회적 상황에 달려 있다고 결론 내립니다. 노인의 지위는 결코 그 자신이 쟁취하는 것이 아니라, 그에게 주어지는 것이며, 그 집단이 추구하는 목표에 따라서 노인들의 운명이 결정되고, 노인들은 이를 따를 수밖에 없다는 것입니다. 특히 자식이 없고 재산이 없는 노인들은 집단의 처분에 그들의 운명을 맡길 수밖에 없었습니다.

현대사회에서 사회적으로나 경제적으로나 높은 지위에 있는 노인도 많습니다. 이들에 대해서는 '노인'이라는 호칭도 따라붙지 않습니다. 대신 사장님, 회장님, 장관님 등 그들의 지위에 맞는 호칭으로 불립니다. 오늘날 많은 '땅주인'과 '집주인'도 역시 '노인'들입니다. 생물학적인 연령을 기준으로 이들 역시 지하철에 무임승차할 수 있다는 것은 청년백수의 좌절감을 부추기는 일이기도 합니다.

그러나 어느 시대이든 늙고 가난하고 게다가 가족이 없는 노인은 가장 힘없는 존재였습니다. 또한 그 어느 연령집단 보다 노년기의 자살률이 가장 높다는 한국의 통계나, '가족과 함께 사는 노인의 자살률이 더욱 높다'라는 일본의 통계에서 볼 수 있듯이, 현대사회에서도 노년의 삶이란 녹록한 것이 아니며, 가족 안에서 노인의 지위 역시 견고하지 않음을 볼 수 있습니다. '고령화 쇼크' '장수의 재앙'과 같은 표현에서 보듯 인류 역사상 그 어느 때부터 길어진 노년 앞에서 젊은 사람들은 노골적으로 고령화를 '문제'로 바라보며, 노인을 타자화합니다. '노인'이라는 단어는 바로 이 빈곤하고 쇠약한 존재를 떠올리게 해서일까요. '노인'은 누구도 반기지 않는 호칭입니다. 그렇기에 '노인' 대신 고령자, 어르신, 시니어, 실버라는 호칭을 쓰는 것이겠지요. 그렇지만 태어난 모든 생물은 노화를 경험한다는 공평한 사실을 염두에 둔다면, 노인이라는 단어가 한결 편안해지는 것 같습니다. 그렇기에 이 글에서는 누구나 늙는다는 공평한 사실을 염두에 두고 노인이라는 단어를 쓰겠습니다.

가족과 공동체, 그리고 노인부양의 문제

이마무라 쇼헤이 감독의 일본영화 〈나라야마 부시코〉는 부모를 신비로운 산 '나라야마'에 버리는 나라야마 전설의 이야기입니다. 이 전설 속의 마을은 식량을 훔치면 온 가족이 생매장을 당하는 공동체의 징벌을 면하지 못할 만큼 척박한 곳입니다. 늙은 부모를 산에 버리는 것은 식량의 압박을 피해 마을이 다 같이 겨울을 나기 위한 방편이었습니다. 이 마을에는 나라야마에서의 죽음은 행복한 죽음이라는 나라야마의 신앙이 뿌리내려 있습니다. 노인들은 나라야마에서의 죽음을 명예로운 죽음으로 여기고,

자식도 마을 사람들에게서 도덕적인 지지를 받으며 늙은 부모를 지게에 지고 나라야마로 향했습니다. 동네 아이들은 눈 내리는 나라야마에서 죽는 것은 복 받은 죽음이라는 노래를 부르곤 합니다.

그러나 차마 부모를 버리지 못하는 아들도 있습니다. 그렇기에 부모를 버리지 못하는 아들을 마을 밖으로 추방하는 규제 역시 존재합니다. 그리고 나라야마에 절대로 가지 않겠다고 버티는 부모 역시 존재합니다. 그런 부모를 억지로 지게에 태우고 묶어서 나라야마로 향하는 아들도 있습니다. 주인공인 늙은 오린은 이제 그만 나라야마로 가야한다고 아들 타츠헤이를 설득합니다. 그러나 타츠헤이는 차마 오린을 나라야마로 보낼 결심을 하지 못합니다. 오린은 돌로 생니를 쳐서 이를 깨뜨려, 이제 나는 정말 늙어서 나라야마로 가야할 때라고 아들을 재촉합니다. 며느리가 들어와 식구가 늘었기 때문에 닥치는 겨울을 앞두고 근심이 커집니다.

나라야마에 가기 전날에는 마을 원로들이 술잔을 돌리면서 나라야마의 금기들을 읊습니다. 주인공 오린이 나라야마로 떠나기 전날에도 마을의 원로들이 오린의 집에서 의식을 치릅니다. 아무도 모르게 새벽에 떠나서, 산에 들어가서는 아무 말도 하지 않으며, 뒤를 돌아보아서도 안 된다고 일러 줍니다. 이러한 금기 덕분에 나라야마는 더욱 신성한 곳이 되고, 나라야마에서의 죽음은 더욱 성스러운 것이 됩니다. 추운 어느 날, 타츠헤이는 오린을 태운 지게를 지고 아직 어두운 시간에 나라야마로 향합니다. 자꾸 머뭇거리는 아들에게 오린은 어서 가자고 다그칩니다.

그러나 노인이 버림을 받는 것은 식량이 부족한 가난한 공동체 안에서 일어나는 일만은 아닙니다. 불효자가 뉘우치는 이야기들은 익숙하게 되풀이 됩니다. 아버지의 뜻에 따라 할아버지를 고려장 하고 돌아온 손주가 그 지게를 다시 가져와서는, 나중에 아버지를 고려장할 때 다시 써야 한다고 합니다. 이에 아버지는 불효를 뉘우치고 산에 버린 노부를 다시 모시고 옵니다. 고려장이 과거에 정말 존재했는가는 알 수 없지만, 재미있게도 미노아 역시 13세기 서양 중세 문학에서 비슷한 이야기를 찾아냅니다. 홀아비인 어느 상인이 자신의 재산을 아들에게 주었고, 그 아들은 파산한 기사의 딸과 결혼을 했습니다. 12년 동안, 늙은 부친은 아들과 며느리의 집에서 살았으나, 아들과 며느리는 차차 노부를 멸시하고 쫓아내려 합니다. 아들은 아이에게 할아버지를 내쫓을 때 둘러드릴 이불을 가져오라고 합니다. 그러자 아이는 나중에 자기가 아버지를 쫓아낼 때 쓰기 위해 나머지 반쪽을 간직할 거라며 이불을 둘로 자릅니다. 이에 아들은 역시 크게 뉘우칩니다.

주제 사라마구의 소설 『죽음의 중지』에서도 이와 비슷한 불효의 이야기를 찾아볼 수 있습니다. 늙은 아버지가 손을 떨며 식사를 하여 식탁이 더러워지자 아들은 아버지가 문간에서 나무사발에 식사를 하게 합니다. 이를 물끄러미 바라보던 손주는 다음날 나무토막을 파기 시작했는데 대체 뭘 만드는 것인지를 물으니 아버지가 늙으면 이걸로 문간에서 밥을 먹도록 하겠다고 하는 것이었습니다. 아버지는 당장 노부에 용서를 빌었고, 저녁시간에는 수저로 음식을 떠 드렸습니다. 보부아르 역시 그림형제의 동화에서 비슷한 이야기를 찾아냅니다. 한 농부가 있었는데, 그는 자기의 늙은 아버지를 가족과 떨어진 구석에서 조그만 여물통에 음식을 담아 먹게 했습니다. 그러던 어느 날 그는, 자신의 어린 아들이 나무판자를 짜 맞추는 광경을 보게 됩니다. 그것을 무엇에 쓰려고 하는지 물으니, 아이는 아빠가 늙었을 때 쓰려고 만드는 거라고 대꾸합니다. 아들은 크게 반성하고 아버지를 다시 식탁으로 모셔옵니다. 이 이야기들은 노인부양을 둘러싼 가족 내에서의 갈등이 동서고금을 통해 존재했음을 짐작하게 하며, 한편으로 과연 가족은 노인부양의 적절한 주체인지 의문을 가지게 합니다.

'다음날 아무도 죽지 않았다'

식량에 모자람이 없는 현대사회에도 노인이 늘어나는 것에 대한 사회적 공포감은 은밀히, 혹은 노골적으로 존재합니다. 우리 사회는 생명연장을 위한 의료기술 및 과학기술을 개발하는 한편, '죽지 않는 것'에 대한 두려움을 종종 노골적으로 드러내곤 합니다. 고령화로 인해 연금이나 의료보험 재정이 위태롭다거나 국가재정에 부담이 된다는 기사는 흔히 찾아볼 수 있습니다. 한 국가의 영역 안에서의 재정적 압박은, 생태적인 한계에 달한 공동체의 운명과 다를 바 없습니다. 고령화는 언제나 '대책'이 필요한 '사회문제'로 다루어집니다.

'다음날 아무도 죽지 않았다'로 시작하는 주제 사라마구의 소설 『죽음의 중지』는 '아무도 죽지 않는 나라'의 우화입니다. 스물네 시간이나 되는 하루가 다 가도록 아파서 죽거나, 높은 데서 떨어져 죽거나, 자살에 성공한 사람은 한 명도 없었습니다. 교통사고에서도 사망자가 나오지 않아, 사고 피해자들은 심한 부상에도 불구하고 죽지 않습니다. 죽음이 묘한 변덕을 부려 가느다란 생명의 실을 쥐고 놓아주지 않는 것이었습니다. 이에 먼저 장의업계가 울부짖었습니다. 병원의 책임자와 해당장관들도 걱정과 불안을 쏟아놓기 시작합니다. 그들의 걱정과 불안은 건강문제보다는 시설문제이고, 연금과 보험문제였습니다. '누군가 들어오면 누군가 나가는' 그런 순환이 막히자 온 나라가 혼란에 빠집니다. 영원히 살고 싶은 희망과 절대 죽지 않는다는 공포 사이에서 갈등을 일으키는 사회인 것입니다.

그리하여 죽음의 문턱에 있으면서도 그걸 넘지 못하는 아버지는, 딸에게 자신을 데리고 국경을 넘어달라고 부탁합니다. 아픈 아들과 병든 아버지를 수레에 실어 국경을 넘자마자 이 둘은 죽고, 딸과 사위는 남들 몰래 무덤을 파서 아버지와 아이를 묻습니다. 그리고 이러한 살인이 아닌 살인의 소문은 전국으로 퍼져, 딸과 사위는 호된 비난을 받습니다. 그러나 밤이면 국경으로 가는 행렬이 암암리에 이어집니다. '생명존중'의 문제를 들어 이 행렬은 비난을 받았으나, 정부는 이 대이동을 전적으로 막지 않습니다. 나라가 '카드로 지은 집처럼 그냥 무너져 내릴 수 있다'는 공포 때문이었습니다.

죽음이 사라진 '나라'로 설정한 것은, 오늘날 삶과 죽음의 문제는 국경을 경계로 국가 안에서 다루어지는 일이기 때문인 것 같습니다. 의료체계, 연금체계, 인구문제에 대한 정부의 해법, 또한 죽은 자를 묻고 애도하고 추모하는 것 역시 국경 안에서 이루어집니다. 탄생과 죽음을 둘러싼 인류의 '자연스러운' 현상은 실은 국가경제의 흥망 뿐 아니라 국가의 운명에 결정적인 열쇠를 쥐고 있습니다. 특히 인구의 고령화와 함께 개인과 가족의 일이었던 노화의 문제가 광범위한 사회문제이자 국가의 주요 관심사가 되었습니다. 현대사회와 같이 학문적으로 노년에 대한 논쟁이 벌어지고, 공적으로 노인들에게 관심이 표명된 시기는 인류 역사상 없었습니다.

전체 인구 중에 고령자의 비율이 7%를 넘어서는 사회를 고령화사회, 전체인구 중에 고령자의 비율이 14%를 넘는 사회를 고령사회, 고령자의 비율이 20%를 넘는 사회를 초고령사회라고 일컫습니다. 2016년 한국의 고령화율은 13.2%입니다. 2016년 일본의 고령화율은 26.7%로, 일본은 한국에 비해 고령화율이 2배 이상인 초고령사회입니다. 일본은 이미 1970년에 고령화사회로 진입했습니다. 한국이 고령화사회가 된 것은 2000년도이니, 인구의 고령화에 도달한 시점에 있어서 30년의 시차가 존재하는 셈입니다.

일본은 2006년에 이미 초고령사회가 되었고, 한국은 이제 막 고령사회의 문턱에 있기 때문에 양국의 고령화율은 얼핏 차이가 큰 것으로 보이기도 합니다. 그런데 일본이 고령화사회에서 초고령사회로 이행하는 데에 36년의 시간이 걸린 데에 비해, 한국은 2000년에 고령화사회가 되어 2026년에 초고령사회로 진입할 전망으로, 불과 26년 만에 고령화사회에서 초고령사회로 이행하게 됩니다. 즉, 고령화의 속도를 고려한다면, 한국의 변화는 더욱 급속하며, 급격한 인구변화가 초래할 사회변화 역시 더욱 거대할 것임을 알 수 있습니다.

고령화란 전체 인구 중에 고령자가 차지하는 비율의 문제이기 때문에, 이는 저출산의 문제와 직결됩니다. 한국의 2016년 합계출생율은 1.17명으로, 출생아수 역시 40만 6300명으로 2015년보다 7.3%감소했습니다. 결혼건수는 28만 2천 건으로 1970년대 이후 최초로 30만건 아래로 떨어졌습니다. 저출산을 동반한 고령화로 인한 인구감소는 이제 피할 수 없는 일이 되었습니다.

한국은 불과 30년 전까지만 해도 산아제한을 적극적으로 추진하는 나라였습니다. 1980년대에는 '둘만 낳아 잘 키우자', '잘 키운 딸 하나 열 아들 안 부럽다', '둘도 많다 하나만 낳자'와 같은 표어가 곳곳에서 눈에 띄었습니다. 한국사회의 저출산으로의 전환, 그리고 고령화라는 인구구조의 변화는 실로 급속한 것이었음을 알 수 있습니다.

'누가 노인을 돌볼 것인가'

고령화의 문제는 '누가 노인을 돌볼 것인가'의 문제로 이어집니다. 최근 한국에서는 경제적 능력이 있는 가족구성원이 존재할 경우 노인인 기초수급자가 될 수 없는 부양의무자 제도의 문제가 공론화되고 있습니다. 가족의 부양의무를 전제로 한 제도 때문에 가족의 부양도 받지 못하고 사회적 보호도 받지도 못하는 이들이 존재하기 때문입니다.

물론 경제적으로도 신체적으로도 누구에게 의지할 필요가 없는 노인들이 많습니다. 그러나 늙고 죽는 것이 인간의 운명이기에, 어떤 방식이든 다른 사람의 돌봄이 필요한 시간은 반드시 찾아오게 됩니다. 그리고 고령사회에서 대부분의 사람들에게 이 시간이 찾아옵니다. 그렇기에 나무사발을 깎는 아들의 이야기나 지게를 타고 나라야마로 향하는 오린의 이야기는 누구에게도 남의 얘기처럼 들리지 않을 것입니다. 이는 누가 노인을 돌볼 것인가의 문제가 더 이상 가족과 개인의 문제가 아니라, 사회적인 문제가 되고 있음을 의미합니다.

저는 일본사회의 고령화에 대한 연구를 해 왔습니다. 초고령사회 일본에서는 어떻게 노인돌봄이 이루어지고 있을까요. 또 어떤 문제를 안고 있을까요. 일본의 사례를 통해 '노인돌봄의 사회화'의 의미를 살펴보고, 어떻게 그 해결의 실마리를 찾을 수 있을까를 이야기하고 싶습니다.

일본의 한 사회학자는 1998년에 고령자 부부와 인터뷰 조사를 합니다. 그리고 이 때 와상상태의 부인을 간호하는 80대 남성이 매일 낫또에 마요네즈를 비벼 밥에 얹어먹고 있다는 말을 듣고 충격을 받았다고 회상합니다. 당시는 경제적으로 어려운 사람만 행정의 '조치'에 의해 공적인 돌봄을 받을 수 있던 시절이었기 때문에 이 부부는 공적인 돌봄의 지원을 받지 못한 것입니다. 2012년의 저서에서 그녀는 '지금이라면 개호보험제도를 이용해서 1할의 자기부담으로 방문간호나 방문개호서비스의 케어를 받고, 배식서비스나 헬퍼에 의한 가사서비스를 받고, 데이케어시설의 입욕서비스를 받을 수 있었을 텐데…'하며 안타까워했습니다.

고령자 복지에 있어 일본사회에서 가장 획기적인 제도로 꼽히는 것은 2000년 4월부터 실시된 개호보험제도입니다. 그리하여 65세 이상의 고령자는 돌봄이 필요하다는 인정을 받으면 자택이나 시설에서 공적개호 서비스를 받을 수 있게 되었습니다. 2000년부터 실시된 '일본개호보험제도'는 가족돌봄의 한계에 대한 사회적 공감대 속에서 '개호의 사회화'를 모토로 한 고령자 케어제도입니다. '개호'는 한국에서는 쓰지 않는 단어이지만, 돌봄이나 케어의 의미로 이해하면 될 것 같습니다.

과거에 비한다면 돌봄이 필요한 노년의 시간이 급격하게 길어졌고, 그러나 노인을 지원할 수 있는 가족의 자원은 빈약한 상태입니다. 이에 따라 노인돌봄은 더 이상 개인이나 가족의 문제가 아니라 사회전체의 문제라는 공감대가 형성되었습니다. 개호보험제도가 표방하는 '돌봄의 사회화'란 지금까지 가족 안에서 가족의 보이지 않는 노동으로, 무상으로 행해지던 사적인 돌봄노동이 공적영역에서 유상의 사회적 노동으로 전환되는 것을 의미합니다. 개호보험제도는 가족 단위가 아닌 개인을 대상으로 한 복지서비스의 제공, 그리고 서비스에 대한 보편적인 접근성을 확보하는 것을 목표로 출발했습니다. 그래서 가족이 가족돌봄의 부담에서 '해방'된다는 희망적인 메시지를 던지는 듯 했습니다.

그러나 개호보험제도가 본격적으로 시행됨과 함께 '제도의 지속가능성'의 문제가 꾸준히 제기되었습니다. 개호보험제도가 실시된 2000년의 일본 인구의 고령화율은 17.2%로 일본사회는 이미 본격적인 고령사회였습니다. 그로부터 채 20년이 안 된 2016년의 일본의 고령화율은 26.7%로, 고령화는 더욱 심화되고 75세 이상의 후기고령자의 수 역시 급격하게 증가했습니다. 이러한 인구변화 속에서 개호보험의 재정위기 논란이 꾸준히 제기되었고, 개호보험제도의 개정과정에서는 점차 지역과 자기 집에서의 '자립'과 '자조'가 강조되었습니다. 이에 따라 케어가 필요한 고령자들이 가능한 병원이나 시설이 아니라 자기 집에서 케어를 받게 하는 정책의 방향이 제시되고, '24시간 방문서비스' 등 가정에서의 케어를 지원하기 위한 방안들이 마련되었습니다. 그러나 야간서비스는 적자의 원인이 되어 많은 사업자들이 이를 기피하고 있을 뿐 아니라, 신체가 부자유한 상태에서 혼자 생활하는 고령자들은 긴급벨이 있다고 해도 불안함을 느끼거나 적절히 대처하지 못하는 문제가 발생합니다. 누군가의 도움 없이는 일상생활을 하기 어려울 만큼 노화가 진행되면, 집에서의 공적케어란 실질적으로는 가족의 일상적인 돌봄이 없이는 유지되기 어려운 것이 되고 맙니다.

그러나 오늘날 부모돌봄을 담당할 수 있는 가족의 자원이란 빈약하기 짝이 없습니다. 일본사회의 통계를 본다면, 2010년 기준으로 50세까지 한 번도 결혼한 기록이 없는 이의 비율은 남자 20.1%, 여자 10.6%를 넘습니다. 이와 같은 비혼화의 경향 속에서 '초고령화'와 '비혼화'가 만나 부모를 케어하는 독신자가 증가하는 것은 일본에서 새로운 사회현상입니다. 애초에 『르포 독신개호』라는 제목으로 출판된 일본 사회학자 야마무라 모토키의 저서는 『나 홀로 부모를 떠안다』라는 제목으로 한국에 소개되었습니다. 한국어판의 '떠안다'라는 표현은 생명을 유지하기 위해 누군가에게 의지하게 된 시간부터 죽음에 이르기까지의 시간의 무게를 그대로 전하고 있는 듯합니다. 야마무라가 취재한 이들은 다른 이유로 일을 그만둔 시기와 부모를 돌보아야 하는 시기가 겹친 바람에 부모 돌봄에 몸이 묶인 이들이었습니다.

결혼하지 않은 자녀가 부모를 돌보는 '독신개호'는 최근 논의되고 있는 가족돌봄의 새로운 양상입니다. 1990년대 이후 부모를 돌보는 것은 며느리가 아니라 친자녀가 되는 경향이 높아지고 있으며, 여자든 남자든 결혼하지 않고 혼자 살고 있는 경우 주된 돌봄자가 될 가능성은 현저히 높아집니다. 혼인과 출산의 과정을 통해 핵가족을 구성하고 나면 따로 살고 있는 부모는 개별 가구로 인식되는 경향이 강한 반면, 결혼하지 않은 자녀, 특히 비혼인 채로 부모와 함께 살고 있는 자녀는 부모와 오랜 시간을 두고 심리적, 경제적 연대를 유지해왔기 때문에, 돌봄이 필요한 상황에 가장 깊숙이 개입하게 되는 것입니다. 가족의 돌봄을 강제하는 가족규범의 힘은 약화되었으나, '친밀한 관계를 기반으로 자발적이며 주체적으로 부모돌봄을 해야 한다'라는 새로운 규범이 강화되어, 비혼의 친자녀는 가장 적절한 주개호자가 되는 것입니다.

특히, 2010년 후생노동성의 '국민생활 기초조사'에 따르면, 부모가 같이 살며 '거의 온종일' 간병하는 주요 간병인 가운데 아들의 비율은 지난 30년 동안 약 6배 증가한 12.0%로 높아졌습니다. 기존의 젠더질서 속에서 부모

돌봄에서 면제되었던 아들이 개호의 전면에 나서게 된 것입니다. 일본의 사회학자 히라야마 료는 '부모를 간병하는 아들 28명의 체험담'을 통해 아들들의 부모돌봄의 경험을 풀어냅니다. 그리고 부모를 돌보는 남성이 심각한 사회적 고립에 처하는 문제를 부각시킵니다. 부모의 주요 돌봄자가 아닌 '보통 남성'이 다수를 차지하는 직장에서 간병하는 이들이 '소수파'로 취급받지 않기 위해, 또한 직장에 폐를 끼치지 않기 위해, 간병한다는 사실을 밝히지 않는 경우가 많다고 합니다. 이 때문에 돌봄과 일을 병행하는 어려움이 회사에서 화제가 되지 못하고, 이를 지원하기 위한 회사의 지원도 구축되지 못하는 악순환에 빠지고 마는 것입니다.

최근 일본에서는 부모돌봄을 이유로 퇴직하는 사례가 늘어나고 있다고 합니다. 결국 부모 돌봄을 함께 할 수 있는 가족이 없는 경우 독신개호자들은 일이나 부모돌봄 중에서 한쪽을 선택할 수밖에 없는 상황에 몰려, 경제적인 기반 뿐 아니라 생활의 기반이 흔들리게 됩니다. 부모 돌봄이 장기화됨에 따라 부모의 연금이나 재산에 의지하게 되면, 이들은 사회인으로 자립하지 못했다는 위축감과 초조함을 느낄 수밖에 없습니다. 부모에 빌붙은 자발적 실업자라거나 은둔형 외톨이라는 시선을 받기도 합니다.

사회적 돌봄의 실마리

노인이 노인을 돌보는 상황, 치매노인을 치매노인이 돌보는 상황, 부모 간병 때문에 일을 그만두는 장년층의 문제, 부모의 돌봄을 떠안은 비혼자들의 사회적 고립의 문제 등 노인돌봄을 둘러싼 '가족문제'는 최근 일본에서 심각한 '사회문제'가 되고 있습니다. 특히 가족 내의 개호동반자살, 개호살인의 사건은 고립된 가족돌봄의 비극을 극단적으로 보여줍니다. 일본 후생노동성의 통계를 통해 최근의 가족동반자살의 경향을 보면, 부모가 어린아이와 동반자살을 하는 사건이 줄어든 동시에 개호동반자살, 즉 노년형 친자동반자살은 늘어나고 있습니다.

『나는 가족을 죽였다: 개호살인 당사자들의 고백』이라는 제목으로 NHK 스페셜이 2016년 7월 3일에 방송되었습니다. NHK 조사를 보면 2010년 1월부터 2015년 12월까지 6년 동안 미수 및 상해치사를 포함한 개호살인은 적어도 138건 일어났는데, 이는 약 2주에 한 건의 비율로 사건이 발생한 것입니다. 재판자료 등을 기초로 실제 상황이 판명된 77건 중 절반 이상의 사건은 가족 돌봄을 시작한지 3년 안에 일어났다고 합니다.

이 방송은 2010년의 NHK다큐멘터리 '무연사회'를 떠올리게 합니다. 2010년의 NHK다큐멘터리 〈무연사회無縁社会〉는 비혼의 증가로 인한 젊은 층의 사회적 고립의 문제를 포함하여, 인간관계의 '연'이 끊어진 사회에서 '평범한' 이들이 직면하는 사회적 고립의 심각성을 지적하여 사회적으로 큰 반향을 일으켰습니다. 연간 약 3만2천명의 수취인이 없는 무연사無縁死의 현실을 취재한 이 다큐멘터리에서부터 '무연'이라는 표현은 오늘날의 일상화된 고독을 표현하는 용어가 되었습니다. 가족의 연이 없이 살아가는 삶의 양상이 인류역사상 유례를 찾기 힘들 정도로 급속히 확대되어 이것이 '평범한' 사람들의 외로운 죽음을 초래한 것입니다. 돌보는 사람이 없는 홀로 맞이하는 죽음, 그리고 돌봄에 지친 끝에 일어나는 죽음은 그 죽음이 극단적인 사회적 고립 속에서 발생하는 죽음이라는 점에서 공통적입니다.

개호살인이나 동반자살에 관한 보도들은 개호를 받는 자의 생명권을 묻기보다는 돌봄의 노고에 대한 동정과 연민을 불러일으키는 경향이 강합니다. 마이니치 신문사는 취재 내용를 담은 『개호살인: 궁지에 몰린 가족의 고백』을 출간했는데, 여기에 등장하는 사나에(가명)에 대한 보도는 그 전형입니다. 마이니치 신문사에서 개호살인을 취재할 즈음 이 사건의 재판이 이루어져 이 사건은 '앞이 보이지 않는 불안', '장기개호라고 하는 출구 없는 터널'과 같이 가족 돌봄의 암담함을 암시하는 제목과 함께 소개가 됩니다.

사나에는 교통사고로 와상상태인 된 모친을 집에서 10년 이상 보살폈습니다. 그러나 어느 날 모친의 가슴과 복부 등을 수차례 찔렀고, 본인도 '이제 한계다. 이제 엄마와 천국에서 살고 싶다'라는 유서를 남기고 자살을 시도했습니다. 모친은 사망하고, 사나에는 중상을 입었으나 목숨을 건졌습니다. 이는 교통사고 이후 10년 이상 자리에서 일어나지 못한 모친의 시신에서 욕창이 발견되지 않았을 만큼 어머니를 헌신적으로 간호했으나, 이것이 살인사건으로 끝났기 때문에 주목을 받았습니다.

변호사와 정신과 의사들은 사나에가 끝이 보이지 않는 간병에 따른 피로 때문에 우울증을 앓고, 심신이 약한 상태였음을 강조했습니다. 사나에는 '엄마는 내가 없으면 살아갈 수 없는 존재입니다. 사건 직전에는 정말 한계였습니다. 후회하고 있습니다'라고 진술했습니다. 또 '저는 어머니를 죽였지만, 다시 태어나도 어머니의 자식으로 태어나고 싶습니다'라고 하여 배심원들이 흐느끼기도 했습니다. 재판장은 '우울증으로 인해 현상을 바르게 인지하고 합리적으로 판단하기 힘든 상태였고, 본인이 돌볼 수밖에 없는 상황에서 벗어나기 위해서는 동반자살을 할 수 밖에 없다는 잘못된 판단에서 비롯된 일이다. 장기간에 걸친 헌신적인 개호에 지친 끝에, 동반자살을 경위를 비추어보면, 피고인을 강하게 비난하는 것은 다소 가혹하다'라고 사나에의 상황을 동정하고 징역 3년, 집행유예 5년을 선고합니다.

개호살인은 일반 살인사건과는 다른 방식으로 다루어집니다. 검찰이나 변호사측이 사실관계를 두고 싸우는 일 없이 재판의 과정도 담담하고, 가족 내 사건이기에 유족들에게 처벌감정이 없는 것도 특징입니다. 사형이나 무기징역은 물론, 장기간의 실형을 판결하는 경우도 거의 없습니다. 장기간 가족을 돌보았으나 결국 '살인범'이 된 이들에 대한 동정적인 분위기는 '생명의 존엄'을 둘러싼 현대인의 모순된 감정과 판단을 보여주는 동시에, 가족돌봄의 어려움에 동감하면서도 '가족'이라는 이유로 사회가 이를 개인에 떠안기고 외면하고 있음을 드러냅니다. 가족돌봄을 위해 일을 그만두는 것밖에 선택의 여지가 없게 만드는 상황, 그리고 이를 허용하고 묵인하는 문화 속에서, 혼자 가족돌봄을 떠안고, 이 상황에서 벗어나기 위한 방법까지도 혼자 떠안은 결과 가족돌봄을 둘러싼 비극적인 상황이 방치되고 있는 것이 아닐까요.

사전적인 의미를 찾아보면 자립이란 남에게 의지하거나 종속되지 않고 스스로의 힘으로 서는 것을 의미합니다. 한편 의존이란 다른 것에 기대어 생활하거나 존재한다는 뜻입니다. 우리는 서로 연결되어 기대면서 살아갑니다. 노년기를 포함하여 인간의 삶에는 늘 자립과 의존의 상태가 공존하며, 자립과 의존은 일상적으로 명확히 구분할 수 있는 대립적인 개념이 아닙니다. 한편 그럼에도 '자립'을 추구하는 것은 현대사회의 이상적인 삶의 지향입니다. 의존과 자립의 균형이 깨져 일방적인 관계가 되기를 원치 않습니다. 그러나 '가족에게 폐를 끼치고 싶지 않다'라는 누구나의 소망에도 불구하고, 누구나 타인에게 의존할 수밖에 없는 순간을 맞게 됩니다. 노년의 신체적 쇠락이 진행될수록, '자립'을 위한 일상적인 '의존'은 점차 심화될 수밖에 없습니다.

한편, 자신의 거주지에서 생의 마지막을 보내는 것은 노년의 삶의 질을 유지하는데 있어 핵심적인 문제입니다. 최근에는 가족이 없이도 혼자서 집에서 케어를 받다가 생을 마감할 수 있는 방안을 모색하는 사람들이 늘어나고 있습니다. 자기가 살던 집에서 돌봄을 받는 것은 가장 현실적이면서, 동시에 가장 이상적인 삶의 모습인 것입니다. 그렇다면 어떻게 집에서 생의 마지막 시간을 보낼 수 있게 지원할 것인가는 다시 절실한 사회적 과제가 됩니다. 오늘날 사회구성원 대다수가 긴 노년을 경험합니다. 누군가의 돌봄을 필요로 하는 시기부터 죽음의 순간까지의 긴 시간은 돌봄을 받는 쪽에서나 돌보는 쪽에서나, 평범한 사회구성원들에게 반드시 찾아오는 삶의 과제이자 보편적인 경험이 되고 있습니다. 그렇다면 이 보편성이야말로 우리 사회에 돌봄의 거대한 호혜관계의 순환을 모색할 수 있는 실마리이며 '돌봄의 사회화'를 논의할 수 있는 토대가 될 것입니다.

---

* 이 글은 부경대 인문사회과학연구소 『인문사회과학연구』18(3), 2017에 실린 「가족개호'의 사회적 고립과 '돌봄의 사회화'」를 대폭 가필 수정한 글입니다.

삶과
죽음의
대화

3부

죽음의 이별과 슬픔,
그리고 애도

01 아들의 죽음, 아픔과 참척의 일기
: 박완서의 『한 말씀만 하소서』

유창선

사람은 누구나 죽습니다. 이것을 모르는 사람은 없습니다. 내 친구, 내 부모와 형제 그리고 자녀와도 언젠가는 이별하게 됩니다. 그리고 나 역시 그 길 위에 서게 될 것입니다. 죽음은 흔하지만 사별의 아픔과 고통은 지극히 개별적이고 특별한 일입니다. 친밀했던 사람의 죽음을 겪고 나서야 우리는 비로소 그것의 실체를 몸소 느끼며 괴로움의 늪으로 빠져듭니다. 이런 슬픔과 우울, 비통과 원망은 지극히 주관적이며 구체적이라 다른 사람은 짐작할 수는 있어도 감히 이해할 수 있는 영역은 아닐 것입니다.

소설가 고故 박완서는 유난히도 아픈 내면의 고통을 겪었던 작가입니다. 사랑했던 가족들의 잇따른 죽음은 그녀를 깊은 고통 속에 몰아넣었습니다. 박완서는 6.25 전쟁 때 오빠를 잃었고, 남편을 폐암으로 먼저 보냈으며, 바로 뒤에 아들을 사고로 잃고 말았습니다. 그래서 그의 여러 작품들에는 가족을 잃은 아픔과 고통들이 담겨있습니다.

이 글에서는 그녀가 사랑했던 가족들의 죽음이 가져온 처절한 아픔 속에서 가졌던 여러 심상을 작품들을 통해 만나볼 생각입니다. 푸른 서슬과 솟구치는 분노, 절망의 나락, 고통의 심연을 지나 정금 같이 삶의 길로 들어서는 작가의 마음의 여정을 따라가 보려고 합니다.

오빠의 죽음과 트라우마

　박완서보다 열 살 위였던 오빠는 6.25전쟁 때 죽었습니다. 박완서의 글을 통해서 보면 그녀와 오빠의 우애는 각별했습니다. 서로가 깊이 이해하고 사랑하는 사이였다고 박완서는 회고한 바 있습니다. 어려서 아버지를 여의고 홀어머니 밑에서 자란 그녀에게 그는 오빠인 동시에 아버지였고 우상이었습니다.

　그런 오빠를 잃었던 사연은 『엄마의 말뚝2』에 나옵니다. 오빠는 해방 후 한때 좌익운동에 가담했다가 전향한 적이 있었습니다. 그것 때문에 6.25 직후 서울을 사수할 것이라는 방송만 믿고 피난 기회를 놓쳐 남하를 못하고 적敵치하의 서울에 남은 걸 극도로 불안해했습니다. 만 석 달 만에 서울수복이 이루어지고 세상이 바뀌자 가족들은 빨갱이 집안이라고 박해를 받았고 오빠는 끌려갔습니다. 돌아온 오빠는 이미 속속들이 망가져 있었습니다. 눈은 잠시도 한 군데 머무르지 못하고 희번덕댔고, 심한 불면증으로 몸은 수척했고 피해망상으로 하루에도 몇 번씩 깜짝깜짝 놀라고 사람을 두려워했습니다. 다시 1.4 후퇴령이 내려지고 서울이 인민군 치하가 되었을 때, 오빠가 그 지경이 된 진상을 기어코 알고자 했던 보위군관은 바른 말을 하라며 오빠에게 총을 쐈고, 결국 오빠는 출혈로 인해 며칠 후 사망하고 말았습니다.

　박완서는 이때의 일을 『나에게 소설은 무엇인가』에서 다음과 같이 회고 했습니다.

　　오빠는 서서히 죽음을 당했다. 그것도 정신과 육체가 따로따로. 오빠가
완전히 죽기까지는 장장 일 년이 걸렸다. 나는 지금까지도 어느 쪽이 오빠
를 죽였는지 확실히 말할 수가 없다. 한쪽에서는 오빠를 반동으로 몰아
갖은 악랄한 수단으로 어르고 공갈치고 협박함으로써 나약한 지식인에
지나지 않았던 그를 마침내 폐인을 만들어 놓고 말았고, 다른 한 쪽에선
폐인을 데려다 빨갱이라고 쪽치기가 맥이 빠졌는지 슬슬 가지고 놀고 장
난치다 당장 죽지 않을 만큼의 총상을 입혀서 내팽개치고 후퇴했다. 듣기
좋게 오발誤發 사건이라고 했다. 치료가 불가능한 상태로 내팽개쳐진 그는
가족들마저 다 떠나고 텅 빈 1.4 후퇴 후의 서울에 남겨진 채 차마 눈
뜨고 못 볼 신고를 하다가 죽었다. 그러나 남은 식구는 누구를 원망할
자격조차 없었다.

　　사람 나고 이데올로기가 난 게 아니라, 이데올로기 나고 사람 난 세상은
그렇게 끔찍했다. 아무한테도 발설하지 못하고 우리 가족만의 비밀로 꼭
꼭 숨겨둔 오빠의 죽음은 원귀가 된 것처럼 수시로 나를 괴롭혔다.

　　나의 초기 작품, 그 중에서도 특히 6.25를 다룬 일련의 작품들은 오빠의
망령으로부터 벗어나 보려는 몸부림 같은 작품들이다.

오빠가 죽은 후 남은 식구는 늙은 어머니와 올케와 어린 조카 둘과 자신
까지 모두 다섯이었습니다. 어머니와 올케는 허구한 날 줄기차게 비탄에
만 잠겨 있다가 차츰 허탈 상태로 빠져 들어가 산송장처럼 멍해졌습니다.
식구들은 도무지 살 뜻이 없었습니다. 그렇다고 목숨을 끊을 만한 적극적
인 의욕도 없이 그날그날을 죽지 못해 살고 있었습니다. 아직 젊고 미혼이

었던 박완서는 가장된 오랜 슬픔에서 깨어나 비로소 제 정신을 찾았고 연년생의 어린 조카들에 대한 책임감도 생겨 자신이라도 나서서 돈을 벌어야겠다는 생각을 갖게 되었습니다. 그래서 취직한 곳이 미8군내 PX 점원이었는데, 초상화부에서 일하면서 화가 박수근을 알게 됩니다. 당초 박수근의 전기傳記를 쓰고자 했던 박완서는 글을 쓰다 보면 자신의 얘기들로 메워짐을 알게 되었고, 마침내 전기 쓰기를 그만 두고 자전적 소설을 쓰기 시작했습니다. 『목마른 계절』(1978), 『엄마의 말뚝2』(1981), 『그 산이 정말 거기 있었을까』(1995) 같은 작품들은 한국전쟁의 체험과 상처에 관한 자전적 소설들이었고, 물론 오빠의 죽음이 그 모티브가 되었던 것입니다. 전쟁 속에서 목격했던 오빠의 죽음은 박완서에게 불치의 상처를 남겼고 지울 수 없는 트라우마가 되어버렸습니다.

박완서는 『부처님 근처』(1973)에 등장하는 주인공의 입을 통해 그런 사정을 술회하고 있습니다.

나의 동어반복은 당분간 아니 내가 소설가인 한 계속될 것이다. 대작은 못 되더라도 내 상처에서 피가 흐르고 있는 이상 그 피로 뭔가를 써야 할 것 같다. 상처가 아물까 봐 일삼아 쥐어뜯어 가면서라도 뭔가를 쓸 수 있는 싱싱한 피를 흐르게 해야 할 것 같다. 왜냐하면 그건 내 개인적인 상처가 아니라 우리 모두의 무참히 토막 난 상처이기 때문이다.

남편의 죽음과 틈바구니 의식

  박완서는 전쟁이 끝날 무렵인 1953년 봄, 남편을 만나 결혼했습니다. 남편한테 소박맞고 아들 하나만을 믿고 살아온 홀어머니가 끔찍하게 위하던 외아들이었던 남편은, 고학으로 겨우 공업학교를 나와 자수성가한 사람이었습니다. 조명기구 만드는 공장을 하다가 청계천에서 도매상을 하던 남편은 그곳의 나쁜 공기 탓에 1986년 폐암 진단을 받았습니다. 그 때 "어머니는 아버지를 꼭 낫게 하고야 말겠다고 투쟁하는 사람처럼 팔을 걷어붙였다"고 맏딸 호원숙은 「행복한 예술가의 초상」에서 회상하고 있습니다.

  아버지는 정말 감동적으로 투병을 하셨다. 의사인 자식들도 감탄을 했고, 서울대학병원 안에서도 모범적인 암환자로 소문이 났다. 병과 죽음을 받아들이는 태도가 어떤 종교인 못지않다고 모두들 존경했다. 아버지의 그러한 모습을 보며 어머니는 아버지에게 항복하는 것 같았고, 아버지는 우리에게 어떤 모범을 보여주는 것 같았다.

  하지만 박완서의 남편은 폐암 진단을 받은 지 2년 만에 사망하고 맙니다. 호원숙은 남편을 잃었던 어머니의 모습을 이렇게 기억합니다.

  아버지가 돌아가시고 나서 석 달쯤 어머니는 원태와 둘이서만 생활했는데 어머니는 하루가 다르게 생기를 잃어 갔다. 일주일에 한 번씩 드리는 연미사에 나오는 어머니의 모습은 점점 빛을 잃어 갔다. 어머니는 어떠한 어려움 속에서도 생기를 잃은 적이 없었는데, 아버지는 어머니에게 너무 큰 자리였고 그 자리가 비어 있는 어머니의 모습은 너무 허무해 보였다.

「여덟 개의 모자로 남은 당신」은 세상을 떠난 남편을 그린 작품입니다. 가족들은 항암 치료를 받게 된 남편의 벗겨진 머리를 가려주기 위해 모자를 하나씩 사서 줍니다. 남편이 세상을 떠났을 때 모자는 여덟 개가 되었습니다. 박완서에게 모자들은 그냥 모자가 아니었습니다.

> 마지막 일 년은 참으로 아까운 시절이었다. 죽을 날을 정해놓은 사람과의 나날의 아까움을 무엇에 비길까. 애를 끊는 듯한 애달픔이었다. 세월의 흐름이 빠른 물살처럼 느껴지고 자주자주 시간이 빛났다. 아까운 시간의 빛남은 행복하고는 달랐다. 여덟 개의 모자에는 그 빛나는 시간의 추억이 있다. 나만이 아는.

이 작품에는 '틈바구니의 숨결'에 관한 얘기가 나옵니다. 정연희(2010)에 따르면 박완서의 '틈바구니 의식'은 위계적 이분법에 함몰되지 않고 의미 있는 타자를 발견함으로써 틈새의 숨결을 찾아내는 역할을 하는 것입니다. 이러한 틈새에서 드러나는 것은 문명이나 이데올로기의 껍데기를 걷어낸 삶의 있는 그대로의 모습입니다.

「여덟 개의 모자로 남은 당신」 중에는 이 틈바구니에서 느낀 분노의 고백이 나옵니다. 밤새 죽어가던 남편을 위해 CT촬영을 하러 이른 아침 병원에 도착했을 때, 병원 노동자들은 파업 중이었습니다. 자신이 노동자의 편이라는 것을 한 번도 의심해 본 적 없던 작가였습니다. 자신이 노동자라서가 아니라 억압하는 쪽보다는 억압당하는 쪽을, 가진 자보다는 못

가진 자를 편드는 건 자신의 기본적인 도덕심이었다고 작가는 말합니다. 하지만 병원에서의 황망했던 그 순간, 작가는 동질감보다는 반감이 앞섰고, 끓어오르는 분노를 억제할 수 없었습니다. 그 순간 작가에게는 그들 또한 막강한 강자로 보였습니다. 강자란 무엇인가? 목청 높은 가해자가 곧 강자인 것을. 그들이야말로 지금 그 두 가지를 완벽하게 겸비하고 있다고 작가는 생각했습니다. 평소 자신이 노동자의 편이라고 생각했던 작가였지만, 죽어가는 남편 앞에서는 그들의 파업에 분노하는 숨결을 숨기지 않고 드러낸 것입니다.

「여덟 개의 모자로 남은 당신」의 마지막에는 다시 '틈바구니의 숨결' 얘기로 끝납니다.

나는 요새도 가끔 그가 남긴 여덟 개의 모자를 꺼내 본다. 그 안에서 머리카락 한 오라기라도 찾아보려고 더듬어 보지만 번번이 헛손질로 끝난다. 그 여러 개의 모자는 멋이나 체면을 위한 것이 아니라, 단지 민둥머리를 가리기 위한 것이었다. 그의 몸을 차디찬 땅 속에 묻은 건 확실한데 아침마다 우수수 지던 그 숱한 머리카락은 지금 어느 만큼 멀리 흩어져 티끌로 떠도는 걸까. 생명의 가없음이 티끌과 다를 바 없다는 속절없는 생각에 잠기기도 한다. 그의 흔적을, 남긴 물질에서 찾는 것보다는 남긴 말이나 생각에서 찾는 게 그래도 조금은 덜 허전하다. 그는 평범한 사람이고, 잘난 척할 줄로 몰랐기 때문에 담소는 즐겼지만 그럴 듯한 말은 할 줄 몰랐다. 우리 집엔 그 흔한 가훈도 없다. 그의 말이 생각나는 것도 그가 끼면 편안하고 여유로워지는 담소 분위기이지, 멋있거나 뜻깊은 말뜻은 아니다.

오직 틈바구니만이 예외다. 내가 생긴 틈바구니에 끼여 보지 않았다는 게 무슨 뜻일까? 그런 생각이 나를 자꾸 심각하게 한다. 그가 나대신 가 주던 동회나 세무서에 볼 일 보러 가서 똑똑치 못하게 굴다가 구박 맞으면 이게 틈바구닌가 싶기도 하고, 사용자와 노동자, 가진 자와 못 가진 자, 칼자루 쥔 자와 칼날 쥔 자, 통일꾼과 반통일꾼이 서로 목청을 높여 싸우는 걸 봐도 전처럼 선뜻 어느 쪽이 옳거니 양자택일이 안 되고, 또 그 놈의 틈바구니에 사로잡히게 된다. 여봐란 듯이 틈바구니에 끼기 위해선 거친 두 목청 사이에 낀 틈바구니의 숨결을 찾아내야만 할 것 같다. 어쩌면 그는 그때 삶과 죽음의 틈바구니에서 어느 만큼은 내 원색적인 분노를 관조할 수도 있었기에 해본 단순한 연민의 소리일 뿐인 것을 내가 괜히 심각하게 구는 건지도 모르겠다. 그래도 여전히 틈바구니는 아무것도 아닌 게 되지 않는다. 그가 남긴 모자가 나에겐 모자라는 물질 이상이듯이 틈바구니란 말 또한 이상의 것, 한없이 추구해야 할 화두임을 면할 수가 없다.

남편의 죽음을 얘기한 작품의 마지막에서 왜 틈바구니의 얘기가 나온 것일까요. 그것은 삶과 죽음의 틈바구니에서 드러낸 원색적인 분노에서 자신의 숨결을 느꼈음이 아니었을까요.

아들 원태의 죽음, 그 참척의 일기

그러나 남편을 잃은 지 불과 세 달 만에 더 큰 고통이 찾아왔습니다. 1988년 여름, 스물여섯 살짜리 외아들 원태가 사고로 죽은 것입니다. 마취과 의사 지망생이던 원태는 레지던트 과정에 있었습니다. 박완서에게 딸만 넷을 낳다가 얻은 귀한 아들이었습니다. 박완서는 그 때 아들을 잃은 것이 가장 가슴 아픈 일이었다고 말하곤 했습니다. 오빠의 죽음보다, 남편의 죽음보다, 외아들 원태의 죽음은 훨씬 고통스러웠던 것 같습니다.

저에게는 1988년 당시 26세였던 아들을 잃은 것이 가장 가슴 아픈 일입니다. 너무나 큰 상처로 남아 1년 정도 붓을 꺾었으니까요. 저를 다시 일으켜 세운 것은 문학입니다. 글을 집필하면서 조금씩 위안을 삼았습니다.

(중앙일보, 2009.10.21.)

아들 원태가 세상을 떠났을 때의 고통스러운 마음을 박완서는 참척의 일기 『한 말씀만 하소서』에서 이렇게 적고 있습니다.

눈을 뜨니 낯선 방이었다. 옆에서 손자가 곤히 자고 있었다. 꿈이었으면 하는 몽롱한 착각을 즐길 새도 없이 아들이 이 세상에 존재하지 않는다는 사실이 무서운 괴물처럼 가차 없이 육박해왔다.…… 아들이 이 세상에 살아있지 않다는 걸 인정하게 되면 그 다음은 가슴을 쥐어뜯으며 미친 듯이 몸을 솟구치면서 울부짖을 차례였다. 그 일이 나에게 얼마나 중요한 의식인지 아무도 모른다.

나는 아들을 잃었다. 그 애는 이 세상에 존재하지 않는다. 그 사실을 알아듣는 걸 견딜 수가 없다. 그 애가 이 세상에 존재했다는 증거는 이제 순전히 살아 있는 자들의 기억밖에 없다. 만약 내 수만 수억의 기억의 가닥 중에 아들을 기억하는 가닥을 찾아내어 끊어버리는 수술이 가능하다면 이 고통에서 벗어나련만. 그러나 곧 아들의 기억이 지워진 내 존재의 무의미성에 진저리를 친다. 자아自我란 곧 기억인 것을. 나는 아들을 잃고도 나는 잃고 싶지 않은 내 명료한 의식에 놀란다. 고통을 살아야 할 까닭으로 삼아서라도 질기게 살아가게 될 내 앞으로의 모습이 눈에 선하다. 그런 늙은이 싫지만 어쩔 수가 없다.

그 고통스러웠던 마음은 다른 작품 「나의 가장 나종 지니인 것」에 등장했던 창환의 어머니의 그것과 다르지 않습니다. 이 작품에서는 시위를 하다가 쇠파이프에 맞아 죽은 아들 창환이를 그리는 화자話者가 형님에게 절규하는 말들이 이어집니다.

생때같은 아들이 어느 날 갑자기 이 세상에서 소멸했어요. 그 바람에 전 졸지에 장한 어머니가 됐구요. 그게 어떻게 아무렇지도 않은 일이 될 수가 있답니까. 어찌 그리 독한 세상이 다 있을까요, 네, 형님? 그나저나 그 독한 세상을 우리가 다 살아내기나 한 걸까요?

그 창환은 자신의 아들 원태이기도 했습니다. 그렇게 아들을 잃은 어머니의 마음은 신에 대한 원망으로 이어집니다. 『한 말씀만 하소서』에서는 정말 무심한 하느님에 대한 항의가 반복되고 있습니다.

원태야, 원태야, 우리 원태야. 내 아들아. 이 세상에 네가 없다니 그게 정말이냐? 하느님도 너무하십니다. 그 아이는 이 세상에 태어난 지 25년 5개월밖에 안 됐습니다. 병 한번 치른 적이 없고, 청동기처럼 단단한 다리와 매달리고 싶은 든든한 어깨와 짙은 눈썹과 우뚝한 코와 익살부리는 입을 가진 준수한 청년입니다. 걔는 또 앞으로 할 일이 많은 젊은 의사였습니다. 그 아이를 데려가시다니요. 하느님 당신도 실수를 하는군요. 그런 하느님도 아니지요.

주여, 그렇게 하찮은 존재에다 왜 이렇게 진한 사랑을 불어넣으셨습니까.

어머니는 자신의 아들이 왜 죽어야 했는지를 신더러 설명해줄 것을 요구합니다. 그리고 과연 신이 있기나 한 것인지에 대한 근본적인 질문을 던집니다.

주님, 당신은 과연 계신지, 계시다면 내 아들은 왜 죽어야 했는지, 내가 이렇게까지 고통 받아야 하는 건 도대체 무슨 영문인지, 더도 말고 덜도 말고 한 말씀만 해보라고 애걸하리라.…… 내 아들의 죽음의 의미는 뭘까? 죽음 후에도 만남이 있을까? 그 애의 죽음은 과연 피할 수 없는 운명이었을까? 신이 있기나 있는 것일까? 인간의 기도나 선행과는 상관없이 인간으로 하여금 한치 앞도 못 내다보게 눈을 가려놓고 그 운명을 마음대로 희롱하는 신이라면 있으나마나가 아닐까?

마침내 하느님이 그것 밖에 안 되는 존재라면, 차라리 없는 게 낫고, 없는 것과 마찬가지라는 극단적 생각에 도달합니다.

내 아들아. 이 세상에 네가 없다니 그게 정말이냐. …… 창창한 나이에 죽임을 당하는 건 가장 잔인한 최악의 벌이거늘 그 애가 무슨 죄가 있다고 그런 벌을 받는단 말인가. 이 어미에게 죽음보다 무서운 벌을 주는 데 이용하려고 그 아이를 그토록 준수하고 사랑 깊은 아이로 점지하셨더란 말인가. 하느님이란 그럴 수도 있는 분인가. 사랑 그 자체라는 하느님이 그것밖에 안 되는 분이라니. 차라리 없는 게 낫다. 아니 없는 것과 마찬가지다.

박완서는 예수님이 십자가 못 박혀 운명하시기 직전에 큰 소리로 남기신 "엘리 엘리 라마 사막타니"가 "나의 하느님, 나의 하느님, 어찌하여 나를 버리시나이까"가 아니라 "하느님, 하느님, 결국 당신은 안계셨군요?"라는 탄식이 아니냐는 항변을 쏟아내기도 합니다. 이렇게 신을 원망하고 부정하며 거부해보지만 작가의 진정한 딜레마는 그 신의 손길 없이는 이 참척의 고통을 견뎌낼 수 없다는데 있습니다. 그래서 그는 신을 향해 악을 쓰고 싸우면서도 신의 한 말씀을 절실하게 기다립니다. 그래서 부산의 분도 수도원으로 피정을 떠납니다. 이곳에서 그는 신의 침묵을 깨지는 못했지만 신의 숨결을 느낍니다.

복스럽게 생긴 얼굴로 다량의 질편한 똥오줌을 받아들고 꼭 꽃병이라도 들고 나오는 얼굴을 한 젊은 수녀님의 얼굴에서 신의 부르심의 힘에 대해 생각하게 됩니다. 가족과 친구로부터 버림받고 박애에 의탁할 수밖에 없는 사람이 있음으로 가족을 떠나 보다 넓은 사랑을 실천하려는 사람을 따로 부르시는 '안배의 신비'에 마음을 내어줍니다.

작가는 이렇게 신을 향해 부드러워진 마음 위에 깊은 모순의 구렁을 넘는 생각의 전회를 경험하게 됩니다. 한 예비 수녀의 입을 통해서입니다. 고약한 남동생에 집안이 편할 날이 없어 왜 하필 내 동생이 저래야 하나? 라는 원망에 비관하다 문득 "세상에 속 썩이는 젊은이가 얼마든지 있는데 왜 내 동생이 그래서는 안 되나?"라는 생각을 했다는 것입니다. "내가 뭐 관대⋯⋯." 이에 작가는 "왜 하필 내 아들을 데려갔을까?"라는 집요한 질문과 원한에서 마음을 돌릴 계기를 찾게 된 것입니다.

아들을 잃은 슬픔과 견딜 수 없는 모순에 작가는 먹은 모든 것을 토하는 일상을 되풀이 하곤 했습니다. 그러던 어느 날 분심에 몸에 받지 않는 식사를 마친 그는 격렬한 통증 속에 먹은 걸 토해냈습니다. 복통이 사라지자 완벽한 평화에 휩싸입니다. 이 때 한 생각이 떠올랐습니다. 자신이 죄인이라는 생각이 ⋯⋯ 자신이 신의 부당함에 항거하는 유일한 근거는 자신이 죄가 없다는 것이었습니다. 그러나 그 순간 작가는 자신이 남에게 사랑을 준 적이 없는 죄를, 이웃에게 무관심했던 죄를 깨닫고 승인하게 됩니다. 이것은 신의 구원이었습니다. 이제 작가는 다음과 같이 고백합니다.

주여, 나를 받으소서. 나의 모든 자유와 나의 기억력과 지력과 모든 의지와 내게 있는 것과 내가 소유한 모든 것을 받아들이소서. 나의 고통까지도. 당신이 내게 이 모든 것을 주셨나이다. 주여, 이 모든 것을 당신께 도로 드리나이다. 모든 것이 다 당신 것이오니, 온전히 당신 의향대로 그것들을 처리하소서. 내게는 당신의 사랑과 은총을 주소서, 이것이 족하나이다.

작가가 대면한 신의 신비, 그 신비의 온기가 아들과 함께 죽음으로 내려

갔던 그의 마음을 삶의 자리로 돌아서게 했습니다.

고통을 이겨내게 해 준 작품들

신의 숨결은 이제 작가에게 밥을 먹고 소화시킬 수 있을 만큼, 수녀원을 벗어나 세상과 홀로 대면할 힘을 주었습니다. 그럴지라도 작가가 아들이 없어진 동네에서 아무것도 달라진 게 없는 풍경을 견디고 살아갈 일은 여전한 두려움이었습니다. 몸이 회복되고 마음이 세상을 향해 돌아섰다고, 고통을 견뎌 낼 힘이 조금 생겼다고 고통이 덜어지는 것은 아닙니다.

삶의 희망이 밀물처럼 밀려왔다 썰물처럼 빠져나가기를 반복하며 사람 만나는 것이 큰 고통이었던 작가는 미국으로 향합니다. 그 곳에서 절박한 외로움, 말 못 알아들음의 이질감과 소외감이 작가에게 모국어에 대한 그리움, 글쓰기에 대한 갈망을 일으켰습니다. 이국에서 경험한 우리말에 대한 그리움, 글쓰기에 대한 욕구가 박완서를 고통으로부터 벗어나게 한 중요한 매개체가 되었습니다.

고통 앞에서 자신을 가누기조차 어려웠던 작가에게 글쓰기는 자신을 위한 치유의 과정이기도 했습니다. 아들의 죽음 앞에서 신을 그토록 원망했던 그는 "다시 글을 쓰게 되었다는 것은 내가 아들이 없는 세상이지만 다시 사랑하게 되었다는 증거와 다르지 않다. 내 아들이 없는 세상도 사랑할 수 있다니, 부끄럽지만 구태여 숨기지는 않겠다"며 사랑을 되찾고 고통을 풀어냅니다.

『부처님 근처』에서는 남편과 아들의 죽음 앞에서 자신이 작품을 통해 털어놓았던 고통의 이야기들에 대해 이렇게 말하고 있습니다.

자업자득이었다. 나는 그것들을 삼켰으니까. 나는 망령들을 내 내부에 가뒀으니까. 나의 망령들은 언젠가는 토해내지 않으면 치유될 수 없는 체증이 되어 내 내부의 한가운데에 가로놓여 있을 수밖에 없었다. 차차 나는 더 묘한 것을 깨닫게 되었다. 내가 망령을 가둔 것이 아니라 실상은 내가 망령에게 갇힌 꼴이라는 것을. 나는 망령에게 갇힘으로써 온갖 사는 즐거움, 세상 아름다움으로부터 완전히 격리당하고 있다는 것을.

박완서는 늘 두 죽음을 억울하고 원통한 것으로 생각해왔는데 그 생각 조차 바뀌어갑니다. 정말로 억울한 것은 죽은 그들이 아니라 그 죽음을 목도해야 했던 자신일지 모른다고 생각했습니다.

나는 그들로부터 자유로워지고 싶었다. 삼킨 죽음을 토해내고 싶었다. 그 무렵 나는 낯선 길모퉁이 초상집에서 들리는 곡성에도 황홀해져 그곳을 떠나지 못하고 오래 서성대기가 일쑤였다. 저들은 목이 쉬도록 곡을 함으로써, 엄살을 떪으로써 그들이 겪은 죽음으로부터 놓여나리라. 나에 겐 곡성이 마치 자유의 노래였다.

가족을 계속해서 잃은 고통 앞에서 박완서는 이렇게 작품을 통해 곡성을 토해냄으로써 결국자신의 자유를 얻었던 것입니다.

치유

슬픔은 질병이 아닌 지극히 자연스러운 정서이지만 상실에 대해 충분히 애도하지 못한다면 남은 자의 삶은 항시 장례식이 되고 맙니다. 차마 울지 못하고 곡성을 토해내지 못한다면 상실은 망령이 되어 온갖 사는 즐거움과 세상의 아름다움을 가리게 됩니다. 애도하는 방식이나 기간은 상실을 경험하는 사람마다 각기 다를 수밖에 없습니다. 상실의 슬픔에 빠진 사람에게 이제는 충분히 울었으니 그만해야 되지 않겠냐는 주위의 시선은 그들에게 또 다른 고통을 안겨 줍니다.

박완서는 신과의 대결에서 역설적으로 세상을 향한 안배의 신비, 세상을 사랑하게 하는 신의 자비한 숨결을 느낍니다. 신의 자비 속에 삶에의 욕구를 회복하게 됩니다. 아들이 없는 세상에 작가가 홀로 설 수 있었던 것은 떠난 남편과 아들과 서로 깊이 사랑하고 믿었던 좋은 추억, 착한 딸과 사위들, 사랑스러운 손자들, 가까이서 멀리서 작가를 염려해 준 주변 사람들의 도움 때문입니다. 박완서는 눈에 보이지 않는 사람의 이런 도움이야말로 신의 자비하신 숨결임을 고백합니다.

세상을 향해 머리를 든 작가는 글쓰기를 통해 상실의 아픔을 토하고 또 토하면서 자신을 돌아보게 되고 그 과정을 통해 상실에 대한 생각의 변화를 체험합니다. 종국에는 망령에 갇힌 자신을 발견하게 되고 그것으로부터 자유로워져야 한다는 깨달음에 이르게 됩니다. 그래서 박완서의 글에는 상실과 슬픔 그리고 치유 과정이 고스란히 드러납니다. 이런 글은 비슷한 경험을 한 독자들에게, 또는 앞으로 상실을 경험 할 독자들에게 큰 위로를 줄 것입니다.

주위에 누군가 상실의 아픔을 겪고 있다면 가만히 곁에서 침묵의 위로를 전해주고, 당신이 상실의 아픔을 경험하고 있다면 충분히 슬퍼하고 애도하는 시간을 가지길 바랍니다. 그 시간을 통해 또 다른 삶의 의미를 짐작할 수 있으니까요.

삶 과
죽음의
대 화

02 상실수업
: 우리는 어디로 가는가?

이창재

저는 다큐멘터리 영화를 만들고 있고 본업은 대학에서 영화를 가르치는 일입니다. 그 동안 제가 만든 작품을 보시면 제가 어떤 생각을 하는 사람인지 짐작하실 수 있을 것 같습니다. 〈사이에서〉는 신과 인간 사이에 끼어 있는 존재로서 무당에 대한 이야기입니다. 사람들은 힘이 들 때 무당에게서 어떤 희망적인 말을 듣고 싶어 하는데 그 다음에는 서둘러 돌아서서 가버립니다. 왜냐하면 무당은 비주류 종교인으로 사회에서 천덕꾸러기처럼 여겨지고 터부시 되어왔기 때문입니다. 그럼에도 불구하고 무속은 우리 사회에서 5천 년 동안 이어져 왔습니다. 제가 이런 걸 만든 것은 신과 인간 사이의 존재도 중요하지만 저 자신이 신에 대한 끊임없는 질문이 있었기 때문입니다.

〈길 위에서〉에서는 비구니 수행 도량을 취재하여 성聖과 속俗에서 갈등하는 수행자를 조명했고, 〈목숨〉에서는 호스피스에서 오랫동안 임종과 사별, 죽음과 삶 사이에 있는 우리의 마지막 정류장에 대해서 이야기를 했습니다. 10년 동안 영상을 통해 던졌던 질문들은 저에게 가장 급한 것이었고, 또 그 답을 찾아야만 내 삶에 대한 답도 찾을 수 있겠다고 생각했습니다.

그러다보니 두서없이 종교적이고 신비주의적인 방향도 있고, 또 한편에서는 삶과 죽음이라는 실존에 대한 이야기도 포함되어 있습니다.

앞으로 제가 말씀드릴 부분들은 주류에 대한 이야기가 아닙니다. 과학적으로 혹은 학문적으로 입증이 된 이야기를 하려는 것도 아닙니다. 저는 학교에서 학생을 가르치는 학자이기도 해서 학문의 의미도 알지만, 또 한편에서는 한계도 많이 느낍니다. 논문이라든지 학문의 경계란 부분이 어느 정도 입증할 수 있는 범위 내에서만 논의가 되고, 입증이 안 되고 특히 근거가 없다고 할 때에는 그 학문적 가치가 상당히 폄훼 당하니까요. 그럼에도 불구하고 제가 관심을 두는 건, 밤이 되어도 해가 사라지는 게 아니듯이, 지금 당장 보이지 않거나 물리적으로 지칭할 수 없다고 해서 존재하지 않는 건 아니라는 것입니다. 그건 존재하고 있음에도 무엇에 가려져 있기 때문에 보이지 않는 것들 입니다. 그런데 그 안에 무언가 중요한 삶의 가치를 담고 있다면 그 부분에 대해서 조금은 마음을 열고 들여다 볼 필요가 있지 않을까 생각합니다. 저는 그런 부분들이 늘 궁금했거든요.

사별을 경험한 분이거나 그렇지 않다고 하더라도 생과 사는 우리 삶에 중요한 숙제라고 생각합니다. 그런데 저는 좀 차갑게 이야기를 할 예정입니다. 제가 생각하고 있는 것이 아니라 제가 믿고 있는 것을 중심으로 말씀을 드리고 싶은데, 이 이야기는 지금 당장 사별의 아픔을 위로하는 데 도움이 되지 않을 수도 있습니다. 다만 '생과 사'라는 큰 숙제, 큰 화두에 대한 제 이야기가 지금 당면해 있는 문제를 풀어주기는 어렵겠지만, 조금이라도 마음의 상처가 어루만져진 다음에 되새김하면서 느끼면 괜찮을 거라고는 생각이 들어요.

죽음 이후 '우리는 어디로 가는가?'에 대해서 먼저 말씀드리겠습니다. 〈목숨〉은 호스피스 병원에서 11개월 동안 촬영을 했습니다. 이런 사례를 이미 겪으신 분도 있으시고 아직은 아니지만 앞으로 누군가에게는 일어날지도 모르는 일입니다. 부처님 시대에 한 번은 아들을 잃고 나서 정신이 거의 나간 여인이 부처님을 찾아와서 '당신은 큰 능력이 있으시니까, 내 아들을 돌려달라'고 울부짖습니다. 부처님께서 그 여인에게 마을을 돌아다니면서 사별을 하지 않은 집을 찾아 겨자씨를 얻어 온다면 내가 아들을 돌려주겠다고 했습니다. 그러나 아들을 잃은 여인은 어느 집에서도 씨앗를 얻을 수 없었어요. 중요한 것은 모든 사람들이 아는 것을 이 여인은 이 집 저 집 찾아다니면서 차츰 죽음에 대해 알게 된다는 점입니다. 이런 시간을 통해 여인은 또 다른 각성의 눈이 열렸고 일종의 영적 성장을 하게 됩니다. 불교에서 이 분은 중요하게 모셔지고 있다고 합니다. 이처럼 우리에게 사별은 특별한 일이면서도 동시에 일반적인 일입니다.

사후 세계, 천국이 어떤 곳인지에 대해 제가 믿는 것을 말씀드릴게요. 저는 일차적으로 천국이 존재한다고 생각합니다. 이러한 부분들은 단지 제 단순한 믿음이 아니고, 오랫동안 나름대로 답을 찾아온 결과입니다. 여러분 중에는 임사체험에 대해 들어 보신 분이 계실 겁니다. 잠시 숨이나 맥박이 멈춰버리고 길게는 이틀 넘게 부패가 시작될 무렵에 다시 깨어난 분들도 있습니다. 빛을 본 사람도 있고, 동굴을 지났다는 사람도 있으며, 이틀 동안 맥박이 멈춘 경우도 있습니다. 주류에서는 믿기 힘들겠지만 비주류 또는 우리가 가지고 있는 과학적 사고방식을 빼고 나면 보이는 것들이 상당히 많습니다.

저는 이러한 근거들을 바탕으로 각 종교에서 이야기하는 여러 가지 천국의 공통분모를 빼보았습니다. 그래서 저는 신이라는 이야기에서, 천국은 있지만 지옥은 없다는 결론을 내렸습니다. 그 근거는 우리가 믿는 신, 어떤 형태의 신이든 우주의 지혜라고 이야기해도 좋고 알라라고 이야기해도 상관없습니다. 우리의 신은 인간에게 친절하게 각자의 문화와 풍토에 따라 현현되었습니다. 인간이 알아들을 수 있는 언어, 알아들을 수 있는 수준의 모형으로 현현되는 것이죠. 예로부터 한국인들의 원형종교는 무교입니다. 무당들이 무교라는 표현을 하는데, 그 안에는 커다란 이데아가 있습니다. 생생지생, 해원상생의 정신이 그것입니다. 그것은 '서로의 가치를 인정하고 함께 살아가자', '원怨을 풀고 함께 살아가자'는 것입니다. 이는 우리가 말하는 주류 종교에서 자비, 사랑의 또 다른 모습입니다. 그러니까 사람이 무엇인가 인지를 할 수 있는 문명의 태동기부터 신은 항상 우리와 함께 있었다는 것이죠.

영적 성장을 위한 여행

그러면 신은 어떤 모습일까요? 저는 신은 부모가 자식을 생각을 하는 것에 플러스 뭐라 하고 싶습니다. 부모는 자식이 잘못된 행동을 하면 화가 나죠. 하지만 부모의 근원적인 마음은 안타까움입니다. 그런데 우리는 나쁜 사람을 밖에서 볼 때는 대상화시키지만 자식에 대해서는 나쁜 놈이 아니라 그냥 안타까울 뿐이에요. 그러니 '말을 좀 듣지, 좀 더 잘하지, 하지 않았으면 좋았을걸'하는 안타까움과 연민을 가지게 되기에 부모가 심판이나 재판관은 아니라는 겁니다. 부모보다 더 큰 사랑을 베풀어 온 모델인

신이 우리한테 재판을 하고 그 재판의 결과에 따라 지옥 100년, 500년을 판결한다는 것은 인간들이 만든 또 다른 제도, 즉 사회문화의 반증이라고 생각합니다. 임사체험이나 전생 퇴행을 한 경우, 70%가 사후 세계를 재판을 하는 곳이 아니고 천국으로 묘사하거든요.

그에 앞서서 우리는 죽으면 어떤 모습을 하고 갈까요. 그걸 가장 잘 표현한 것은 잠수종일겁니다. 그것에 호스를 달아 놓으면 50kg쯤 되는데 죽음은 몸에서 잠수종을 벗을 것보다 더 홀가분하다는 표현을 합니다. 우리가 오해하는 부분 중 하나가 사람이 죽었다고 했을 때 '생각의 덩어리만 남는 것이 아닐까'하는 것이고, 또 '생각은 하는데 느끼지도 못하는 생각 덩어리가 영혼이란 그게 아닐까' 하는 부분이에요. 임사체험을 한 사람들이 한 표현을 보면 죽음 이후에는 몸을 가지고 있을 때 느낄 수 있는 색과 형태 그리고 향기를 열 배 혹은 백 배 더 환하고 정확하게 느낀다고 합니다. 그리고 빨간 장미가 저 멀리 있어도 향기를 맡고자 하는 의욕이 있으면 그것을 더 강하고 짙게 느껴진다고 해요. 그래서 죽은 후 관념 덩어리만 남는 것이 아니라 종교적으로 말하면 본체적인 모습이 드러난다고 할 수 있어요. 그건 몸이 나를 가두고 있는 감옥이기에 그것에서 벗어나자마자 환희에 가까운 느낌을 받는다는 것이죠.

『바가바드기타』에서는 사후세계가 우리의 본향本鄕이고 본체本體라고 하는데, 그곳이 '본래本來'라면 이곳 이승은 유배지 혹은 여행지라고 할 수 있을 겁니다. 여행의 목적에 대해서는 다시 말씀드리겠지만, 우리가 궁극적으로 돌아갈 그곳은 완전한 천국이라는 뜻입니다. 그렇다면 악인은 어떻게 천국으로 갈 수 있을까요? 이것을 말할 때 전제로 해야 할 것이 하나 있는데, 이제부터 이야기하는 것은 전적으로 저의 개인적인 생각이라는 것입니다. 제가 생각하는 신의 사랑은 부모의 사랑이라 자식을 안타깝게 여길 것입니다. 악인이 있다고 했을 때, 신은 그를 어떻게 느낄까요. 신은 악인을 병자로 느낍니다. 마음에 병이 든 자, 마음이 아픈 자이기 때문에 치료가 필요하다고 생각합니다. 그래서 남에게 고통을 주었던 악인이라고 해도 신의 큰 자비 안에서는 안타까운 자식일 따름이고, 그 자식은 영적 치유를 통해서 다시 극복을 할 것이라 가정하기에 신의 사랑은 계속 유지되는 것이죠.

우리 인간이 만들어낸 제도적인 종교 안에서 신은 항상 우리를 닮아 있어요. 그래서 지옥이나 군주로서의 신을 만들어 두었습니다. 왜냐하면 우리가 신이란 존재를 만들어 내던 단계에서 가장 상위에 있던 사람이 군주였거든요. "아마 신은 이거보다 좀 더 높은 군주일거야. 그 군주는 때론 폭압도 하고 더 강력하게, 냉정하게 재판하는 건 당연하지. 우리 군주도 저런 모습밖에 안 보여주는데." 이런 생각에서 만들어진 모습들이 우리가 가진 신의 왜곡된 측면들입니다. 신은 우리보다 더 앞서 있어야 되지 않을까요? 우리만큼 알량하게 "나를 안 믿으면 지옥에 보낼거야."라고 말한다면 이런 신들은 믿을 가치가 있을까요? 그것은 신이 잘못된 것이 아니라 신을 모방한 또 다른 우상이 잘못된 거죠. 사람들은 자기의 눈높이에 맞춰서 봅니다. 특히 보고 싶어 하는 것만 보는 경우도 많죠. 그래서 그 보고 싶은 것들이 그 시대의 문화에 또는 정신적 성숙도에 따라서 안 보일수도 있고 보일 수도 있는 거죠.

내 삶의 주제 : 영적 성장

그러면 영혼들은 어떠한가요? 저는 불교 신자라기보다는 불제자로서 108배를 합니다. 절을 하면서 하는 발원 중에 하나가 '이번 생까지만 태어났으면 좋겠다'는 점입니다. 그러니까 다음 생은 안 태어났으면 좋겠다고 간절하게 발원합니다. 오죽했으면 부처님께서 인생을 고통의 바다 '고해苦海'라고 했을까요. '고해'라는 말을 알기 전에 22살에 썼던 제 일기에 그런 말이 있습니다. '세상을 살아가며 사람과 부대낀다는 게 마치 맨 몸으로 갈대밭을 지나가는 것 같다.' 라고. 그러면 움직이면 움직일수록 몸에 생채기가 나겠죠? 더 많이 갈수록 쓸리고 쓸리겠죠? 막 베이는 정도는 아니지만 사람과 사람은 항상 상처를 주면서 가는 것 같다는 생각이 들었거든요. '아! 움직일수록 상처를 받는구나'라고. 뭐 제가 특별히 착했던 것도 아닌데 그건 누구나 느끼는 것 같습니다. 그러니까 우리는 온전한 존재가 아니라는 뜻이죠.

예를 들어서 수행하는 비구 스님에 관한 다큐를 찍을 때 그 안에서 또 다른 인생의 집약된 모습들을 보았거든요. 수행하는 분들인데도 시기, 질투, 심지어 왕따까지 있습니다. 왜냐하면 그 분들도 마스터가 아니고 과정에 있는 사람이라서 자기모순이 있는데, 우리처럼 속세에 있는 사람들은 얼마나 많은 모순들이 있을까요. 그 모순들이 지나가면서 움직일 때마다 서로에게 상처를 주고 있음을 느꼈거든요. 물론 그때부터 고민이 조금 심해져서 출가를 진지하게 생각했습니다. 저도 나름 뭔가를 쫓으면서 살아왔다고 생각하는데 그것을 점으로 연결하다보니, '내 삶의 주제는 뭐였지?' 이런 질문을 하게 되었습니다.

광고회사도 갔다가 기자도 했다가 다큐멘터리를 만들다가, 처음에는 법대를 나와서 그 앞에는 미술을 하고. '이게 도대체 뭐야? 인생이 이렇게 '갈 지之'자도 이런 '갈 지'자가 있나? 그런데 그런 몸부림 말고 나를 꿰뚫고 있는 나의 인생의 주제는 뭐가 있지? 나는 뭘 추구하며 살았지?라는 이런 질문했을 때 굉장히 당황스러웠어요. 나는 뭘 하며 살았는지에 대해서 저 자신도 잘 모르고 있던 거죠. 그런데 〈길 위에서〉를 찍으면서 느꼈던 것이 있습니다. 게으른 스님. 많죠. 계율을 어기는 스님. 많죠. 특히 비구스님들 중에 계율을 지키는 분들이 적습니다. 삐뚤삐뚤하게 살아가시는 분들인데 나하고 다를 게 뭐가 있지?라는 질문이 떠올랐습니다.

그런데 그 분들의 삶의 주제는 하나였습니다. "나는 지금 좀 게으름 부리고 있지만 나의 주제는 성불이다. 깨달음이다. 나는 지금 열심히 뛰어가고 있는데 나의 주제는 깨달음이다. 나는 지금 놀고 있어. 그런데 나의 주제를 묻는다면 깨달음이다. 이번 생에 안 된다면 다음 생에서라도." 이처럼 그 분들의 주제는 하나인 거예요. 저는 그게 부러웠습니다. 나도 내 삶의 주제를 찾기까지 40몇 년을 보냈지만 "아 이제 그 주제를 찾지 못하면 남은 생은 망치겠구나." 이런 것들을 알게 됐다는 거죠. 오직 그거 하나 때문에라도 "내가 그때 그 선택을 했더라면 후회를 안 했겠구나. 그러나 지금 아주 늦게라도 삶의 주제를 다시 찾기 시작해야 하니 열심히 해야 되겠다."는 생각이 들었습니다.

다시 영혼에 대한 이야기를 하겠습니다. 20세기에 영혼의 무게를 달아봤더니 21g이라는 오래된 이야기가 있죠. 저는 이런 발상은 서구적이라 생각합니다. 영혼이 측정 가능한 물질성에 갇혀있다고 생각하지 않아요. 그러니까 우리가 물리적이니까 영혼도 물리적이라는 생각 자체가 틀렸다는 거죠. 물리적인 세계는 물질에 대한 규명을 할 따름이지 정신을 규명하기에는 어렵습니다. 영적 세계는 우리처럼 물질에 갇혀있는 세계가 아니에요. 훨씬 자유롭고 강하며 더 본체에 가까운 것이므로 우리는 본래의 근원에서 떨어져 나온 존재라는 뜻입니다. 또 그것에 가까운 모습이므로 우리는 신을 많이 닮았다고 생각합니다.

저는 영혼도 성장한다고 믿습니다. 우리가 어린 아이로 태어나지만 그 상태로 계속 있지 않잖아요. 어떤 아이는 쑥쑥 커버리고 어떤 아이는 중학생이 됐는데도 120cm 밖에 안 되는 경우도 있죠. 그처럼 영혼도 영적 성장의 속도가 다를 뿐이지 모두 어른이 될 수 있다고 생각합니다. 지금 단계에서 키가 120cm일 따름이지 계속 성장을 하고 있는 존재라는 거죠. 그래서 우리는 누군가를 바라볼 때 낮은 단계의 영혼을 가지고 있다고 단정해서는 안 되고 단지 '아직 성장을 하고 있구나.'라고 받아들일 필요가 있다고 생각합니다.

그렇게 봤을 때 우리는 다 똑같은 존재입니다. 누구나 어른이 되어 가듯이 이번 생에서, 다음 생에서 그래서 또 다음 생에서는 결국 성장을 이룰 것입니다. 못난 사람들도 악인들조차도 성장이 지체된 영혼으로 이해할 수 있을 겁니다. 더 나아가 함께 성장해야할 존재라는 생각으로 확장을 할 수도 있겠죠.

인간도 애초에 단세포로 시작하지 않습니까? 그래서 한 셀cell(세포) 이 또 다른 셀로 분화를 자꾸 하죠. 셀cell이 영어로 '방'이라는 뜻도 되거든요. 아주 조금 마음을 열면 다른 사람이 들어올 수 있는 방이 하나씩 생기듯 세포도 이런 방식으로 진화를 합니다. 이 말의 뜻은 우리의 정신적인 세계에서도 본래 나 밖에 모르던 하나의 방에서 누구도, 누구도, 누구도 이해할 수 있는 방으로 내가 확장되어 간다는 겁니다. 성인의 몸에는 수 조개의 셀이 있습니다. 우리의 영혼도 이와 닮았다고 생각합니다. 오로지 자기만 아는 에고의 어린 시절을 거치면서 우리는 성장하고 연인을 만나 때로는 자기보다 더 사랑하기도 하고 나아가 자식을 낳으며 최소한 자식이라는 존재를 자신의 에고만큼은 사랑하기 시작하죠. 이처럼 삶의 여정을 통해 우리의 방은 넓어져 갑니다. 단칸방에서 시작해 나를 사랑하는 누군가를 위해 또다른 방을 마련하죠. 세월이 지나서 누군가는 세칸짜리 방을 이룬 영혼도 있고, 세상사람을 다 담을 것 같은 엄청난 성채를 이룬 영혼도 있습니다. 우리가 제일 편안할 때가 단세포 일 때입니다. 그런데 여기는 진화와 성장이 없습니다. 방을 늘리고 손님을 수용하면 골치 아픈 일들이 많죠. 집 주인으로서 더 챙겨야 할 일들이 생기고 그만큼 큰 주인이 되어야 하죠. 더 나아가서 수 조개의 세포로 이뤄져 있는 우리의 몸처럼, 누구나 와서 이해 받고, 소통하고 나아가 사랑하는, 그런 성城을 만들 수가 있다는 거죠. 아이가 성인이 되어 가는 과정에 많은 방들이 나와 함께 할 거고 그것이 나의 성장에 어떤 척도가 될 수 있을 겁니다. "나는 받아들일 수 있는 방이 몇 개인가?" "나는 나의 원룸에서 혼자 있음을 즐기고 있는가?" "나에게는 많은 사람들을 받아들이는 영혼의 방이 있는가." 이 부분들이 어떻게 보면 큰 사람, 작은 사람 그리고 아직 아기, 진화를 하고 있는 아기, 좀 더 큰 성인의 모습이 아닐까 생각합니다.

인식과 만행

영혼들이 가서 거주하는 천국은 자신의 경험과 상상에 의해서 만들어진 세계라고도 합니다. 내가 생각하는 가장 아름다운 곳이 어떤 곳인지? 몰디 브 같은 곳이 자기의 천국으로 펼쳐지고 물론 자기 상상보다 훨씬 더 멋진 곳이 펼쳐진다고 하는데 자기의 성장에 따라서 그 상상의 세계가 만들어 지고 그 세계에서는 끊임없이 공부를 한답니다. 이때 공부는 자신의 모자 란 부분을 채우고 자신의 오류를 고쳐가며 성장하는 것입니다. 그래서 그 곳에 오래 머무는 사람도 있고 그 곳에서 다시 이곳으로 빨리 오는 사람도 있답니다. 이곳으로 오는 경우를 일반적으로 예행 - 실전체험이라고 합니 다. 천국에서 그 같은 학습을 통해 인식을 깊이 했다면 이를 실제에서 체 험해 보면서 이 인식이 맞는지 검증하고 그 오류를 발견하고 또 수정을 하려고 이 세상에 다시 태어난다는 말입니다. 불교에서는 '만행'이라는 것 을 합니다. '안거'라는 수행을 한 뒤에 3개월 정도 만행을 하면서 수행을 통해 얻은 인식이 올바른지 또 밖에서 주어지는 화두는 무엇인지, 화두가 깊어진 사람한테는 밖에 나와서 유혹 사이에서도 화두를 그대로 견지하고 있는지, 그런 부분을 테스트하러 속세로 내려오는 것이죠.

『감옥으로부터의 사색』을 쓴 신영복 선생의 글 중에서 이런 내용이 있 습니다.

징역살이에서 느끼는 불행 중의 하나가 바로 이 한 발걸음이라는 외로 운 보행입니다. 실천과 인식이라는 두 개의 다리 중에서 '실천의 다리'가 없기 때문입니다. 사람은 실천활동을 통하여 외계의 사물과 접촉함으로써 인식을 가지게 되며 이를 다시 실천에 적용하는 과정에서 그 진실성이 검증되는 것입니다. ……

징역 속에 주저앉아 있는 사람들이 맨 처음 시작하는 일이 책을 읽는 일입니다. 그러나 독서는 실천이 아니며 독서는 다리가 되어주지 않았습니다. 그것은 역시 한 발걸음이었습니다. 더구나 독서가 우리를 피곤하게 하는 까닭은 그것이 한 발 걸음이라 더디다는 데에 있다기보다는 '인식 → 인식 → 인식……'의 과정을 되풀이하는 동안 앞으로 나아가기는커녕 현실의 튼튼한 땅을 잃고 공중으로 공중으로 지극히 관념화해 간다는 사실입니다. 그래서 결국 저는 다른 모든 불구자가 그러듯이 목발을 짚고 걸어가기로 작정하였습니다.

앞에서 인용한 말은 인식을 하고 나면 바깥의 사람과 만나고 관계 속에서 마치 갈대에 쓸리는 것처럼 싸우기도 하고 상처받기도 하고 다시 인식을 교정하고 또 다시 실전 속에서 나를 바꿔 가는데, 감옥이라는 곳은 인식만 있을 뿐 현실에 적용하면서 성장할 수 있는 기회가 차단되었다는 이야기입니다. 이 말처럼 천국에서는 대부분 인간 때와는 달리 선하고 올바른 영혼들로 살아갑니다. 하지만 그 세계 안에서는 진정한 검증이 안 되죠. 그래서 이 거친 지구라는 세계로 다시 파견 나가는 것입니다. "자, 네가 인식을 300년을 했다. 내려가서 또 한 번 경험을 통해서 네 인식의 척도를 체크해보고 성장해보렴." 더 큰 발전이 필요한데, 이 인생이라는 짧은 시간 동안에 압축된 경험을 하게 되거든요. 다른 경험들이죠. 보통 부정적인 경험에서 보다 좋은 성장들이 나온다고 합니다. "이 삶을 거치면서 너는 어떤 변화를 겪었니? 어떤 성장을 했니?" 이런 시험을 통해서 다시 영혼들이 거주하는 세계로 올라가기를 거듭 해내면서 우리가 점점 신을 닮아간다고 합니다. 앞에 말한 성인이 되어간다는 거죠. 점점 깨달음을 향해서 간다는 겁니다. 물론 어떤 책에서는 갈수록 더 퇴행하는 영혼도 있다고 합니다. "나 성장 안 할래."하는 영혼도 있고, 그래서 잦은 실수, 반복을 통해서 퇴행하는 경우도 있지만 일반적으로 영적인 성장은 어느 정도 긍정적인 방향으로 성장해 나아간다고 합니다.

사별은 인연의 끝이 아니다

많은 분들이 그렇듯이 호스피스에 오시는 분들도 처음에는 죽음 자체가 암흑이라는 고통 때문에 두려워하시고 좀 지나면 이별에 대해서 두려워하게 됩니다. 그러니까 처음에는 자신의 죽음에 대해서 인지를 하다가 그 다음에는 함께 있는 사람과의 단절, 이별에 대해서 더 슬퍼하거든요. 그러면 '사별은 우리 인연의 막다른 끝인가?'라고 했을 때 저는 당연하게 아니라고 답할 것입니다. 불교에서는 수 천, 수 만 억겁의 인연이 있어야 이생에서의 만남이 가능하다고 하죠. 특히 결혼하는 사람, 가족 이런 관계는 오늘 처음 만난 인연은 절대 없고, 오랜 세월을 함께 해 온 인연이고 그걸 영혼의 그룹이라 표현합니다. 많게는 30명 정도 적게는 2~3명 정도도 있다고 하는데 이 그룹에서 각자의 역할놀이를 한다고 할까요? 이번 생에서는 부부의 연으로, 다음 생에서는 부모와 자식의 연으로, 다음에는 친구의 연으로도 나온다고 해요. 이 연중에서는 역할놀이, 즉 이혼을 통해서 당신 영혼도 성장을 하라고 그런 이별을 예약하고 만나는 경우도 있다고 합니다.

그래서 제가 말씀드리고 싶은 부분은 사별 후에도 함께 했던 사람들은 당연하게 서로 만난다는 거죠. 제가 앞에 반복해서 말씀 드린 것이 "물리적인 세계라고 생각하지 마라. 우리가 몸에 갇혀 있어서 못 볼 따름인데 항상 함께하고 있고 깊은 기도나 명상 혹은 꿈을 통해 몸이라는 한계를 조금이라도 벗어날 수 있다면 그들과 함께하는 있음을 느낄 수가 있다."는 거예요. 그 말은 낮에 별이 보이지 않는 것과 같습니다. 낮에는 태양이라는 강렬한 빛으로 인한 대기의 난반사가 하늘을 표현하게 되죠. 그 거대한 태양빛이 사라지면 우리는 별을 봅니다. 하지만 당연히 낮에도 별이 우리 머리 위에 빛나고 있습니다. 다만 못 볼 따름입니다. 태양이라는 물질처럼 몸의 한계를 벗어나면 언제든 함께 있을 수 있게 되는 것이죠. 왜냐하면 우리는 물리적인 세계에 갇혀있고 영혼은 단절된 천국에 가 있어서 우릴 보고 있는 것이 아니기 때문입니다. 다만 우리가 물리적인 세계에 갇혀있어서 그것을 못 느낄 따름이에요. 더욱이 우리는 고통이라는 또 다른 벽까지 한 번 더 장막을 쳐버리거든요. 그래서 결코 만날 수가 없다는 거죠. 꿈에서는 희미하게라도 나타나는데 내가 부정적인 지금 마음이 그 꿈을 덮어버립니다. 그래서 환희롭게 만났음에도 우리는 못 느낄 따름이지, 없는 것이 아니라는 거예요. 어떻게 보면 내가 큰 유리벽에 갇혀 있을 뿐이지 바로 함께하고 있다는 것들을 우리는 인지해야 한다고 말하고 싶습니다. 우리는 영혼들의 역할놀이를 앞으로도 계속 반복해 간다는 거죠. 사별을 한 뒤 천국에서 다시 돌아갔을 때는 아주 반갑다고 해요. 먼저 간 사람이 "근데 왜 너는 자꾸 옆에 있는데 몰라? 왜 그리 둔해? 너는 왜 기억을 못해?" 이런 질문을 한다고 합니다. 그 정도로 우리는 몸이라는 것이 무섭게 우리를 가로막고 있다는 것을 느낄 수 있는 것이죠.

박해 받는 순교자, 박해 받고 싶어 하는 순교자

이제 고통과 생의 목적에 대해서 정리를 하겠습니다. 황지우 시인의 '서풍 앞에서'라는 시에는 "마른 가지로 자기 몸과 마음에 바람을 들이는 저 은사시나무는 박해받는 순교자 같다. 그러나 다시 보면 저 은사시나무는 박해받고 싶어 하는 순교자 같다." 라는 구절이 있습니다. '고민 많은 이십대에 봤던 글귀인데 저를 참 잘 드러내고 있다고 생각해요. 자기연민이랄까요?

의학 관련 책에서 '사람은 절대 통증을 기억할 수 없다' 는 표현을 읽었어요. 저는 얼마 전에 산에서 굴러 떨어져서 팔이 부러졌습니다. 그래서 의사가 철심을 박으려고 부분 마취를 해서 드릴로 뼈로 막 뚫었어요. 의사는 분명히 마취를 해서 안 아프다고 하는데 '윙윙' 뼈를 뚫는 순간이 아픈 거예요. 그러나 의사는 "뼈에는 그런 신경이 안 가 있는데요?"라며 의아해했어요. 내가 다시 "아니 아프단 말이에요. 진짜!"라고 반문했더니 의사가 정말 황당해하며 결국 수면 마취를 해주더군요. 그때는 화들짝 아팠던 기억인데 아무리 기억을 되돌려봐도 지금은 뼈에 드릴 뚫을 때 기분 나쁜 진동 정도만 희미하게 기억할 수 있습니다. 그 때 아팠던 것은 결코 떠오르지 않아요. 우리는 고통 받던 시점에 고통 받은 기억은 할 수 있어요. 그런데 고통 그 자체는 다시 재현할 수가 없어요. 그거는 기억에 의해서 엇비슷하게, 좀 더 지나면 더 강하게 느낄 수는 있어요. 하지만 그것은 내 상상이 만든 고통이지요.

『상실수업』에서 엘리자베스 퀴블러 로스는 '내가 슬퍼할 만큼 슬퍼하라. 그게 풀어져 있지 않으면 오랫동안 잠재되어 나를 우울하게 만든다'고

했어요. '슬퍼할 만큼 충분히 슬퍼하라' 그런데 그 만큼이 어디까지 일까요? 자기 마음에서 우러나는 만큼이지 생각에서 우러나는 것을 해선 안 된단 말이에요. 우리 마음이 이끄는 만큼의 슬픔은 가지더라도 우리 생각이 만들어낸 기억과 고통스러워지고 싶은 기억들이 만들어내는 우울에 빠져선 안 된다는 말입니다. 우리 마음이 내키는 대로 길 가다가 눈물이 나면 울 수밖에 없죠. 마음이 이끄는 대로 갈 수 밖에 없어요. 하지만 그 이상은 안 된다는 거죠.

유명한 여행작가가 쓴 산티아고 순례길 이야기가 있습니다. 산티아고 순례길에 꽃이 아주 예쁘게 피어 있는데 저 멀리서 50대쯤 되는 여성이 길가의 꽃을 막 집어 뜯으며 울부짖더래요. 그 자리에선 이야기를 못 하고 숙소에서 다시 만났는데, 얼마 전에 딸과 사별했고 그 꽃은 딸이 좋아하던 꽃이래요. 슬픔을 견디지 못해서 산티아고로 왔는데 꽃밭을 본거예요. 길가에 가로수처럼 그 꽃이 계속 피어 있어서 그것을 쥐어뜯었다고 해요. 그러고 나서 도착할 때에는 이미 얼굴이 완전히 달라져있었다 하거든요. 보통사람보다 훨씬 행복한 얼굴로 돌아왔다고 해요. 이 분은 마음이 이끄는 대로 산티아고를 30일 동안 걸었고, 도중에 길 가에 꽃을 쥐어뜯을 만큼 고통스러웠는데 그 2/3 지점을 더 간 뒤에는 얼굴이 달라졌다는 겁니다. 이 분은 마음이 이끄는 대로 잘 하고 있다고 생각해요.

우리는 사별이라는 일반적이면서도 특별한 고통을 받습니다. 처음에는 고통 받은 사람이지만 시간이 지나면서 생각으로 고통을 확대, 재생산을 하고 있다면 우리는 '고통 받고 싶어 하는 순교자'라는 거죠. 헤어진 사람에 대한 기억들을 거듭 생각해서 괴물처럼 커진 관념에 의해서 고통 받고 싶어 하는 순교자가 되는 겁니다.

제가 8살 때 뛰어가다가 발에 못이 박혔어요. 너무 큰 상처니까 못이 박힌 채로 엄마가 올 때까지 있어야 할 것 같은 거예요. 내가 잘못한 것 같기도 했어요. 옛날에는 애가 다치면 부모가 아이를 야단치고 때리잖아요. 그러니까 나는 지금 큰 사고를 쳤으니까 이거를 빨리 엄마한테 보여줄 생각으로 못 박힌 채로 있었어요. 그리고 한두 시간쯤 지나서야 엄마가 오고 너무 놀라서 그것을 뺐어요. 그 뒤에는 약간 파상풍이 생겨서 큰수술을 했고 뼈를 좀 갉아냈다고 합니다. 그걸 초등학교 내내 힘들어했거든요. 딱딱한데 부딪치면 아팠으니까요. 누구나 상처를 받았으면 그걸 뽑아내야 하는데 상처 받았다는 것을 보여주고 있었다는 거죠. "엄마 나 상처받았어. 이렇게 못을 밟았어." 이걸 보여주기 위해 가만히 있는 거예요. 이걸 좀 더 고급스럽게 표현한 게 '두 번째 화살의 설'입니다. 부처님이 "고통이라는 것은 나에게 날아오는 화살이다. 그런데 그 다음에 쏘는 자는 나다."라고 했습니다. 내가 그 곳에다 똑같이 화살을 쏴서 "나는 상처받은 사람이야. 나는 고통 받는 사람이야." 이걸 자기한테 두 번, 세 번, 네 번 날린다는 거죠. 그런데 두 번째 화살부터는 독화살이라고 해요. 지금 이 화살은 빨리 뽑는 것이 치료하는 건데 자기가 제 몸에 독화살을 쏜다는 거죠. 두 번, 세 번, 네 번 그래서 그 병으로 죽는다는 겁니다. 고통을 심화시키는 것은 스스로의 고통이라는 관념에서 발생한 이차적 정신적 고통이라는 겁니다. 이 두 번째 화살은 사람을 죽일 수 있을 만큼 독이 심하다는 거죠.

고통은 마음이 이끄는 대로 충분히 슬퍼해야 하지만, 혹시 마음이 아니고 생각으로 만들어진 고통 속에 빠진 것은 아닌지 돌아봐야 합니다. 고통받고 싶어 하는 순교자의 자세로 자신에게 화살을 쏘고 있지 않은가? 이런 질문을 할 필요가 있습니다. 또한 인생을 자신의 여행이라는 입장에서 본다면, 내 여행을 끝마치지 않고 사별로 인해 주저앉아 슬퍼하고만 있는 거죠. 계속 풀을, 꽃을 뜯고 있는 거예요. 그러면 나의 여행은 끝나지 않을 겁니다. '슬퍼할 만큼 충분히 슬퍼하라' 그것은 사람마다 다를 수 있습니다. 하지만 물리적인 시간조차도 우리는 어느 정도 한계를 지을 수가 있습니다. 충분히 슬퍼하는 걸 6개월 했다면, 1년을 했다면, 그 뒤부터는 물리적으로 다소 과한 부분이 되겠죠. 만약 계속 그 슬픔이 반복되고 있다면, 냉정하게 아침에 맑은 정신으로 들여다 볼 필요가 있습니다. 이게 나의 생각, 나의 습관이 들어가 있는 것은 아닌가. 나의 태도가 들어가 있는 것은 아닌가. 나는 과연 그 슬픔을 충분히 하지 않았던가? 질문해 보아야 합니다.

보면 사라진다

고통이란 무엇일까요? 우리나라에 위빠사나 수행을 일찍 소개하신 분 중에 한 분이 김열권 법사님입니다. 저도 이 분을 통해서 수행을 조금 알게 됐는데, 그 분은 『보면 사라진다』라는 책을 썼습니다. 욕망이든, 고통이든 어떤 감정이든 제대로 직시하기만 하면 사라집니다. 우리는 보면서도 제대로 보지는 않습니다. 욕망 자체는 하나의 관념덩어리라서 관념은 오래 지속될 수 없거든요. 보면 사라지는 데 그 자체를 보지 않고 그냥 그걸 되새김할 뿐이고 안 본다는 것입니다. 그게 반복, 반복하면서 우리의 인격, 성격을 만들어 버립니다. 고통 받고 싶어 하는 순교자처럼 내 인격으로 만들어진다는 것입니다. 슬픔과 고통 그 자체를 바라볼 때 우리는 충분히 객관적으로 나를 다스릴 수 있는데, 우리는 그 감정 안에 함몰되어 버립니다. 왜냐하면 고통 받는 것도 반복되면 그 상태가 편안해지거나 자연스러워지기 때문입니다. 고통 받지 않은 상태를 보면 부자연스러워요. 고통 받고 있는 상태여야 나 같고, 고통 받지 않고 편안하면 내가 아닌 것처럼 느껴져요. 그래서 한 발짝, 고통의 실체, 슬픔의 감정을 그냥 들여다보라는 것이죠. 고통을 바라볼 때, 지켜볼 때, 직시할 때 사라진다는 의미입니다. 가장 쉽게 하는 방식이 이름을 다는 겁니다. 감정이 처음 올라올 때 예컨대, 슬픈 감정이 올라올 때 그걸 알아차리고 '아 슬픈 감정이 올라오는구나.'하고 이름을 달아주는 겁니다. 이름을 달아주고 그걸 인지하는 순간 그 감정은 객관화되면서 가라앉습니다. 손쉽게 이름표를 달면서 그 자체를 가라앉히는 것은 지금 바로 실천할 수도 있습니다. 그런데 이 방법은 감정에 압도되어있을 때에는 별 쓸모가 없습니다. 충격적인 사건에 직면했을 때에는 이같은 이름달기의 효과를 알아차리기는 어렵습니다. 다만 일상으로 돌아왔을 때에는 가능합니다.

바라보고 이것의 이름을 달아주는 동시에 그것은 이상한 나라의 앨리스에 있었던 괴물처럼 어둠 속에서 스스로 그 존재를 드러냅니다. 이름을 불러주었을 때, 직시를 했을 때, 보잘 것 없는 관념덩어리라는 것을 알게 됩니다. 스스로 가라 앉아 버려요. 그것을 반복하다 보면 그것은 기운을 못 써요. 이것을 초장에 제압하지 못하면 괴물로 성장하거든요. 내 머리 속에서 빙빙빙 돌리고 있으면 그것이 엄청난 힘을 가지고 내 모든 것을 장악해 버려요. 이게 우울증입니다. 그러니까 우울증 단계가 되면 그 다음에는 병리학적인 치료를 해야 합니다. 정상적으로 내가 사고할 수 있는 방식으로 돌려놔야지만 이런 이름표라도 달 수 있어요. 그전에 우리는 자기를 먼저 보존하고 치유할 필요가 있습니다.

산티아고 가는 길 : 목적 있는 삶

산티아고 순례길을 우연찮게 가게 되었는데, 34일 내내 그냥 걸었습니다. 그런데 똑같은 게 하루 종일 반복된다고 상상해보면, 생각보다 지겹습니다. 좋은 날은 34일 중에 5일쯤 됩니다. 이국적이다, 예쁘다, 그 외에는 노동입니다. 새벽 3시나 4시부터 오후1시까지 걷고, 그 다음에는 더워서 걷기 힘들어요. 한 30km 잡고 걷는 거예요. 훌륭한 사람들은 순례길을 갔다 와서 작품도 남기고 그러는데, 저는 조금의 깨달음 밖에 없었어요. 그런데 그 깨달음이 시간이 지나면서 참 인생을 닮았다는 생각이 들었습니다.

산티아고 길도 다른 길처럼 사람마다 걷는 속도가 다릅니다. 그래서 함께 걷던 사람도 누구는 조금 빨리 걷게 됩니다. 아무리 보조를 맞추려고 악을 써도 이 사람하고는 안 맞아서 이틀, 사흘 그래도 일주일까지는 함께 보조 맞춰주다가 결국 '미안해, 먼저 갈게'하고 길을 앞서 갑니다. 마치 우리가 누군가를 사별하는 것처럼 말입니다. 아무리 보조 맞추려 해도 어렵습니다. 산티아고에서는 기다려주면 좋고, 기다리지 않으면 못 만납니다. 걷는 속도가 다르니까요. 어느 날 하루 잠시 만나는 사람도 있는데 이런 사람도 굉장히 소중한 사람이 되기도 합니다. 또 어떤 경우는 억울하게도 참 보기 싫은 사람이 나하고 걸음 속도가 똑같아서 끈질기게 한 보름을 같이 걷고 자고 하는 경우도 있어요. 그 사람을 피하려고 좀 빠르게 걸어서 숙소에 도착했는데 어느새 그 사람도 따라오는 거예요.

다른 사람과 보조를 맞추기 싫다면 혼자 걷게 되죠. 오롯이 혼자서. 우리한테는 여러 선택의 길들이 있는데, 중요한 것은 누구든지 산티아고처럼 목적지로 갈 요량으로 태어났다는 거예요. 단명을 한다, 혹은 장수를 한다하더라도 삶에는 각자의 미션이 있습니다. 그게 상징적으로 산티아고 길인데, 누구나 거기에 도달해야지 이번 생이 끝나거든요. 빨리 가는 사람은 빨리 도착하기도 하고, 게으름부리면서 누구를 피하려다가 늦게 도착하는 사람도 있습니다. 그런데 어떤 사람들은 중간에 접고 차를 타고 가버려요. 여행을 못 마치는 거죠. 그렇게 중간에 탈락, 즉 자살하는 사람도 있습니다. 물론 우리는 기다려만 준다면 산티아고라는 곳에서 다 만나게 될 거예요. 그처럼 우리한테는 삶의 의미와 목적들이 있습니다. 그 목적이 나한테 누가 고통을 준다고 해서, 아니면 누군가 나보다 여행을 먼저 떠났다고 해서 나의 목적이 용서되고 합리화 될 수 있는 건 아닙니다. '그래서 나는 내 삶의 목적을 잃어버렸어, 그래서 나는 산티아고를 안 갈래요.'라고 합리화 할 수 없다는 뜻입니다. 우리는 걷는 가운데서 누군가는 어쩔 수 없이 반드시 먼저 가거나, 늦게 오거나 이렇게 할 수밖에 없습니다. 하지만 한 개인으로 볼 때 우리는 영적 성장이라는 목적을 향해서 함께 가야됩니다. 그렇지 않으면 똑같은 길을 다시 시작해야 됩니다.

혼란스러운 시기를 여러분도 겪었겠지만, 그때 저는 죽음의 문제라든지 자살에 대해서 많이 고민했기 때문에 가능하면 빨리 가는 게 어떨까하는 생각을 많이 했습니다. 그런데 시간이 지나서 제가 1차적으로 내린 결론은 '이게 잘못되면 또 같은 여행을 반복하겠구나. 더 나쁜 상황에서 또 다른 나쁜 조건에서 한 번 더 해야 되는구나. 내가 지금까지 살아온 것도 힘들어 죽겠는데 이걸 또 한 번 더해? 이건 군대 가는 것보다 더 억울한데?라는 생각으로 버텨냈습니다. 그러고 나서 어느 정도 시간이 지나니까 지금이 좋아졌어요. 항상 좋을 것이라고 생각하지는 않지만 '어쩔 수 없이 나보다 먼저 갈 거야, 아니면 어쩔 수 없이 내가 먼저 갈 수도 있어'라는 생각이 들었어요. 이런 생각이 나를 편안하게 해주었고 나한테도 여행의 미션이 분명히 있다는 것을 알게 되었어요. 내가 그것을 잘 마쳤을 때 다시 천국에서 이 친구들을 만나더라도 반갑게 만날 수 있을 것 같고, 내가 여행을 제대로 못 마쳤을 때에는 이 친구들이 안타까워 하겠구나라는 생각이 들었어요. 그러면 나는 조금 미안하고 부끄럽겠죠. 먼저 가면서도 내게 준 메시지도 있었고, 내 작업도 있었고, 때로는 강한 임팩트도 주고 갔는데 그것을 못 써먹고 혼자 여행 바닥에 누워서 울고 있었음을 늦게 깨닫겠죠.

'주어진 것을 선용하라.' 이 말은 그리스 델피 신전에 남아있는 글귀입니다. 수 천 년이 지났는데도 불구하고, 살아남은 글귀 중 하나인데요. 델피 신전은 신탁이라는 신의 뜻을 읽는 장소였죠. 그런데 신은 왜 이같은 말을 남겼을까요? 이게 새겨야 할 만큼 중요한 말일까요. 신은 줄 것에 대해서 얘기해야지, 주어진 거나 잘 쓰라는 건 신으로서 조금 약한 모습이 아닌가 하는 생각을 할 수도 있을 겁니다. 주어진 것은 지금의 상태입니다. 그게 고통이든 기쁨이든 주어진 것이죠. 그런데 우리는 사용도 하지 않지만, 적절하게 사용하는 법에 대해서는 정말로 모른다는 것입니다. 앞에 정말 지금 당장 고통을 당한 분들에게는 힘든 내용일 수도 있지만 이성적으로 이 말을 받아들일 때 모든 고통에는 질문이 있다고 생각합니다. 모든 고통은 질문을 수반한다는 게 저의 입장이고요.

신은 온전한 사랑밖에 없는데 우리 신이 우리한테 고통을 가할 때는 그것은 무엇일까. 그것은 질문의 또 다른 형태라는 생각이 듭니다. 안 그러고서야 부모 된 입장에서 자식한테 고통만을 가한다면 정말 나쁜 부모가 되죠. 앞에서 말씀 드린 것처럼 우리 부모의 부모가 신이라면, 이 고통의 의도가 뭐냐는 것입니다. 그 의도를 신까지 물어보지 말고 '이 고통은, 이러한 어려움은 나에게 무슨 질문을 던지는가?'라고 생각해 봐야 됩니다.

저는 수업을 할 때 모든 학문은 '질문을 배우는 것이다'라고 얘기를 합니다. 질문이 없으면 답이 없고, 올바른 질문을 하면 올바른 답을 할 확률이 높아지는데, 나쁘거나 틀린 질문을 하면 올바른 답을 절대로 얻을 수 없습니다. 내게 주어진 이 고통에 대해서 올바른 질문을 해야지만 제대로 된 답을 얻을 확률이 높아진다는 거예요. '신은 왜 나한테 이런 고통을 주었지?' 이런 질문은 올바른 질문에 가깝지는 않다고 봅니다. 먼저 떠난 이유가 뭐지라고 질문을 할 수는 있겠죠. 그보다는 '그것은 나한테 어떤 의미가 있을까? 이 고통은 나한테 무엇을 주는 거지?'라는 질문이 좋다고 생각합니다.

우리가 아주 미약하게 연결되어 있는 하나의 답을 찾아보면 결국 여행이란 것 자체가 영적 성장을 위한 하나의 여행길이라는 생각이 들 겁니다. 그것에 하나의 점선을 끼울 수 있다면 우리는 이 고통들 자체가 이런 형태의 질문에 대한 답으로 귀결될 수가 있거든요. 이것은 오로지 자기 자신을 위해서 하는 것입니다. 남을 위해서 하거나 멋져 보이려고 하는 이야기가 아니며, 오로지 그렇게 귀결해야만 비로소 이 죽음도, 사별도 가치 있게 오는 거지, 안 그러면 운이 나쁘고 죄에 대한 벌에 대한 형식으로 밖에 느낄 수 없을 겁니다.

여러분들도 어렴풋하게라도 '이 삶의 목적은 무엇일까?'라는 점을 계속 이어간다면, 그것은 영적 성장 외에는 어떤 것도 없다는 것이죠. 그래서 큰 고통이 있다면 큰 변화를 원하는 것이 아닐까요? 큰 성장을 이끄는 질문을 던지는 것은 아닐까요? 또는 작은 단칸방 주인에서 큰 성주가 되라는 의미는 아닐까요? 그렇게 한 발짝 나아갈 수 있다면 그것이 바로 성장이고, 진화가 아닐까라는 생각이죠. 이 모든 이야기들이 여러분들한테는 차가운 이야기일 수도 있습니다. 그런데 제가 전문가가 아니기 때문에 이런 이야기를 하는 것이기도 하고, 제 자신이 철저하게 믿고 있는 것이기 때문에 용감하게 이야기를 하는 겁니다. 다만 이중에서 하나라도 쓸 만한 것이 있다면 생각만 할 게 아니고 즉각적으로 나의 삶에 반영을 해서 변화를 주는 게 오늘 주어진 중요한 시간들의 가치가 아닐까 생각해봅니다.

03 사별 슬픔과 애도

이범수

애착과 상실

제가 사별과 애도분야에 관해 공부를 하게 된 것은 어렸을 적 일찍이 사별을 겪었기 때문입니다. 저는 열 살 때 아버지를 여의었고, 중학교 시절 형님 중 한 분이 돌아가셨어요. 그리고 고등학교 때는 조카가 세상을 떠나는 등 저는 일찍이 여러 차례의 사별을 경험하면서 일찍이 철학적 관심을 갖게 되었죠.

아직도 생생히 기억나는 것 중 하나는 초등학생 시절 저희 집이 홍대 앞이었는데, 당시엔 신촌역에서 홍대까지 철로가 쭉 놓여 있었어요. 제가 다니던 초등학교는 신촌에 있어서 그 철로를 걸으며 학교를 오갔는데, 아버지가 돌아가신 후 저는 '학교에서 집까지 철로목을 한 번도 벗어나지 않고 간다면 집에 아버지가 와 계실거야.'라고 생각했던 기억이 납니다. 그래서 제 생각에 거의 실수를 하지 않고 집에까지 갔는데 역시나 아버지는 와 계시지 않는 거예요.

아버지는 선생님이셨는데 아침 출근길에 교통사고를 당하셔서 하루 만에 돌아가셨어요. 일종의 돌연사였죠. 어린 나이에 갑작스러운 사별을 경험하면 심리적 타격을 크게 받는다고 하죠. 그래서였는지 중, 고등학교 시절에 저는 우울증을 앓았던 거 같아요. 그러한 트라우마성 사별로 인해 심리적 결핍감이 컸고 대학에 가서야 그런 것들을 극복한 거 같습니다. 사별슬픔과 애도에 관해 연구하는 분들은 그런 경험을 한 분들이 많으세요.

제가 강연에서 만났던 어떤 분은 자신은 누군가 때문에 울어본 적이 없고 할아버지께서 돌아가셨을 때도 별로 슬픔을 느끼지 못했는데 다니던 성당에 새로 부임하신 젊은 신부님이 갑자기 돌아가셨을 땐 진짜로 슬펐고 많이 울었다고 하시더군요. 할아버지와는 크게 애착이 없었는데 신부님은 친구나 동네 형처럼 느껴지고 좋았기에 그 분의 갑작스러운 죽음이 많이 슬펐다고 합니다.

가까웠던 누군가와 헤어지거나 누군가가 죽으면 왜 이렇게 슬플까요? 사별은 다시는 그 사람을 볼 수 없고, 내가 원하는 어떤 것도 그 사람과는 더 이상 할 수 없게 하지요. 그래서 안타깝고 슬프죠. 두세 살 어린 아이도 이것과 유사한 정서적 경험을 합니다. 어릴 적 엄마가 갑자기 안보이거나 자기를 떼어놓고 나가면 엄마를 찾아 울고 쫓아가는 그런 행동을 했던 기억들이 있으실 겁니다.

심리학에서는 이를 애착이론으로 설명하고 있습니다. 아기가 태어나서 살아남기 위해서는 누군가에게 전적으로 의지할 수밖에 없습니다. 그렇기 때문에 생물학적으로 아기는 자신을 보호하고 보살펴주는 주 대상과 강한 애정적 결속을 유지하려는 경향성을 가지고 태어나고, 그 주 대상과 분리될 때 강한 불안감을 느끼고 격렬한 정서적 반응을 보인다는 겁니다. 이렇게 의미 있는 타인과 애착을 형성하는 것은 아이 뿐 아니라 성인에게도 정상적인 행동입니다. 사랑하는 연인과 헤어지면 미치도록 생각이 나고 슬프고, 부모님이 돌아가셨거나, 자식을 앞세워 떠나보냈을 때 느끼는 감정들은 애착 심리와 많은 관련이 있습니다. 사랑하는 사람과 사별한 후 경험하는 감정에는 슬픔만 있는 것은 아닙니다. 거기에는 분노도 있고 죄책감도 있습니다. 이러한 마음상태를 이해하지 못한다면 우리는 유족을 제대로 도울 수 없을 겁니다.

이런 애착 심리는 자기를 보호하고 안전하고자 하는 욕구 때문이고 이것은 자기생존과 밀접한 관련이 있습니다. 그러니까 우리가 애착대상을 잃고 슬퍼하는 것은 근원적으로 보자면 자기생존과 연관성이 있다고 볼 수 있습니다. 그렇다고 '저렇게 슬퍼하는 건 자기에게 불이익이 생길 것을 염려해서다.'라는 식으로 매도해서는 안 됩니다.

캐나다의 조류학자 콘라드 로렌츠는 회색거위가 자신의 짝을 잃은 상태에서 상실의 슬픔과 유사한 행위를 하는 것을 묘사했습니다. 회색거위는 항상 짝을 이뤄 날아다니는데, 자기 짝을 잃은 회색거위는 며칠 동안 쉬지 않고 그 짝을 찾아 돌아다니다가 결국에 죽어버려요. 만약에 자기의 생존을 위해 짝을 정하고 새끼를 낳아 산다고 하면 그렇게 할 필요가 없겠죠. 그냥 새로운 짝을 구하면 될 터인데 회색거위들은 그렇게 하지 않고 잃어버린 자기 짝을 찾아다니다가 죽어버린다는 겁니다. 우리가 처음엔 생존에 대한 필요성 때문에 애착행동을 하지만 관계가 맺어지고 깊어질수록 애착은 생존이상의 의미를 갖게 됩니다.

애착은 강한 애정적 관계로 우리나라 사람들이 흔히 말하는 '정이 쌓인다.'는 말로도 표현할 수 있겠습니다. 구십 세의 어머니는 일을 하시는 것도 아니고, 돈을 버시는 것도 아니지요. 그러니 돌아가셔도 된다고 생각할 수 있잖아요. 하지만 그렇지가 않은 거죠. 생애 초기엔 먹이고, 보살피고, 위험으로부터 보호해주시는 등 생물학적인 생존을 위한 도움을 주셨다면, 그 이후에도 평생을 정서적으로 안아주고 안정시켜주시는 분이기에 우리는 부모와 강한 정서적 관계 속에 있게 됩니다. 그것이 바로 애착관계입니다.

애착대상에 대한 이미지는 우리에게 어떻게 저장이 될까요? '나에게 따뜻한 젖을 먹이고 기저귀를 갈아주고, 나를 달래주고 보살펴주는 엄마'에 대한 표상은 우리의 어디에 저장이 될까요? 표상이란 어떤 대상에 대해 마음속에 떠올려진 이미지로, 같은 엄마 품에서 자랐어도 매일 두드려 맞던 자녀와 매일 엄마에게 칭찬 받던 자녀가 가지고 있는 엄마에 대한 표상은 다릅니다. 예전에는 주 양육자에 대한 표상이 뇌에 저장이 된다고 하였는데 현대 의학이 점점 발달되면서 뇌뿐만 아니라 심장에도 저장이 되고, 피부나 장에도 저장이 되고, 영혼에도 저장이 된다고 합니다. 그러니 예전부터 내려오는, 한을 품으면 심장에 병이 난다는 말도 일리가 있습니다.

4000년 전에 쓰인 중국의 『예기』라는 책에도 '날아가는 새들도 짝을 잃으면 애절하게 운다.'고 기록되어 있듯이 애착관계에 있던 대상을 상실했을 때 슬픔 등의 감정을 느끼는 것은 인지상정입니다. 예전에는 누군가가 돌아가시면 대성통곡을 하며 정말로 많이 슬퍼들 하셨어요. 그런데 요즘에는 장례식장에 가보면 그렇게 우시는 분들은 거의 안계시죠. 왜 그럴까요? 그것은 보호와 안전을 제공하는 사회의 시스템이 달라져서입니다.

예전에는 친인척간에 왕래도 잦고 학교 다니기 멀면 조카나 어린 사촌 동생들을 집에 데려와 먹이고 재우며 보호와 안전을 제공하는 경우도 흔히 있는 일이었습니다. 아까 말했던 것처럼 이렇게 보호와 안전을 제공하는데서 애착관계는 형성되기 시작하죠.

그런데 지금은 그런 과거의 시스템이 거의 사라졌다고 할 수 있습니다. 사람과 사람과의 관계의 깊이가 매우 얕아졌다는 것입니다. 요즘 대학생들을 보면 주로 휴대폰이나 메신저를 통해서 얘기를 하고 누굴 찾을 때도 메신저로 찾아요. 그만큼 사람과의 직접적인 접촉을 통해 만들어지는 게 적어졌기 때문에 자연히 애착관계가 쌓이지 않습니다. 그렇게 얇은 애착관계를 가진 사람일수록, 자기와 깊은 애착관계에 있는 사람을 잃었을 때의 타격은 정말 크겠죠. 나이 드신 분들에겐 아직 예전의 전통이 많이 남아있어서 사별을 당했을 때 주변의 지지를 받을 수 있겠지만 그렇지 못한 이후 세대들은 문제가 될 수 있습니다.

사별의 슬픔과 그 표현

누군가 사별을 당했을 때 그 사람의 마음이 얼마나 아플지 가늠이 되시나요? 나 또한 과거에 유사한 경험이 있었다면 당시의 아픔을 떠올려 보며 그 사람의 아픔을 가늠해 볼 수도 있겠죠. 하지만 내가 그런 경험이 없다면 사별한 사람의 아픔을 어떻게 헤아려 볼 수 있을까요? 설거지를 하다가 뜨거운 물에 잘못 손을 넣었을 때 심장이 오싹 쪼그라들 정도로 아플 때도 있잖아요. 그 정도로 생각하시면 됩니다. 대개 사별한 사람들이 울 때 외에는 표정이 없기 때문에 '저 사람이 정말 아픈 게 맞나?' 생각하는 경우도 있는데 그 사람의 고통은 겉으로 드러나는 표정과는 상관이 없습니다. 정신의학자 조지 엔젤의 말에 따르면, '사랑하는 사람을 잃는 것은 심각하게 부상을 당하거나 화상을 입었을 때의 생리적 외상과 같은 정도로 심리적 외상을 입은 것'이라고 보시면 됩니다. 그러니 누군가가 상을 당해 방문을 하게 되면, '심리적으로 화상을 입은 거구나.'라고 마음을 헤아려 볼 수 있겠습니다.

1942년에 미국 보스톤 지역에서 우리나라의 연고전처럼 라이벌로 알려진 두 대학 간 조정경기 시합이 있었는데, 경기 후 승리를 축하하기 위해 '야자수 클럽'이라는 매우 큰 나이트클럽에 몇 천명의 학생들이 몰려들었어요. 그런데 그 날 그곳에서 화재가 발생하여 500명이 넘는 학생들이 목숨을 잃게 됐습니다. 그곳이 가톨릭계 대학이었는데 학생들이 나이트클럽에서 불에 타 죽은 거지요. 당시 학생들의 부모의 심정이 어떠했을까요? 그래서 화재로 목숨을 잃은 학생들의 부모들을 린드만이라는 정신과 의사가 연구를 했습니다. 유족들을 연구해 보니 몇 가지 유사점들이 발견이 되었어요. 유족들은 정신적으로만 힘든 게 아니라 신체적으로도 아프더라는 것입니다. 사별 슬픔은 몸으로도 오는 거예요. 그리고 죽은 사람에 대한 생각이 머리에서 떠나질 않습니다. 또한 죄책감이 심합니다. 상실감 때문에 전에 하던 것도 못하게 됩니다. 그리고 죽은 사람을 생각하며 그 사람이 생전에 즐겨하던 행동을 따라합니다.

거의 80년 전에 연구된 것인데 지금의 유족들도 상담해보면 똑같습니다. 어린 자녀를 잃은 부모는 정말 몸이 아프죠. 누군가와 사별을 하면 정신적 스트레스만 오는 게 아니라 몸과도 연결되어 신체화 증상이 같이 나타납니다. 화재로 자녀를 잃은 부모는 트라우마를 겪는다고 볼 수 있습니다. 트라우마성 사별이란 커다란 정신적인 충격을 받을 정도의 상태에서 사랑하는 사람을 잃은 것을 말합니다. 눈앞에서 아이가 죽는 것을 봤다

던가, 권총으로 살인을 당했다던가, 갑작스럽게 돌아가셨다든가 이런 것들이 다 트라우마성 사별이죠. 특히 트라우마성 사별을 겪으신 분들은 가슴이 답답하고 숨이 잘 쉬어지지 않고, 몸의 이곳저곳이 쑤시고 아프다는 호소를 많이 합니다. 그러니 주위 분들은 유족들이 마음 뿐 아니라 몸도 아프다는 걸 이해해주시고, 유족들도 이런 상태에서 벗어나기 위해 요가나 산책과 같은 신체활동을 하는 것이 도움이 됩니다.

또한 유족의 머리에서는 고인에 대한 생각이 떠나지 않습니다. 고인을 생각하고 고인을 따라가고 싶어 하니까 몸의 한 쪽이 저 세상에 걸쳐져 있는 것과 같습니다. 그리고 고인이나 고인이 죽어간 환경과 관련해 큰 죄책감을 느낍니다. 제가 상담한 분 중에 일흔 중반 정도 되시는 할머니가 계셨습니다. 그 분의 남편께서 며느리 집에 가 계셨다가 돌아가시기 몇 개월 전에 좋지 않은 상황에서 돌아오게 되셨는데, 그날 며느리 집에서 할머니 집까지 걸어서 오셨답니다. 1년 가까이 상담 받으시는 동안 그 얘기를 수 십 차례나 하셨습니다. 며느리에 대한 분노도 있고, 그것은 또 자신이 그런 남편을 제대로 챙겨주지 못했다는 죄책감과도 맞닿아 있습니다.

한편 고인을 잃기 전에 가지고 있던 기능이 무능력해집니다. 그냥 하기가 싫은 겁니다. 예로 요리를 잘하던 사람이 사별 후엔 요리를 전혀 못하게 됩니다. 요리하는 것도 부질없게 생각되고 뭘 먹어도 맛이 없고 그런 거죠. 고인에 대해 몰두해 있기 때문에 그분의 반은 현실에 있지 않는 겁니다. 그리고 고인이 생전에 즐겨하던 행동을 따라하곤 합니다. 고인이 코를 골았다면 자지도 않으면서 괜히 코를 드르렁 드르렁 고는 흉내를 내기도 하고, 아이가 생전에 라면 먹는 걸 좋아했다면 부모는 라면을 무심코 자주 먹는 겁니다.

　유족들은 감정, 육체적 감각, 인지, 행동 이렇게 네 가지 측면으로 유족의 심리를 드러냅니다. 유족들은 슬픔, 분노, 죄의식, 자기비난, 근심, 걱정, 외로움, 피로감, 무기력, 충격, 그리움, 해방감, 안도감, 멍함, 얼얼함 등 다양한 감정을 느낍니다. 육체적으로는 윗배가 빈 거 같은 느낌을 호소하기도 하고, 가슴과 목이 답답하고 숨가쁨이나 입마름을 호소합니다. 소음에 과민해지고 내가 내가 아닌 것 같은 느낌에 사로잡히기도 합니다. 그리고 전반적으로 에너지가 부족합니다.

　저에겐 초등학교 3학년 때부터 친구였던 죽마고우가 있었는데 몇 년 전에 암으로 세상을 떠났습니다. 그 친구는 어릴 적 저희 옆집에 살았는데 저희 아버지가 돌아가셨을 때 그리고 제가 어려울 때 심리적 버팀목이 되어주었죠. 그 친구가 죽고 나니 제 일부가 떨어져 나간 거 같았습니다. 지방에서 시신을 화장을 해서 바로 올라왔는데 화장 한지 얼마 되지 않아 유골함이 뜨끈뜨끈했어요. 유골함을 안고 있으니 갑자기 울음이 터져 나오는데 한 삼십 분은 멈출 수가 없더군요. 저는 울고 싶으니까 그냥 막 울었죠. 하도 울었더니 한 달 동안 장이 끊어지는 듯이 아팠습니다. 한 1년 동안은 딴 일을 하고 있는데도 갑자기 저절로 눈물이 나더라구요. 유족들은 한동안 엄청난 정서적 부담을 겪게 됩니다. 슬픔 뿐 아니라 분노, 죄책감 등 여러 가지 복합된 감정들이 마음속에 돌아다니기 때문에 그만큼 에너지 소모도 큽니다. 심리적 압박이 커지면 몸의 근육도 긴장하고 혈관도 위축되어 몸속에 산소 전달도 잘되지 않습니다. 그렇게 유족들이 가슴을 답답해하고 숨가빠하는 것은 심리적 압박에 의해 신체에서 일어나는 현상들입니다. 그러니 옆에서 잘 지켜보고 있다가 어깨를 주물러준다든지 하여 그분들을 편안하게 해드리는 게 필요합니다.

또한 유족들은 고인이 떠난 현실을 믿지 못하고 혼란스러워하죠. 그런 분들은 대개 잠도 잘 못 주무시고 사회로부터 철수하여 사람들을 잘 만나려고 하지 않습니다. 그분은 지금 고인과 애착관계가 끊어져서 거기에서부터 오는 복잡한 감정과 생각들로 가득한 상태입니다. '어떻게 나한테 이런 일이 일어났지? 아니야 이건 현실이 아니야.'라고 부정했다 하면서 혼자서 별별 걸 다하죠.

그 시기엔 타인이 지나치게 다가가는 것도 유족에겐 새로운 정서적 부담이 될 수 있습니다. 누군가를 만나기 위해 준비하고 또 만나면 인상 쓰고 앉아 있을 수는 없는 노릇이니 편안한 척이라도 해야 되죠. 이런 게 다 에너지가 소모되는 일이거든요. 그러니 유족들이 만나기를 원하기 전에는 '당신이 원하면 언제든지 갈 수 있어.'이런 식으로 '내가 너에게 계속 관심이 있고 언제든 도와줄 준비가 되어있다.'는 걸 알려주고 기다려주는 것이 필요합니다. 유족이 원치 않을 때 그 경계를 함부로 침범해 들어가서는 안 됩니다.

어떤 사람들은 또 지나치게 돌아다니지요. "나 괜찮아."이런 사람들이 있어요. 이게 더 문제예요. 어떻게 괜찮을 수 있겠어요. 괜찮지 않은데 괜찮은 척 하는 거죠. 자신이 그렇게 하면 슬픔이 상쇄될 줄 알고 그런 행동을 하는 거죠. 이럴 때는 충분히 고인과의 만남의 시간을 갖는 게 중요합니다.

애도의 과정

유족들이 고인과 충분한 만남의 시간을 갖고 슬픔을 풀어낼 수 있도록 사회문화적으로 마련된 장치가 장례식입니다. 장례식장에 가면 왜 까만 상복을 입는 것일까요? 상갓집은 고인의 죽음을 애도하고 유족을 위로하는 자리이죠. 그러면 그곳의 주인공은 누구일까요? 고인과 상주입니다. 모든 세팅과 무대장치가 고인과 상주를 위해 마련되어 있고 우리는 그 공연을 보러가는 겁니다. 그러니 스포트라이트는 그분들께 맞춰져 있고 나머지 사람들은 그 공연을 방해해서는 안 됩니다. 그런 곳에 문상객이 빨간 옷을 입고 나타난다면 얼마나 시선을 뺏기겠습니까? 그 자리는 매우 철학적이고 영적인 자리입니다. 그러니 우리의 모든 사고를 거기에 집중할 수 있도록 하는 사회적인 약속 중 하나가 까만색 상복이라고 할 수 있습니다. 또 맏상주는 까만 줄이 두 개인 완장을 차고 친척들은 한 줄인 완장을 찹니다. 두 줄의 완장은 그것을 찬 사람이 그곳의 주인공임을 알려주는 표시입니다. 상주에게 그러한 완장을 차게 함으로써 그들이 충분히 애도하고 위로를 받을 수 있도록 해주는 장치입니다. 음악도 유족들이 고인과의 관계를 정리하는데 방해가 되지 않도록 잔잔한 걸 틀어서 애도의 자리를 아주 효과적으로 만듭니다. 이처럼 장례식은 슬픔을 덜게 하여 현실로 돌아갈 수 있도록 해주는 아주 구조화된 하나의 시스템으로 볼 수 있습니다.

사별하고 나면 유가족은 심리적 화상을 입는다는 말을 했었죠. 심리적 화상을 입었으면 치료를 해야 합니다. 주변에서 잘 도와 상처를 치료하게 되면 그 다음부터 자기 일을 할 수 있게 되는 것이죠. 결국 우리가 하는 사별애도는 유족을 현실로 잘 돌아올 수 있게 만드는 과정입니다.

　유족들 중 심리적 타격을 심하게 받은 분들은 애착관계 때문에 돌아가신 분을 따라 저쪽 세계에 한쪽 발을 담고 있습니다. 산 사람임에도 마음이 저쪽 세계에 가 있는데, 특히 어린 자녀를 잃은 부모는 웬만해선 절대 돌아오려고 하지를 않습니다. 예전에 본 주말 드라마에서 부부가 아이를 먼저 저 세상에 보냈는데 죽은 지 몇 년이 지나도록 아이 방을 절대 치우지 않는 겁니다. 그러니까 아이 방은 저 세상에 가있는 아이에게 '너 이곳에 와있어.'하는 공간이나 마찬가지입니다. 남편하고 그것 때문에 계속 문제가 생기는 거죠. 그러니 우리는 자신 뿐 아니라 주위의 누군가가 사별을 겪으면 그 사람이 애도의 과정을 잘 밟아서 현실로 돌아올 수 있도록 도와줘야합니다.

죽음을 받아들이기

　애도의 과정이란 심리적 외상을 치료하는 과정입니다. 애도의 과정은 상실의 현실을 받아들이기, 사별슬픔을 고통을 통하여 작업 해내기, 고인을 잃은 환경에 적응하기, 고인에 대한 감정적 재배치와 삶을 함께 살아나가기 등을 거쳐야 합니다.

　상실을 현실로 받아들이기란 '그 사람은 죽었다'는 현실을 직면하고 받아들이는 것을 말합니다. 그런데 많은 사람들이 그 사람이 죽은 걸 인정 못하고 죽은 이의 물건을 매일 챙기기도 하고 고인과 수시로 대화를 나누기도 합니다. 죽음을 받아들이기 어려운 것은 고인과의 애착 때문입니다.

애착관계는 하루아침에 끊어지지가 않죠. 그래서 장례의식은 죽음을 현실로 받아들이게 하는 과정으로 아주 중요합니다. 염하는 것, 입관하는 것 등의 절차들은 죽음을 직면하게 합니다. 염할 때 보면 시신이 뻣뻣하여 나무토막 같아요. '죽으면 저렇게 변하는구나.' 그래서 애착관계에 있던 그 사람이 죽었다는 것을 인식하기 시작하는 거죠. 애착대상에 대해 가지고 있던 표상을 수정하기 시작하는 겁니다. 어릴 적 나를 업어주고 안아주고 데리고 다녔던 아버지의 모습에다 나무토막처럼 변해버린 모습을 추가로 넣게 되는 겁니다. 그 다음에 입관할 때 한 바퀴 돌기도 하고 고인에게 할 얘기 있으면 하라고도 하죠. 가능하면 그때 돌아가신 분도 손으로 직접 만져보고 얘기도 하는 게 좋습니다. 손으로 만져보면 시신이 매우 차죠. 만져보는 것 자체가 '아, 이분이 돌아가셨구나.'라는 걸 분명하게 몸으로 느끼게 해줍니다. 발인하고 화장을 하는 과정에 참여하는 것 역시 죽음을 받아들이는 데 도움이 됩니다.

그런데 죽음을 받아들이지 못하게 되는 경우들도 많이 있습니다. 예로, 대구 개구리 소년들 실종 사건에서 시신을 한 10여년 만에 찾았는데 그 사이 부모들의 삶이 피폐해졌습니다. 아이들의 시신을 찾지 못하니까 죽음을 받아들일 수 없었고 10여 년 간을 계속 추적하며 온 마음이 거기에 매여 있을 수밖에 없었던 겁니다. 차라리 실종사건 발생하고 바로 시신을 발견했더라면 당시는 가슴이 찢어지게 아팠겠지만 가슴 속에 묻고 새 삶을 시작할 수 있었을 겁니다. 또 예전엔 동해안에서 오징어잡이 배를 북한에서 많이 납치해 갔어요. 아들이 오징어잡이 나갔다가 납치된 부모들은 혹시라도 아들이 찾아왔는데 집을 찾지 못할까봐 이사도 가지 못합니다. 그게 부모의 마음입니다. 납치된 아들이 죽었는지 살았는지 모르기 때문에 그래서 죽음을 받아들일 수 없기 때문에 생겨나는 문제입니다. 예전에 우리나라 비행기가 괌에서 추락사고가 났을 때 많은 구조인력들이 가서 생존자 구조와 시신 수습작업에 투입되었습니다. 어떻게든 신체의 작은 일부라도 찾아내려고 했던 것은 그래야 그 사람의 죽음을 확인할 수 있기 때문입니다. 행방불명과 사망은 확연히 다른 거거든요. 행방불명은 이런 식으로 애도를 지연시킵니다.

이렇게 여러 가지 예를 들며 강조하는 까닭은 그만큼 애도의 첫 단계를 밟는 것이 중요하기 때문입니다. 그래서 아이들도 만 10세 이상이 되면 가능하면 장례식에 참석하는 게 좋습니다. 초등학교 4학년 정도 되면 죽음이라는 게 어떻게 일어나는지 인지적으로 이해할 수 있기 때문에 그렇게 혼란해하지 않습니다. 그래서 가능하면 참석해서 죽음에 대한 환상을 갖지 않도록 하는 게 중요합니다.

어떤 분이 남편과 사별한 후에 '우리 남편이 이렇게 말하는데 말야.' 이런 식으로 자꾸 현재 시점으로 말한다면 그 분은 아직까지 남편의 죽음을 받아들이지 않고 있는 거죠. 그러니까 고인에 대해 현재 시점으로 얘기하는 사람들은 애도의 첫 단계를 밟지 않았다고 보면 됩니다. 그런 분에겐 어떻게 보면 매정한 것 같아도 고인이 죽었다는 것을 분명하게 얘기해 줄 필요가 있습니다.

다시 살아가기

사랑하는 사람이 죽었다는 것을 받아들이고 나면 그다음 단계로는 고통이 찾아옵니다. 비유를 들어보지요. 연애를 하다가 여자가 나를 차버렸다고 칩시다. 그런데 나는 그걸 믿을 수가 없어서 쫓아가서 '정말로 내가 싫어? 그 사람의 마음을 재차 확인해 봅니다. 그랬더니 그 사람은 정말로 싫다며 '다시 찾아오면 경찰에 신고할 거야.'라고 해요. 하지만 난 그럴 일 없다고 생각하고 다시 찾아갔는데 정말로 상대가 신고를 해버렸어요. 그러면 믿기지 않았던 헤어짐을 결국은 현실로 받아들이게 되죠. 그러고 나면 며칠 간 집에서 두문불출하다가 친구를 만나선 위로해 달라며 술을 퍼먹고 난리를 칩니다. 그런데 미련을 가지고 스토커처럼 옛 연인을 쫓아다는 것보단 차라리 그게 낫죠. 이런 것처럼 죽음으로 인한 상실을 현실로 받아들인 사람은 정말 고통스러워합니다. 주위사람들은 그러한 분들을 옆에서 잘 보듬어주는 것, 이것을 정상적인 애도과정으로 생각하시면 됩니다.

세 번째 단계는 고인을 잃은 환경에 적응하는 것입니다. 달도 차면 기울듯이 어느 정도 시간이 지나고 나면 주변에서 갑자기 아기 울음소리가 들린다고 합니다. 즉 사별 후 어느 정도 시간이 지나고나니 '우리 애는 어떻게 하고 있지?'하고 신경을 쓰기 시작하는데 그게 바로 세 번째 단계입니다.

네 번째 단계가 되면 고인이 된 사랑했던 사람을 기억하고 마음속에 간직하면서 삶을 다시, 함께 살아가기 시작합니다. 이제는 새로운 이성 친구를 만나기도 하죠. 그렇다고 고인을 더 이상 사랑하지 않게 되는 것은 아닙니다. 이렇게 차츰 변화된 현실에 적응하는 신호를 내비치기 시작하고 그 다음에 그것을 즐기기 시작하면 마지막 네 번째 단계를 걷게 되는 것이죠.

그런데 1단계에서부터 어려움을 겪는 경우가 대부분입니다. 제가 상담한 할머니도 남편을 여읜 후 한 1년 가까이 상담을 받으셨는데, 초기에 한동안은 저에게 와서 남편이 잘 죽었다고 막 그러시더군요. 능력도 없고, 평생 당신만 죽도록 고생시켰다며 남편에 대한 부정적인 얘기들을 한 2개월 동안 계속 하셨어요. 그러다 2,3개월 지나면서 남편에 대해 욕하는 게 조금씩 줄어들기 시작하더니 한 6개월 지나니까 남편이 그립다며 울기 시작하시더군요. 할머니께는 남자 친구도 몇 분 계셨는데 그럼에도 남편이 보고 싶다고 막 우시더니 어느 날 제게 비밀을 털어놓으셨어요. 댁에 가면 남편이 돌아가실 때 누워있던 요와 이불이 그대로 있는데, 이불을 사람이 누워있는 형체처럼 모아 놓고 그 위쪽 머리맡에 베개를 놓고 그 위에는 남편의 사진을 올려놨다고 하셨어요. 새벽 6시쯤 복지관에 나오셨다가 3,4시경에 귀가하시면 남편이 있는 거 같은 이불을 붙잡고 우신다는 겁니다. 저와 상담을 1년 가까이 하시는 동안 끝날 때까지 그걸 하셨어요. 그 분의 애도과정이기 때문에 제가 함부로 그걸 치우라고 할 수는 없어요. 이토록 죽음을 받아들이기 힘든 겁니다. 제가 한식이나 추석 때 남편 분 모신 곳에 가보시지 그러시냐고 해도 남편이 집에 있는 거나 마찬가지인데 묘지에 가면 뭐 하냐는 말씀의 의미를 처음에는 몰랐죠. 나중에 할머니의 고백을 듣고 나서야 이해가 되었습니다. 그 정도로 나이 드신 어르신들의 부부사별이라는 게 생각처럼 간단하지 않습니다.

일반적으로 사람들은 '고령의 어르신들은 사실만큼 사셨으니까.' 라고 생각하지만 절대 그렇지 않습니다. 복지관에는 가정형편이 어려운 분들이 많이 오세요. 그런데 겨울이면 밖이 추우니까 복지관 안에 의자에 가만히 앉아계세요. 일반 사람들의 눈에는 그분들이 그냥 밥이나 축내고, 죽지 못해 사는 분들로 보일 수도 있겠지만 절대로 그렇지 않습니다. 왜냐면 삶이란 누구에게나 소중하고 각자 나름대로의 삶의 방식들이 있는 거죠. 저나 이 글을 읽는 분들도 '나의 삶을 어떻게 꾸려 가면 좋을까? 뭘 하면 그래도 내 삶이 괜찮을까?'하며 자신의 삶의 의미를 정리해 나가고 있듯이 나이 드신 어르신들도 나름대로 그런 작업을 하고 계신 거예요. 부부가 나이가 들어서 같이 계신 분들은 그런 작업을 같이 하고 계신 거죠. 그분들의 삶에서 나오는 얘기는 무궁무진합니다. 그러니 저는 그분들과 상담하는 과정에서 삶에 대해 많이 배우고 사랑의 소중함이나 생명의 존엄함을 다시 한 번 깨닫습니다. 사별 슬픔과 애도의 중심에는 삶과 죽음이 딱 버티고 있는 거예요. 복지관에 가면 모두 다 가까운 분들을 떠나보내신 유족입니다. 그분들은 그 순간에 거기에 계시면서 자신의 삶을 의미 있게 정리하는 과정에 있으신 겁니다.

앞에서 말한 고인을 잃은 환경에 적응한다는 것은 고인과의 관계를 정리를 하면서 고인과의 관계에서 내가 무슨 역할을 했고, 또 내가 얻은 게 뭐가 있고, 내가 그 사람한테 준 게 뭐가 있고, 그 사람과의 관계가 나한테 어떤 의미였나를 정리하는 과정입니다. 이러한 3단계 과정은 4단계로 넘어가는 매우 철학적인 과정이죠.

첫 번째, 두 번째 단계에서는 정서적인 단계 즉, 정서를 달래주고 보듬어주고 옆에 있어주는 그런 관계가 필요하다면 세 번째, 네 번째 단계에서는 우리의 실존적인 삶에 대해서 같이 고민하고 그 사람의 삶을 좀 더 의미 있게 만들어 주는 그런 관계가 필요합니다.

제가 상담했던 한 할아버지는 큰 아들이 장애인인데 장애인 며느리를 얻어서 결혼을 시키고, 손주 두 명을 부모대신 학부형 노릇을 하며 키우셨습니다. 할머니가 당뇨로 투병생활을 하셨을 때 거동 못하는 아내를 위해 할아버지는 할머니가 좋아하시는 꽃 화분 수십 개를 마당에서 가꾼 애처가이시기도 했습니다. 이렇게 장애인 아들 내외, 손주들, 할머니를 돌보시던 할아버지가 할머니가 돌아가시고 난 후 상담을 찾으셨습니다. 그 이유는 자신이 그렇게 잘해줬는데 할머니가 자기만 두고 먼저 가버린 게 너무 화가 나신다는 겁니다. 이젠 장애인 아들과 며느리에 손주 둘까지 혼자 챙겨야 된다는 거죠. 무엇보다 할머니가 돌아가시기 전까지 자신의 삶은 경제적으로 윤택한 것은 아니었지만 나름대로 의미 있는 삶을 살아왔다고 생각했는데 할머니가 먼저 돌아가시는 바람에 그 의미가 깨져 버린 것입니다. 할머니가 먼저 가셔서 자신을 배신했다고 생각하시는 거고, 여태껏 살아온 삶의 의미가 폭파, 전소된 걸로 생각하셔서 그걸 못 견디겠는 겁니다.

제가 한 일은 오실 때마다 할아버지의 삶을 찬탄해드린 거였습니다. 어릴 적부터 어떤 삶을 살아오셨는지 그게 할아버지에겐 어떤 의미였는지 상담을 통해 자신의 삶의 의미를 재구조화하시게 되자 그 후엔 손자들을 데리고 와서 저와 학업과 진학에 관해 상의하기도 하실 만큼 많이 편안해 지셨죠. 할아버지의 경우처럼 애도상담이란 애도과정을 통해 삶의 의미를 재정립하고 그래서 사별슬픔에 빠진 사람들이 다시 현실로 돌아올 수 있도록 돕는 것입니다. 그래서 다른 상담도 그렇지만 특히 사별슬픔과 애도상담은 아주 인내가 필요하고 상담자가 죽음에 대한 자기철학은 물론이고 더 나아가 내담자를 설득할만한 철학적 지식과 인간적인 소양도 갖춰야 될 것으로 생각합니다.

▪ 참고문헌

[1부] 삶과 죽음 다시 생각하기

1. 허무주의 시대와 생명철학: 존재의 불안 속 지구 위 인간의 살림살이 ∣ 이기상

마르틴 하이데거, 이기상 옮김, 『존재와 시간: 인간은 죽음을 향한 존재』, 살림, 2006

빌헬름 슈미트, 장영태 옮김, 『나이 든다는 것과 늙어간다는 것』, 책세상, 2014

알렉상드르 졸리앙 · 마티유 리카르 · 크리스토프 앙드레, 송태미 옮김, 『상처받지 않는 삶』

　　율리시즈, 2016

이기상, 『글로벌 생명학. 동서 통합을 위한 생명 담론』, 자음과모음, 2010

2. 그저 돌아가는 것이니: 죽음에 대한 동양철학의 답변 ∣ 양회석

전남대학교 아시아문화원형연구사업단, 『동아시아인의 통과의례와 생사의식』, 전남대학교

　　출판부, 2010

전남대학교 아시아문화원형연구사업단, 『동아시아의 생사관』, 전남대학교 출판부, 2009

김학주 역주, 『노자』, 연암서가

안동림 역주, 『장자』, 현암사

백은기 역주, 『주역본의』, 여강출판사

3. 티벳의 현자가 들려주는 삶과 죽음의 가르침 | 양정연

엘리자베스 퀴블러 로스, 최준식 옮김, 『사후생』, 대화출판사, 1996

엘리자베스 퀴블러 로스, 류시화 옮김, 『인생수업』, 파주, 2006

양정연, 「람림Lam rim에서의 죽음 억념과 수행」, 『한국선학』 제31호, 2012

양정연, 「죽음과 바르도의 이해를 통한 죽음준비교육」, 『원불교사상과 종교문화』 제58집, 2013

양정연, 「Sa skya legs bshad의 내용 구성과 사상」, 『대학원 연구논문집』 제36집, 동국대학교 대학원, 2006

薩迦班智達, 『格言寶藏論釋(上,下)』, 索達吉 堪布 譯, 台北:寧瑪巴喇榮三乘法林佛學會, 2004

4. 죽음이 없으면 삶도 없다 | 이수인

미셸 에켐 드 몽테뉴, 고봉만 편역, 『나이 듦과 죽음에 대하여』, 책세상, 2016

셸리 케이건, 박세연 옮김, 『죽음이란 무엇인가』, 엘도라도, 2012

에리히 프롬, 『사랑의 기술』, 문예출판사, 2006

폴 틸리히, 김광남 옮김, 『흔들리는 터전』, 뉴라이프, 2008

폴 틸리히, 김광남 옮김, 『영원한 지금』, 뉴라이프, 2008

[2부] 고독한 죽음, 그리고 돌봄

1. 우리사회의 그림자, 자살 ㅣ 서청희

앤드류 솔로몬, 민승남 옮김, 『한낮의 우울』, 민음사, 2004

마이클 로젠, 김기택 옮김, 『내가 가장 슬플 때』, 비룡소, 2004

수원시자살예방센터, 『자살유가족의 자조모임 참여경험에 관한 연구』, 2015

2. 고독한 죽음을 맞은 어머니를 위한 애도, '할미꽃' ㅣ 김혜미

알프레드 아들러, 정영훈 엮음, 신진철 옮김, 『가족이란 무엇인가』, 소울메이트, 2015

신동흔, 『서사문학과 현실, 그리고 꿈』, 소명출판, 2009

최운식, 『한국일본의 설화연구』, 인하대 출판부, 1975

3. 노년과 죽음, 그리고 돌봄의 시간 ㅣ 박승현

조르주 미노아, 박규현·김소라 옮김, 『노년의 역사』, 아모르문디, 2010

시몬느 드 보부아르, 홍상희·박혜영 옮김, 『노년』, 책세상, 2002

주제 사라마구, 정영목 옮김, 『죽음의 중지』, 해냄, 2009

야마무라 모토키, 2015, 『나홀로 부모를 떠안다』, 코난북스, 2015

권숙인·김효진·지은숙 엮음, 『젠더와 일본사회』, 한울아카데미, 2016

히라야마 료, 류순미·송경원 옮김, 『아들이 부모를 간병한다는 것』, 어른의 시간, 2015

[3부] 죽음의 이별과 슬픔, 그리고 애도

1. 아들의 죽음, 아픔과 참척의 일기: 박완서의 『한 말씀만 하소서』 | 유창선

박완서 외, 『우리 시대의 소설가 박완서를 찾아서』, 웅진닷컴, 2002

박완서, 『한 말씀만 하소서』, 세계사, 2016

정연희, 「박완서 단편소설에 나타난 주체와 타자 연구」, 『어문논집』 66호, 2012

2. 상실수업: 우리는 어디로 가는가? | 이창재

엘리자베스 퀴블러 로스 · 데이비드 케슬러, 류시화 옮김, 『인생 수업』, 이레, 2006

마이클 뉴턴, 김지원 · 김도희 옮김, 『영혼들의 여행』, 나무생각, 2011

이창재, 『후회 없이 살고 있나요? : 호스피스에서 보낸 1년의 기록, 영화 [목숨]이 던지는
    삶의 질문들』, 수오서재, 2015

3. 사별 슬픔과 애도 | 이범수

미르치아 엘리아데, 이은봉 옮김, 『종교형태론』, 한길사, 2004

지그문트 프로이드, 윤희기 옮김, 『정신분석학의 근본개념, 프로이트 전집 11 』, 열린책들, 2011

케러린 벨, 류성민 옮김, 『의례의 이해』, 한신대학교출판부, 2007

윌리엄 페이든, 이진구 옮김, 『종교의 세계』, 청년사, 2004

윌리암 워든, 이범수 옮김, 『유족의 사별애도 상담과 치료』, 해조음, 2015

저자소개

이기상   한국외국어대학교 명예교수
            우리사상연구소 소장

양회석   전남대학교 인문대학 중어중문학과 교수

양정연   한림대학교 생사학연구소 HK교수

이수인   한림대학교 생사학연구소 HK연구교수

서청희   치료공동체연구소 소통과 담론 협동조합 이사

김혜미   한림대학교 생사학연구소 HK연구교수

박승현   한림대학교 생사학연구소 HK연구교수

유창선   전) 한림대 사회학과 외래교수

이창재   중앙대 첨단영상대학원 교수, 영화감독

이범수   동국대학교 불교대학원 생사문화산업학과 교수

생명교육총서 **1**

삶과 죽음의 대화

초판인쇄   2018년 03월 19일
초판발행   2018년 03월 28일
엮 은 이   한림대학교 생사학연구소
지 은 이   이기상 · 양회석 · 양정연 · 이수인 · 서청희
          김혜미 · 박승현 · 유창선 · 이창재 · 이범수
발 행 인   윤석현
책임편집   안지윤
발 행 처   도서출판 박문사
주   소   서울시 도봉구 우이천로 353 성주빌딩 3F
전   화   (02) 992-3253(대)
전   송   (02) 991-1285
전자우편   bakmunsa@hanmail.net
홈페이지   http://jnc.jncbms.co.kr
등록번호   제2009-11호

ⓒ 생사학연구소 2018 Printed in KOREA.

ISBN   979-11-87425-85-4   (04100)   정가 15,000원
       979-11-87425-84-7   세트